物理教育丛书

U0659716

中学物理新课程教学概论

第3版

主　编◎郭玉英

副主编◎罗　莹　王文清　姚建欣

北京师范大学出版集团
BEIJING NORMAL UNIVERSITY PUBLISHING GROUP
北京师范大学出版社

图书在版编目(CIP)数据

中学物理新课程教学概论/郭玉英主编. —3 版. —北京：北京师范
大学出版社，2024.3(2025.3 重印)
（物理教育丛书）
ISBN 978-7-303-29301-8

Ⅰ.①中…　Ⅱ.①郭…　Ⅲ.①中学物理课-教学研究　Ⅳ.①G633.72

中国版本图书馆 CIP 数据核字(2023)第 125738 号

出版发行：北京师范大学出版社 https://www.bnupg.com
　　　　　北京市西城区新街口外大街 12-3 号
　　　　　邮政编码：100088
印　　刷：保定市中画美凯印刷有限公司
经　　销：全国新华书店
开　　本：787 mm×1092 mm　1/16
印　　张：12.5
字　　数：305 千字
版　　次：2024 年 3 月第 3 版
印　　次：2025 年 3 月第 2 次印刷
定　　价：35.00 元

策划编辑：刘风娟　梁志国　　　　　责任编辑：刘风娟
美术编辑：焦　丽　　　　　　　　　装帧设计：焦　丽
责任校对：陈　民　　　　　　　　　责任印制：马　洁

第3版前言

本书源自阎金铎教授于20世纪80年代编写的《中学物理教材教法》。21世纪初，阎先生和郭玉英教授根据新课程理念，同时吸收国内外科学教育研究的新成果，在原书基础上进行了较大幅度的增删、重组，改编而成《中学物理新课程教学概论》。阎先生于2018年离开了我们，但我国老一辈物理教育家所开创、积累的物理教学理论与经验将永远照亮着物理教育发展的道路。

随着基础教育课程改革的不断深化，我国中学物理教育正处于新的发展时期。义务教育和普通高中物理课程标准完成了新一轮修订，大部分地区已经开始实施新课程。此轮中学物理课程标准的修订以落实立德树人根本任务为指引，围绕学生核心素养发展，凝练了物理学科核心素养；以物理学科核心素养为统领，重新修订了义务教育和普通高中物理课程的目标、结构和内容，研制了学业质量标准。教师专业发展是新课程实施的关键。为提升师资水平，教育部印发了《中学教育专业师范生教师职业能力标准（试行）》《基础教育课程教学改革深化行动方案》等文件，组织了高校师范类专业认证工作、实验区教学改进工作。这些，都对中学物理教学提出了新要求。

在此背景下，我们召集了《中学物理新课程教学概论（第2版）》的作者，参照上述文件要求进行了本次修订。本次修订积极落实立德树人根本任务，全面融入党的二十大精神。修订的基本原则是保持原书的框架结构和简明实用特色，根据新修订的中学物理课程标准对部分章节进行修改，更新部分教学案例，以符合中学物理课程教学改革的导向和物理师范生的学习需求。各章作者分工如下：郭玉英（绪论，第1、3、6章）、项华（第2章）、李春密（第5章）、王文清（第4、7章）、罗莹（第8、11、12章）、杨薇（第9、10章）。郭玉英教授召集了此次修订工作，全书的统稿、校稿主要由姚建欣、王文清、罗莹完成，刘奕轩、凌安霞协助进行了统稿工作。本书的再版还要感谢北京师范大学出版社刘风娟编辑的帮助和支持，同时感谢为本书提供案例的各位老师。

本书的不妥之处，恳切希望广大师生和读者批评指正。

编者

2024年1月

第2版前言

自 21 世纪初教育部启动基础教育课程改革以来，我们已经经过了十几年的新课程改革实践。在总结课程改革经验和广泛的调研基础上，教育部又组织专家团队对课程标准进行了修订，先后颁布了《义务教育物理课程标准（2011 年版）》和《普通高中物理课程标准（2017 年版）》。此次高中物理课程标准的修订是围绕发展学生核心素养进行的，用发展学生的物理核心素养统领整个标准的修订工作，重新设计了课程目标、结构和内容，研制了学业质量标准和物理核心素养水平，以此作为课程评价的依据。本书根据最新颁布的物理课程标准对相关内容进行修订，以满足基础教育物理课程改革的需要和物理教育师范生的学习需求。

本次修订的指导思想是：全书贯通发展学生物理核心素养的课程理念，反映物理教育研究领域的最新成果。修订的基本原则是：保持原书的框架结构和简明实用特色，根据课程标准对部分章节进行较大范围的修改，增添新的教学案例。各章修订作者分工如下：郭玉英（绪论，第 1、3、6 章）、项华（第 2 章）、李春密（第 5 章）、王文清（第 4、7 章）、罗莹（第 8、11、12 章）、杨薇（第 9、10 章）。

受阎金铎教授委托，郭玉英主持了本次修订工作，统校全书并最终定稿。本书的不妥之处，恳切希望广大师生和读者批评指正。

郭玉英
2018 年 1 月于北京师范大学

第 1 版前言

本书是在阎金铎、王志军、俞国祥著的高等学校教学用书《中学物理教材教法》的基础上，根据新课程理念和物理课程标准，进行了较大幅度的增删、重组、改编而成。

为了适应新世纪基础教育课程改革的要求，满足高等师范院校物理教育专业职前教师培养的需要，本书在保持原教材的结合实际、突出重点、以物理教学实际来阐明教学原理特点的基础上，以中学物理课程标准为依据，对内容和结构进行了重新设计，增加了中学物理新课程简介、物理课程资源、物理实践活动教学等内容，渗透了新课程理念，突出了科学探究的思想方法，充实了新课程教学案例。本书力图使未来的物理教师在学习和实践中，了解中学物理新课程的理念、目标、结构和内容，熟悉中学物理课程资源，掌握物理教学理论和方法，为实施新课程打下良好的基础。

本次改编是集体智慧的结晶。郭玉英教授主持了改编工作，参加书稿编写的有郭玉英、李春密、项华、杨薇、王文清、仲扣庄、徐宁、环敏、许英变、吕日雪、樊丽娟、李志坚和陈恒。王文清协助主编做了大量统稿、编辑工作，吴飞也做了文字校订工作。

新课程改革正在实践过程之中，本书的改编也是一次新的尝试，定有不妥之处，恳请广大教师和读者们批评指正。

阎金铎　郭玉英

2007 年秋

内容提要

本书以新课程理念为指导，结合我国目前中学物理课程改革的实际，汲取传统教学精华，贯穿现代教育观念，渗透科学探究的思想方法，充实物理教育研究与改革的最新成果，系统论述了中学物理新课程教学的主要内容和问题。

全书包括以下内容：中学物理新课程简介，中学物理课程资源，中学物理教学过程和原则，中学物理教学模式和方法，物理实验教学，物理概念教学，物理规律教学，物理问题解决教学，物理复习教学，物理实践活动教学，物理教学评价，中学物理教学设计。

本书内容简明、扼要，以物理教学实例阐述教学思想和理论，精选了丰富的新课程教学案例。本书可作为高师"中学物理教学论"课程的教材或参考书，也可供教育学院、教师进修学院及中学的物理教师参考。

目　　录

绪　论

自 21 世纪以来，我国的中学物理教育改革进入一个新的阶段。教育部于 2001 年颁布了《全日制义务教育物理课程标准（实验稿）》，2011 年颁布了《义务教育物理课程标准（2011 年版）》，2022 年颁布了《义务教育物理课程标准（2022 年版）》；2003 年颁布了《普通高中物理课程标准（实验）》，2017 年颁布了《普通高中物理课程标准（2017 年版）》，2020 年颁布了《普通高中物理课程标准（2017 年版 2020 年修订）》。实施新课程已经成为中学物理教师的责任和义务。因此，作为未来的中学物理教师，物理教育专业的大学生应当学习新课程的理念，了解新课程的目标和内容，理解新课程物理教学的要求，学习物理教学的基本理论和方法，为教育实习和做一名合格的中学物理教师打好基础。

根据物理教师职前教育的特点和培养目标的要求，本教材主要阐述中学物理新课程基本情况，中学物理课程资源，中学物理教学过程和原则，中学物理教学模式和方法，物理实验教学，物理概念教学，物理规律教学，物理问题解决教学，物理复习教学，物理实践活动教学，物理教学评价，物理教学设计与教学研究。这些内容是作为一名物理教师必备的基础知识。物理教育专业的学生在这些知识的指导下，通过教学技能训练、教育见习和实习，提高自己的教育、教学能力。

怎样才能学好"教学概论"这门课呢？

第一，要牢固地掌握物理学的基础知识，深刻理解物理学蕴含的科学思维方法，熟悉近代物理学的观点和成就，了解物理学的发展历程和物理知识的实际应用，了解物理学与其他学科之间的联系，认识物理学与科学技术和社会发展之间的相互作用。中学物理新课程的目标和内容涵盖了上述各个方面，作为未来的物理教师，首先要具备这些知识，才能理解新课程和教材，设计和实施物理教学。

第二，要掌握教育学、心理学等有关领域的一些基本原理，了解当代科学教育理论，了解中学生的身心发展特点和认知规律，并能够把这些知识应用于物理教学之中。

第三，要理论联系实际，注重案例学习和亲身实践。为了帮助缺乏实际教学经验的学生理解物理教学理论，掌握物理教学方法，本教材提供了大量实际教学案例和评析。在学习过程中，要把理论学习与案例分析结合起来，在理解原理的基础上，自己备课、试讲和评议，培养教学的初步能力。

第四，要关心课程改革，关注物理教育研究领域的新动态和新进展，充分利用报纸杂志、实验室、图书馆、网络等多种教学资源，积累教学资料，吸收先进经验，开展教学研究，不断提高对物理教学规律的认识，并用来指导实践，培养终身学习和研究的习惯与能力。

第一章　中学物理新课程简介

进入 21 世纪以来，我国开始了新一轮基础教育课程改革，重新确立了基础教育的课程目标，建立了新的课程体系，制定了新的中学物理课程标准，并在全国范围内进行了课程改革实验。教育部颁布了《普通高中物理课程标准(2017 年版 2020 年修订)》《义务教育物理课程标准(2022 年版)》。本章简要介绍中学物理课程的性质和理念，并在此基础上说明课程目标、内容和结构。

第一节　中学物理课程的性质和理念

物理学是自然科学中的基础学科，对于提高学生的科学素养、促进学生的全面发展具有重要作用。中学物理课程是基础科学教育的一门重要课程，中学物理课程标准是根据基础教育课程改革的总目标、核心素养的要求、物理学科的特点和中学生身心发展的特点制定的，是中学物理教材编写、课堂教学和考试评价的依据。作为一名中学物理教师，首先要明确物理课程的性质和理念。

一、中学物理课程的性质

物理课程区别于其他课程的特征是学科性，即物理课程必须反映物理学的本质特征。中学物理课程区别于大学物理课程的特征是教育的阶段性，是由教育目的和受教育对象的年龄、心理特征决定的。因此，中学物理课程的性质应当反映物理学的本质，反映中学科学教育的目的，反映中学生的年龄和心理特征，应当是物理学的本质与中学教育目的的统一。既然中学教育的目的是发展学生的核心素养，那么中学物理课程的本质就应当是物理学的本质与发展学生核心素养的统一。中学物理课程的价值就在于用既能反映物理学本质特征，又能被学生所理解和接受的物理学内容来发展学生的核心素养。

物理学是研究物质的基本结构、物质运动和相互作用的基本规律的一门基础科学。什么是物理学的本质特征呢？物理学科的发展经历了长期而曲折的过程，人们对物理学本质的认识也在不断发展变化。国际物理教育委员会(International Commission on Physics Education)曾于 1998 年和 2008 年组织编写过两卷《物理教育与教师教育研究》(*Connecting Research in Physics Education with Teacher Education*)，是国际物理教育研究的权威著作。其中第一章就是对物理学本质的探讨，该章作者麻省理工学院物理学系教授弗瑞奇(French)指出："总的来说，科学的本质就是观察和探究我们周围的世界，试图从已知事物中确定某些潜在的秩序和模式。物理学主要研究无生命的世界，总是力图确认最基本的原理，并把诸多规律统一起来。"物理学是一门基础科学，与其他自然科学一样具有科学的本质特征，但在研究对象和目标上又有区别。物理学的本质特征由两方面组成，一方面是其过程性特征，即对自然界的观察和探究，体现了自然科学的共性；另一方面是研究对象和追求目标上的特征，以无生命的世界为主要研究领域，力图确认世界最基本的原理，追求内在的统一性。物理学是在不断追求统一性的探究过程中发展的，寻求事物的本质特征及统一规律的思想方法是物理学的本质特征之一。

物理学的发展是人类与自然界直接对话的过程，表现为理论与实验持续不断的相互作用。随着实验技术和方法的不断进步，人类观察到的领域和范围不断扩大，在新的实验现象面前，物理学的概念和理论不断修正。以实验为基础，并将实验作为检验理论正确与否的唯一标准也是物理学的本质特征之一。

物理学既是一门实验科学，又是一门具有严密的逻辑体系和数学表述的理论科学。物理学从早期萌芽到近现代发展，都以它丰富的方法论和世界观等充满哲理的物理思想，影响着人们的思想、观点和方法，因此，它还是一门带有方法论性质的科学。物理学的知识和研究方法已广泛地应用于许多自然科学和生产、技术领域，已具有普遍方法论的意义。物理学的发展对于科学技术的发展和社会进步起着重要作用。总之，物理学的知识内容、过程与方法及其蕴含的辩证唯物主义观点、科学态度和科学精神，物理学与学生生活、现代技术和社会发展的密切联系，对提高学生的科学素养水平具有十分重要的作用，新修订的初、高中物理课程标准将物理学科的教育价值凝练为物理学科核心素养。

核心素养是课程育人价值的集中体现，是学生通过课程学习逐步形成的适应个人终身发展和社会发展所需要的正确价值观、必备品格和关键能力。物理学科核心素养主要由"物理观念""科学思维""科学探究""科学态度与责任"四个方面构成，下文以高中为例进行介绍。

"物理观念"是从物理学视角形成的关于物质、运动与相互作用、能量等的基本认识；是物理概念和规律等在头脑中的提炼和升华；是从物理学视角解释自然现象和解决实际问题的基础。主要包括物质观念、运动与相互作用观念、能量观念等要素。

"科学思维"是从物理学视角对客观事物的本质属性、内在规律及相互关系的认识方式；是基于经验事实建构理想模型的抽象概括过程；是分析综合、推理论证等方法在科学领域的具体运用；是基于事实证据和科学推理对不同观点和结论提出质疑和批判，进行检验和修正，进而提出创造性见解的能力与品格。主要包括模型建构、科学推理、科学论证、质疑创新等要素。

"科学探究"是指基于观察和实验提出物理问题、形成猜想和假设、设计实验与制订方案、获取和处理信息、基于证据得出结论并作出解释，以及对科学探究过程和结果进行交流、评估、反思的能力。主要包括问题、证据、解释、交流等要素。

"科学态度与责任"是指在认识物理本质，理解科学·技术·社会·环境（STSE）关系的基础上，逐渐形成的探索自然的内在动力，严谨认真、实事求是和持之以恒的科学态度，以及遵守道德规范，保护环境并推动可持续发展的责任感。主要包括科学本质、科学态度、社会责任等要素。

物理学科核心素养是在发展学生学科核心素养的基础教育课程总目标的框架下提出的，是对物理教育领域关于物理学科教育价值的长期研究和实践成果的总结概括，发展学生的物理学科核心素养引领着基础教育阶段物理课程的方向。

学生物理学科核心素养的发展不是一蹴而就的，而是一个循序渐进的长期发展过程，需要通过初中和高中两个阶段物理课程的学习来实现。义务教育阶段物理课程作为科学教育的组成部分，是学生物理学科核心素养发展的初级阶段。此阶段的物理课程不仅应注重科学知识的传授和技能的训练，而且应注重对学生学习兴趣、探究能力、创新意识以及科学态度、科学精神等方面的培养。高中物理课程是普通高中自然科学领域的一门基础课程，旨在落实立德树人根本任务，进一步提升学生的物理学科核心素养，为学生的终身发展奠定基础，促进社会的发展和人类科学事业的传承。高中物理课程在义务教育的基础上，帮助学生从物理学的视角认识自然，理解自然，建构关于自然界的物理图景；引导学生经历科学探究过程，学会科学研究方法，养成科学思维习惯，增强创新意识和实践能力；引领学生认识科学的本质以及科学·技术·社会·环境的关系，形成科学态度、科学世界观和价值观，为做有社会责任感的公民奠定基础。

二、中学物理课程的基本理念

21 世纪基础教育课程改革最重要的是课程目标和理念的变革。

义务教育物理课程标准提出的课程基本理念如下[①]。

(1)面向全体学生，培养学生核心素养；

(2)从生活走向物理，从物理走向社会；

(3)以主题为线索，构建课程结构；

(4)注重科学探究，倡导教学方式多样化；

(5)发挥评价的育人功能，促进学生核心素养发展。

上述理念表明，物理课程不仅是向学生传授知识，更是为了发展学生的核心素养，落实立德树人根本任务。课程内容不是纯粹的物理学科知识，而是关注学生的生活经验和学生的认知特点，关注物理学与生活和社会的联系，注意物理学与其他学科之间的联系，反映科学技术的最新成果。学习方式从单纯的以书本为主、实验为辅的接受学习模式，转向以学生为主体的多种学习方式，注重让学生经历科学探究过程，培养学生的创新意识和实践能力。评价的根本目的是促进学生素养的发展。

高中物理课程的基本理念如下[②]。

(1)注重体现物理学科本质，培养学生物理学科核心素养；

(2)注重课程的基础性和选择性，满足学生终身发展的需求；

(3)注重课程的时代性，关注科技进步和社会发展需求；

(4)引导学生自主学习，提倡教学方式多样化；

(5)注重过程评价，促进学生核心素养的发展。

高中物理课程在教学方式多样化和评价理念上同义务教育阶段保持了一致，在课程结构上有了新的突破，强调基础性和选择性。为了满足高中生的不同需求，促进学生自主学习，将课程设计成可供学生选择的模块形式。

---

① 中华人民共和国教育部. 义务教育物理课程标准(2022 年版)[S]. 北京：北京师范大学出版社，2022.

② 中华人民共和国教育部. 普通高中物理课程标准(2017 年版 2020 年修订)[S]. 北京：人民教育出版社，2020.

第二节 中学物理课程的目标

中学物理课程的总目标是促进学生核心素养的养成和发展，引导学生学会学习、学会合作、学会生活，为学生的终身发展奠定基础。因为学生的物理学科核心素养的发展是一个渐进的过程，对于不同学习阶段的学生，物理课程目标是有区别的。

义务教育物理课程标准①指出，课程目标是让学生：

(1) 认识物质的形态、属性及结构，认识运动和力、声和光、电和磁，认识机械能、内能、电磁能及能量的转化与守恒；能将所学物理知识与实际情境联系起来，能从物理学视角观察周围事物，解释有关现象，解决简单的实际问题。初步形成物质观念、运动和相互作用观念、能量观念。

(2) 会用所学模型分析常见的物理问题；能对相关问题和信息进行分析并得出结论，具有初步的科学推理能力；有利用证据对所研究的问题进行分析和解释的意识，能使用简单和直接的证据表达自己的观点，具有初步的科学论证能力；能独立思考，对相关信息、方案和结论提出自己的见解，具有质疑创新的意识。

(3) 有科学探究的意识，能发现问题、提出问题，形成猜想与假设，具有初步的观察能力和提出问题的能力；能制订简单的科学探究方案，有控制实验条件的意识，会通过实践操作等方式收集信息，初步具有获取证据的能力；能分析、处理信息，得出结论，初步具有对科学探究过程和结果作出解释的能力；能书面或口头表述自己的观点，能自我反思和听取他人意见，具有与他人交流的能力。

(4) 初步认识科学本质，体会物理学对人类认识深化及社会发展的推动作用；亲近自然，崇尚科学，乐于思考与实践，具有探索自然的好奇心和求知欲，有克服困难的信心和决心，能总结成功的经验，分析失败的原因，体验战胜困难、解决问题的喜悦，严谨认真，实事求是，善于跟他人分享与合作，不迷信权威，敢于提出并坚持基于证据的个人见解，勇于放弃或修正不正确的观点；能关注科学技术对自然环境、人类生活和社会发展的影响，遵守科学伦理，有保护环境、节约资源的意识，能在力所能及的范围内为社会的可持续发展作出贡献，具有实现中华民族伟大复兴的责任感与使命感。

高中物理课程标准提出了以下目标②。

通过高中物理课程的学习，学生应达到如下目标。

(1) 形成物质观念、运动与相互作用观念、能量观念等，能用其解释自然现象和解决实际问题。

(2) 具有建构模型的意识和能力；能运用科学思维方法，从定性和定量两个方面对相关问题进行科学推理、找出规律、形成结论；具有使用科学证据的意识和评估科学证据的能力，能运用证据对研究的问题进行描述、解释和预测；具有批判性思维的意识，能基于

---

① 中华人民共和国教育部. 义务教育物理课程标准(2022 年版)[S]. 北京：北京师范大学出版社，2022.

② 中华人民共和国教育部. 普通高中物理课程标准(2017 年版 2020 年修订)[S]. 北京：人民教育出版社，2020.

证据大胆质疑，从不同角度思考问题，追求科技创新。

（3）具有科学探究意识，能在观察和实验中发现问题、提出合理猜想与假设；具有设计探究方案和获取证据的能力，能正确实施探究方案，使用不同方法和手段分析、处理信息，描述并解释探究结果和变化趋势；具有交流的意愿与能力，能准确表述、评估和反思探究过程与结果。

（4）能正确认识科学的本质；具有学习和研究物理的好奇心与求知欲，能主动与他人合作，尊重他人，能基于证据和逻辑发表自己的见解，实事求是，不迷信权威；关心国内外科技发展现状与趋势，了解物理研究和物理成果的应用应遵循道德规范，认识科学·技术·社会·环境的关系，具有保护环境、节约资源、促进可持续发展的责任感。

从上述课程目标可以看出，物理课程注重让学生在学习物理知识的基础上形成物理观念，重视科学方法的学习和运用，帮助学生养成良好的思维习惯。要求学生在学习物理的过程中，经历基本的科学探究过程，培养科学探究能力，保持和培养学生对自然界和科学的积极态度，注重使学生形成正确的情感、态度与价值观，为终身学习和发展奠定基础。下面根据物理课程标准和物理教育的研究成果，对物理课程目标作如下分析和论述。

一、学习终身发展必备的物理基础知识，发展学生的物理观念

物理学是自然科学中的一门基础学科，研究大到天体，小到基本粒子的各种物质的性质和相互作用，以及它们的运动规律。物理学的知识浩如烟海。作为中学教学科目的物理课程，教学时间是有限的，如何确定学生终身发展必备的基础知识，是选择课程内容时必须考虑的问题。

学生终身发展必备的物理基础知识，具有基础性和必备性两个要求。它既是奠定物理学基础的最基本的知识，也是学生今后进一步学习科学技术，参加生产劳动和有关实际工作所必备的基础。因此，应该把在当前工农业生产和现代科学技术中应用最广泛的、物理学中最重要、最基本的主干知识，确定为中学物理的教学内容，在此基础上广泛地联系实际，扩大学生的知识面，再根据学生现有的基础、智力发展水平和潜力，确定教学内容的深度和具体要求。根据上述精神确定下来的物理课程内容，无论是在义务教育阶段还是高中阶段，无论是必修还是选修，在教学中都应分清主次。一般分为 3 类：重点知识、重要知识和一般常识。

1. 重点知识

这类知识在物理学体系中占有最重要的地位，是学生进一步学习或参加国家建设所必需的，而且能够接受的那些重要的物理概念和规律，对发展学生的物理学科核心素养具有重要价值。例如，义务教育阶段学习的密度、压强、电功、电功率等概念，二力平衡、欧姆定律、焦耳定律、能量守恒定律等规律；高中阶段学习的力、加速度、惯性、功、动能、重力势能、电场强度、电势、电势能、电流、电压、电阻、电动势、安培力、洛伦兹力等概念，牛顿运动定律、动量守恒定律、功能关系、机械能守恒定律、闭合电路的欧姆定律、楞次定律、法拉第电磁感应定律等规律，都属于重点知识。

对于重点知识，要求学生掌握它们。所谓掌握，包括领会、巩固、运用 3 个环节。领会是对知识由不知到知，从浅知到深知的过程，是在原有认识的基础上建构知识的过程；巩固是防止遗忘，加深理解，强化记忆的过程；运用是利用知识解决有关实际问题的过

程。评价学生是否掌握了某一概念或规律，主要看学生是否明确它是从哪些客观事物或现象中抽象、概括出来的，是否知道它的确切含义，是否能用它说明、解释一些有关的物理现象，并能分析和解决有关实际问题。

2. 重要知识

这类知识是为了掌握重点知识而必须学习的过渡性知识，也包括本应属于重点知识，但由于学生基础不足或接受能力的限制等原因而适当降低要求的知识。例如，义务教育阶段学习的力、重力、惯性、滑动摩擦力、浮力、功、功率、温度、熔点、沸点、电流、电压、电阻等概念，阿基米德原理、物体沉浮条件、功的原理、光的直线传播等规律；高中阶段学习的位移、速度、向心加速度、振动和波动的有关概念，理想气体及气体实验定律、电容、电感、交流电的有效值、干涉、衍射、光电效应、核能、质能关系等，都属于重要知识。对于重要知识，要求学生知道它的确切含义，会运用它判断、分析和解决简单的问题。

3. 一般常识

这类知识是为了扩大学生视野的常识性知识，有些属于物理学的发展历程或应用，有些在物理学中占有重要地位，也很有生命力，但由于学生基础不足，接受能力等限制而降低到只作初步介绍。如义务教育阶段学习的波的概念、流体的压强与流速的关系等内容。高中阶段学习的熵的概念、相对论时空观、微观世界中的量子化现象等。对于这类知识，一般不需要推理、论证，也不需要给出确切定义，而要求学生对事物、现象有初步的印象，了解它的要点、大意，在有关问题中能够识别它们。

总之，为使学生掌握物理基础知识，要分清主次，突出重点。在此基础上，引导学生逐步发展物理观念，包括物质观念、运动与相互作用观念、能量观念，形成对物质世界的整体认识。

二、学习科学探究方法，发展科学思维能力和科学探究能力

中学物理课程体现了科学探究过程和结果的统一。我们可以从以下三个层面来理解科学探究。一是观念层面，科学探究体现着现代科学观。科学不是已经完成和固化了的知识体系，而是在探究过程中不断发展的。许多科学的结论目前看来是正确的，但可能会随着新证据的发现而修正，在科学史上不乏这样的实例。人类对自然界的认识尚且如此，对学生而言，其个体的认识也需要在探究过程中不断发展和改变。因此，学习物理的过程是一个不断转变对自然界的原有认识和观念的过程，是一个自觉实现观念自我更新的过程。二是思想方法层面，科学探究是科学家群体在长期探索自然规律的过程中所形成的有效的认识和实践方式，其中最重要的是科学思维方式，即我们通常所说的科学思想方法。当代科学教育理论认为，科学探究没有固定的模式，但有一些可辨别的要素，如提出科学问题、建立假设、收集证据、提出理论或模型、评估与交流等。在物理课程标准中，根据这些要素提出了对学生理解科学探究和发展科学探究能力的要求。三是操作技能层面，任何实验探究过程都需要某些思维和操作技能，如控制变量、使用仪器、记录和处理数据等，学生在经历科学探究过程中要学习和掌握这些技能。因此，学习物理的过程也就是学习科学探究方法的过程，也是培养学生科学思维能力和探究能力的过程。

需要明确指出，在物理学习的过程中，学习知识和培养能力是不可分离的。物理知识

是人们在实践活动中运用科学思维探究客观世界得到的认识，主要是反映自然现象和事物本质属性的概念和规律。学生学习物理知识的过程是自主建构的过程，也是科学思维和探究能力的发展过程。能力是完成某种活动的一种个性心理特征，是认识事物、探索知识和运用知识的本领，是影响活动效率的基本因素。科学思维能力和探究能力是学生在经历科学探究的过程中逐渐形成的。虽然知识和能力的本质不同，但它们的关系极为密切。知识是培养能力的基础，只有在掌握知识（含技能）的过程中才能发展能力，而能力又制约着掌握知识的快慢、深浅、难易和巩固程度，能力的提高又为掌握知识提供了有利条件。只要学生具备了科学思维和探究能力，就可以主动地、自觉地去学习，去探索未知世界，获取新的知识，在知识的海洋中得到自由。因此，必须寓能力培养于学习知识之中，而学习知识必须立足于培养能力。

思维是人脑对客观世界的一种间接的、概括的、能动的反映，是将观察、实验所获得的感知材料进行加工，上升为理性认识的过程。物理学对学生的思维能力要求较高。学习物理，学生要学会科学的思维方法，养成良好的思维习惯。

思维过程，主要包括分析、综合、抽象和概括。分析是在头脑中把整体分解为部分，即把整体的个别特性、方面分解出来。综合是在头脑中把整体的各个部分或个别特性、方面联合起来。分析和综合是两个相反的过程，但又有密切的联系。初级的分析和综合活动，主要是对具体事物或现象的分析和综合，属于感性认识、表面认识范畴。高级的分析和综合活动，则是对事物本质因素和内在联系的分析和综合，属于理性认识范畴。抽象是在头脑中抽取出事物的一般的、本质的属性，并把它和其他属性区别开来。概括是在头脑中把抽象出来的各种现象或现象之间的共同属性结合起来，并推广到同一类事物上去的过程。抽象和概括，是在对大量事物或现象分别进行分析、综合活动的基础上，总结出适用范围更为广泛的结论的过程。

物理模型的建构、物理概念的形成和规律的得出，都是分析、综合、抽象、概括等思维过程的结果。中学物理教学，应当在引导学生对事物、现象进行分析和综合的基础上，突出模型建构、科学推理、科学论证，鼓励学生质疑创新，培养学生的科学思维能力。

1. 模型建构

客观存在的事物、现象，由于它处于多种条件下而且有多方面的特性，往往是错综复杂的。然而，对于确定的研究问题，并不是所有的条件和性质都起着同等重要的作用。因此，为了便于研究问题的解决，采取暂时舍弃个别的、非本质的因素，突出主要因素的处理方法，这叫作科学的理想化方法，也就是建构模型的方法。

建立理想化模型，是一种重要的科学研究方法，因为解决了主要矛盾之后再考虑次要因素，问题就容易得到逐步解决。把复杂的、具体的物体或现象，用简单的模型来代替，可以简化问题、突出主要因素，便于研究它的性质，便于找出其中的规律。在一定范围内或在允许误差的条件下，根据研究问题的需要，可以把许多实际物体或现象，看作某个理想化的模型来处理。例如，质点、点电荷、理想气体、光滑表面……这些都是将研究对象理想化建立的对象模型；匀速直线运动、匀变速直线运动、匀速圆周运动、抛体运动、简谐振动……这些都是将运动过程理想化建立的过程模型。

从现代科学教育的观点来看，科学研究就是建构模型。科学教育领域的研究者认为，模型是一种对物体、事件、系统、过程、物体或事件间的关系等的表征①。从这个定义来看，除了上述对象模型、过程模型等理想化的模型之外，物理概念、规律、理论等都具有模型的特征。因此，在物理教学中，应使学生掌握这种运用科学抽象和概括建构物理模型的思维方法。首先，应使学生明确物理概念、规律和各种模型是根据哪些事实，是怎样建立起来的。它的适用范围、适用条件又是怎样的。其次，应使学生学会把实际的对象或过程，在某种条件下根据解决问题的需要，看作学过的模型中的某个模型。这是运用知识解决实际问题的关键。

2. 科学推理

推理是根据一个或一些已知的事实或结论，得出另一个新的结论的思维形式。按照思维过程的不同，推理可分为归纳推理、演绎推理、类比推理。

（1）归纳推理。归纳推理是由个别性的前提，推出一般性规律的方法。归纳推理的思维过程是：根据观察、实验获得的资料，分析得知关于个别事物的知识，再经过分析、综合、抽象、概括，得出一般性的规律。归纳推理又可分为简单枚举归纳推理、完全归纳推理和科学归纳推理。例如，根据天文观测得知：地球是绕太阳运动的，金星是绕太阳运动的，于是得出结论：太阳系的所有行星都绕太阳运动。这种只根据一两个事例就推出一般性结论的推理，叫作简单枚举归纳推理。如果根据天文观测得知：水星、金星、地球、火星、木星、土星、天王星、海王星都绕太阳运动，于是得出结论：太阳系的八大行星都绕太阳运动。这种归纳推理叫作完全归纳推理。显然，完全归纳推理所得的结论是确切的。然而，这是一种理想化的推理，是不现实的。在物理教学中，一般不可能采用这种归纳推理方法。简单枚举归纳推理所得出的结论，只能是一种假设，尚需实践检验。在物理教学中，经常采用这种推理方法，但应向学生说明，所得结论必须经过实验检验才能成立。

不仅根据大量的实验事实，而且对每个事实进行分析，作出科学的解释，然后进行概括，从而归纳出一般性的结论，这种归纳推理叫作科学归纳推理。例如，通过实验发现：铁受热后膨胀，银、铜受热后也膨胀。经过分析知道：铁、银、铜等金属受热后，分子运动加剧，反抗分子间相互作用束缚的本领增强，从而分子间的距离增大，即体积膨胀。最后得出结论：所有纯金属受热后，其体积膨胀。这是高中物理教学中经常采用的推理方法。在教学中需要注意的是，不完全归纳推理具有或然性，其结论不是绝对可靠的。

（2）演绎推理。演绎推理是根据一般性的结论推出个别性的结论。演绎推理的思维过程是：根据已知的一般性规律，通过分析，并限制条件，运用数学的推导，得出个别性的规律。例如，已知质点的运动学和动力学规律，可以推理得出质点的动量定理，也可以推理得出质点的动能定理。它们分别描写力对时间积累过程和力对空间积累过程的规律。又如，电阻串联或并联的等效电阻与分电阻的关系式，也是根据一般性的规律——欧姆定律和电荷守恒定律，限定了条件之后，运用演绎推理的方法得出的。这里应当指出：演绎推理得出的结论，仍应由实验加以检验，或经大量实践验证之后，才能正式成立。

（3）类比推理。类比推理是从个别的、特殊的结论，推出另一个别的、特殊的结论，即根据两个或两类对象有部分属性相同，从而推出它们的其他属性也可能相同的结论。

---

① GILBERT J K, BOULTER C J. Developing models in science education [M]. Netherlands：Kluwer Academic Publisher，2000.

类比推理的思维过程是：从特殊过渡到特殊，主要是对两个对象进行比较，由已知的相同点推出未知的、可能的相同点。惠更斯把光现象与声现象进行比较，根据光也像声那样能发生反射、折射、衍射，从而推出光也是一种波动，提出光的波动说；德布罗意根据光的波粒二象性而提出实物粒子也具有波动性，提出了物质波的概念，这些都是物理学史上应用类比推理的方法提出假说的实例。应当指出，类比推理所得的结论是或然的，是否正确仍需经过实验的检验。提高类比推理结论的可靠程度的方法，通常是更多地比较两个或两类事物的属性，比较的属性越多，属性间相互制约的情况越容易被看出，从而结论就更趋于正确；或者通过寻找有无与结论相排斥的属性，就可以避免得出错误的结论。在物理教学中，用类比推理讲述知识，既要注意相类比的事物间的相似之处，也要注意事物之间的差异，因为差异可以限制类比的结论。

3. 科学论证

科学教育领域的研究者对科学论证做了大量研究，一般认为科学论证是一种社会性的、协作的过程，通过运用证据和逻辑推理等方式构建主张，并为各自主张进行辩护或反驳他人，以解决问题或获取知识。由此可见，科学论证是得出科学结论的重要过程，它既体现了科学的本质特征，又能促进学生建构对知识的深度理解和发展科学思维。在建构物理概念的过程中，不同观点之间的争论，科学探究得出结论的过程，都是科学论证的过程。教师要采用多种方式将其落实在整个物理教学过程之中，组织引导学生开展论证活动，促进学生科学论证能力的发展。

4. 质疑创新

质疑创新是科学发展的动力，是科学思维的重要特征，我国学者对物理学科中的创新思维也进行了大量研究，提出物理创新思维有以下基本特点[①]。第一，新颖性。无论在思路的选择上，在思考的技巧上，在思维的方法上，或是在思维的结论上，具有独特之处，具有新的见解、新的突破。如回答物理问题，很有道理但与众不同，方法独特且结果正确。第二，灵活性。创新思维虽然也有思维方法和思维程序可循，但对某一具体创造过程来说，并没有固定的模式，也没有固定的逻辑步骤，它可以迅速地从一个思路跳到另一个思路，从一种意境进入另一种意境，可以正向分析，也可以逆向倒推，可以集中思维，也可以发散思维，能从多角度、多方位分析问题，能采用多种方法解决问题，并能随时修正、变更不恰当的方法和思路。第三，综合性。创新思维不是一两种思维形式合作的结果，而是抽象思维、形象思维、直觉思维等形式的综合，物理创新思维的过程是一个发散思维(又称求异思维)和集中思维(又称求同思维)辩证统一的过程。

总之，学习科学探究方法，发展科学思维和探究能力，这几个方面都不是孤立的，是紧密联系、彼此促进、相辅相成的。在物理教学中应注重让学生经历科学探究过程和自主的知识建构过程，培养学生的科学论证、质疑和创新能力。

三、运用物理知识、科学思维和科学探究方法解决实际问题

掌握知识和发展能力的目的，是运用它分析和解决有关的实际问题。结合物理学的特点，运用物理知识、科学思维和科学探究方法解决问题要突出如下几个方面。

---

① 阎金铎，郭玉英. 中学物理教学概论[M]. 第三版. 北京：高等教育出版社，2009.

1. 了解物理现象，突出物理过程的分析

物理概念和规律，都是从一定的物理现象和物理过程中抽象概括出来的。因此，只有分析清楚研究对象所进行的物理过程的特点，才能选用它所遵循的规律，从而利用它们来解决问题。

2. 正确处理"变"与"不变"、"曲"与"直"的矛盾

在物理教学以及解决实际问题时，常常遇到"变"与"不变"、"曲"与"直"的矛盾。例如，我们已经知道，物体(质点)在任何相等时间内通过的位移都相同的运动(匀速直线运动)中，位移和通过这段位移所用时间的比值为一恒矢量。这个恒矢量的大小反映了运动的快慢，其方向表示运动的方向。因此，这个恒矢量是描写物体运动快慢和方向的物理量，叫作匀速直线运动的速度。

然而，对于在相等时间内通过的位移不一定相同的运动(变速直线运动或曲线运动)，如何精确地描写物体(质点)运动的快慢和方向呢？事实上，这就出现了"变"与"不变"、"曲"与"直"的矛盾。也就是说，如何利用已经会了的"不变"的、"直"的情况，来解决"变"的"曲"的问题呢？

处理的方法是把整个过程分成许许多多的小过程，简称为分小段的办法。尽管在整个过程中，运动的快慢是不同的，路径也可能是弯曲的，但在每个小段过程中，可以近似认为运动的快慢是不变的，小路径近似是直的(因为任何一条曲线都可以看作是由无限多个无限小的直线段所组成的)。这样，通过分小段的办法，把"变"的、"曲"的整个过程看成由许许多多"不变"的、"直"的小过程所组成的，从而在每一个小过程里，都可以按匀速直线运动来处理。小段分得越小(当然所用的时间也越短)，求出的速度就越接近实际情况。于是，我们分的小段，或说选取的时间间隔小到这样的程度：你说它多小，它比你说的还小，但就是不等于零。小到这种程度，就可以精确地描写物体在各个时刻的运动情况了。因此，我们把这个速度叫作瞬时速度。

这种分小段，或先分小段再取总和的措施，就是数学中微分和积分的思想，对解决类似问题具有普遍意义，在物理学的其他部分里也经常用到。

3. 解决复杂问题的方法

对于一个复杂的运动过程，可以看作几个简单运动的合运动。例如，平抛运动可以看作一个水平匀速直线运动和一个竖直向下的自由落体运动的合运动；斜抛运动可以看作一个水平匀速直线运动和一个竖直上抛(或下抛)运动的合运动；匀速圆周运动也可以看作相互垂直的两个简谐振动的合运动，用数学方程表示为

$$x = R\sin \omega t$$
$$y = R\cos \omega t$$

在以上两个方程中消去时间 t，可得

$$x^2 + y^2 = R$$

显然，这是圆心在坐标原点、半径为 R、角速度为 ω 的匀速圆周运动的轨道方程。

这种把一个复杂运动看作两个或几个分运动的合成的研究问题的方法，对物理学和其他领域都具有重要意义。

对于综合性的问题，也可以看作由几个物理过程组成的，再找出两个相邻物理过程之间的联系点，这样便可逐一解决。

4. 用科学探究的方法探索未知事物

物理学的发展过程就是物理学家进行科学探究的过程，每一个新知识的得出都蕴含着科学探究的方法，教学中教师要注意挖掘和体现这些方法，引导学生学习用这些方法探索未知事物，解决新问题。例如，在进行课题研究时，首先要明确所研究的问题是什么，所要研究的变量与哪些因素有关，根据已有的知识或观察分析的结果作出假设，采用控制变量的方法设计实验，收集和处理数据，分析结果得出结论。其次要对探究的过程和结果进行反思和评价，看看是否可以采用更好的方法开展研究，研究结果的可靠性如何，对结论的解释是否合理，是否有不同的解释等。最后要选择适当的表达方式，把研究的过程和结果公布于众。

四、培养学生的科学态度与责任

"科学态度与责任"是指在认识科学本质，认识科学与技术、社会、环境关系的基础上，逐渐形成的探索自然的内在动力，严谨认真、实事求是和持之以恒的科学态度，以及遵守道德规范，保护环境并推动可持续发展的责任感。[①]

认识科学本质是现代社会公民具备的科学素养，但明确出现在物理课程标准中还是首次。许多国家和地区的科学课程标准都明确提出要求学生认识科学的本质，我国义务教育科学课程标准中也提出了认识科学本质的要求，科学本质教育已成为科学教育领域的研究热点之一。

认识科学本质是指对科学知识、科学研究过程和方法、科学事业、科学的价值和局限性等方面最基本特点的认识。在国际科学教育领域，研究者吸收当代科学哲学对科学本质的认识，从不同的研究视角，提出了科学本质教育的内容或结构，这些观点所涉及的具体内容或表述略有不同，其中影响最大的是科学教育家莱德曼（Lederman）的观点，他认为科学教育应该让学生理解那些达成共识、没有争议的科学本质特性[②]，其中包括：科学知识以观察经验为基础；科学理论与定律的区别；科学知识包含人类的想象力和创造力；科学观察是理论负载的；科学知识会受到社会、文化的影响；科学方法具有多样性；科学知识具有相对性（会改变）。

随着研究的深入，在科学教育领域逐渐形成了对科学本质的比较固定和相对稳定的观点。在对 23 位相关专家（包括科学教育者、科学家、科学历史学家、科学社会学家和科学普及专家等）进行了关于"学校理科课程中应该包括哪些有关科学本质方面的观念"的调查后发现，专家在以下 10 项观点上达成一致。[③]

（1）科学知识的确定性。学生应该了解为什么很多科学知识，尤其是学校科学课程中教的知识，是已经被充分地证明过的且不受怀疑的，而其他一些科学知识则是更开放的、接受质疑的。这应该解释为现代大部分科学知识是我们已经达到的最好水平，但如果有新的证据或对原有证据有新的更合理的解释出现时，它可能在未来发生变化。

---

① 中华人民共和国教育部．普通高中物理课程标准（2017 年版 2020 年修订）［S］．北京：人民教育出版社，2020．

② Norm G Ledeman，Fouad Abd-EI-Khalick，Randy L Bell，et al．Views of Nature of Science Questionnaire：Toward Valid and Meaningful Assessment of Learners' Conceptions of Nature of Science［J］．Journal of Research in Science Teaching，2002(39)：497－521．

③ 田春凤．中学物理课程中的科学本质教育研究［D］．北京：北京师范大学，2009．

(2)科学知识的历史发展。应该教给学生科学知识发展的一些历史背景。

(3)科学方法与批判性验证。应该让学生知道科学运用实验的方法验证观点,有时候为达到目的需要运用一定的技术(如条件控制技术);学生也应该清楚,一个实验的结果不能有效地证明一个科学论断。

(4)数据的分析与解释。应该让学生知道对数据的分析与解释技能是科学实践的重要方面。科学结论不能简单地出现在数据中,而需要通过一个解释和理论构建的过程,这个过程可能要求复杂的技能,科学家对相同的数据形成不同的解释,彼此出现分歧是可能的也是合理的。

(5)假设与预测。学生应了解科学家们形成对自然现象的假设和预测是形成新知识的必要环节。

(6)科学思维的多样性。学生应该了解在科学研究中科学家运用一系列的方法和手段,但并不存在一个统一的或唯一的科学方法和研究途径。

(7)科学的创造性。学生应该领会到科学同人类其他许多活动一样,是一种包含了很多创造与想象成分的活动。一些科学成果是超常的智力成果。同其他很多职业一样,科学家们有着同样的热情,并沉浸于依赖灵感和想象的人类事业中。

(8)科学与提出问题。应该让学生知道科学家工作的一个重要方面就是不断地和反复地提出问题和寻求答案,之后引发新的问题。

(9)科学知识发展过程中的合作与协作。科学工作是一种公共的竞争性的活动,尽管个人可以做出重大贡献,科学工作还是经常由群体实施,经常具有一种跨学科和跨国家的性质。新知识通常要由科学共同体接受并承认,并必须经得起共同体的质疑和批评。

(10)科学与技术的相互作用。学生应该了解尽管科学与技术存在重大差异,但两者却是不断的相互作用。新知识的发现依赖于技术的运用,同时新知识又能促进新技术的发明。

物理学是观察、实验与理论紧密联系、相互促进的基础自然科学,充分体现了科学的本质特征。物理课程中蕴含着丰富的科学本质教育内容,但是在以前的课程标准中,科学本质是隐含在物理课程中的。新修订的高中物理课标在物理学科核心素养中明确提出对认识科学本质的要求,是一个历史性的进步,希望引起物理教师的关注,并在教学中加以体现。

态度,是个人对事物(包括对人)的比较持久的肯定或否定的内在反应倾向。科学态度包括科学的态度和对待科学的态度两方面内容,科学的态度主要是指尊重事实证据,实事求是,既善于改变自己的错误观念,又不迷信书本和权威,按科学规律办事的态度。对待科学的态度是指相信科学、热爱科学、愿意学习科学和从事与科学相关的职业等对科学的积极态度。

兴趣是人要求认识客观事物、获得知识的一种心理表现,是一个人获得知识、开阔视野、丰富精神生活内容、推动学习的一种最实际的内部动力。对物理学的兴趣是学好物理最直接的动力。

社会责任是指学生在认识科学与技术、社会、环境关系的基础上形成的热爱自然、遵守科技伦理道德,保护环境,造福人类的责任感。

培养学生的科学态度与社会责任是新课程的重要目标。应从学生个性心理特征出发,紧密地结合物理教学内容，生动活泼地进行。教师在物理课堂教学中，一方面可以通过创设物理情境，引导学生观察自然现象，探索其中蕴含的物理规律，领略自然界的奇妙与和谐，发展对科学的好奇心与求知欲，体验探索自然规律的艰辛与喜悦，从中体会科学的本质；另一方面可以通过物理学史的介绍，让学生认识物理知识的确定性和发展性，科学探究的曲折性和多样性，科学家的继承性和创造性，以及科学与技术、社会、环境之间的相互作用等。通过介绍科学家热爱祖国的事迹，我国历史上的科学技术贡献，我国现代化的科学技术成就，讲述祖国和家乡建设的发展前景，及其对青年一代的殷切期望，培养学生的民族自豪感，学好科学服务于人类的社会责任感，以及自强不息的精神，树立为振兴中华，为祖国和家乡的繁荣富强而努力的志向。

通过开展科学探究、科学论证、物理实践等活动，激发学生参与科技活动的热情，培养学生的合作精神和与他人交流的愿望，敢于坚持真理、勇于创新，实事求是的科学态度和科学精神；通过收集资料，了解物理学的发展对经济、社会的贡献，引导学生关注科技发展现状，认识物理学与技术、社会发展之间的关系，了解科技对于环境的利弊，使学生逐步形成热爱自然和保护环境的意识。

第三节　中学物理课程的内容和结构

我国义务教育阶段七年级至九年级设置分科与综合相结合的课程。在科学学习领域，分科课程为物理、化学、生物，综合课程为七年级至九年级科学，其中包括分科物理课程的全部内容。普通高中课程由学习领域、科目、模块 3 个层次构成。下面分别介绍义务教育和高中物理课程的内容和结构。

一、义务教育物理课程的内容和结构

义务教育物理课程内容由"物质""运动和相互作用""能量""实验探究""跨学科实践"5个一级主题构成，如表 1-1 所示。"物质""运动和相互作用""能量"主题不仅包含物理概念和规律，还包含物理探索过程、研究方法，以及科学态度与价值观等；"实验探究"主题旨在强调物理课程的实践性，凸显物理实验整体设计，明确学生必做实验要求；"跨学科实践"主题侧重体现物理学与日常生活、工程实践、社会发展等方面的联系。[①]

表 1-1　义务教育物理课程内容框架

一级主题	二级主题
物质	1.1 物质的形态和变化 1.2 物质的属性 1.3 物质的结构和物质世界的尺度
运动和相互作用	2.1 多种多样的运动形式 2.2 机械运动和力

---

① 中华人民共和国教育部. 义务教育物理课程标准(2022 年版)[S]. 北京：北京师范大学出版社，2022.

续表

一级主题	二级主题
运动和相互作用	2.3 声和光 2.4 电和磁
能量	3.1 能量、能量的转化和转移 3.2 机械能 3.3 内能 3.4 电磁能 3.5 能量守恒 3.6 能源与可持续发展
实验探究	4.1 测量类学生必做实验 4.2 探究类学生必做实验
跨学科实践	5.1 物理学与日常生活 5.2 物理学与工程实践 5.3 物理学与社会发展

物理学科核心素养的第一个方面是物理观念，主要包括物质观念、运动和相互作用观念、能量观念及其应用等要素。课程标准中的"主题"是对学科内容的概括，描述的是课程内容而非课程目标；"观念"是学生头脑中形成的认识，描述的是具备物理学科核心素养的学生特征，是物理课程实施的结果。理解每个"主题"所涵盖的物理知识内容，是学生发展"物理观念"的基础。

各一级主题均包含内容要求、学业要求及教学提示，内容要求含二级主题及活动建议，二级主题含三级主题及样例。学业要求反映学生完成一级主题的学习后，在物理观念、科学思维、科学探究、科学态度与责任方面应达到的学业成就。教学提示旨在引导教学方式和学习方式的转变，围绕一级主题给出教学策略建议、情境素材(实验器材)建议。活动建议列举了与二级主题相关的学习活动，三级主题是具体的内容要求，样例是对相关三级主题的举例说明。

二、高中物理课程的内容和结构

教育部颁布了修订后的《普通高中物理课程标准(2017 年版 2020 年修订)》。新课标根据新的高中课程方案和高考改革方案，参考了国内外课程改革调研结果，重新设计了高中物理课程的内容结构，如图 1-1 所示。[①]

必修课程是全体高中学生必须学习的课程，含必修 1、必修 2 和必修 3 三个模块，课程内容涵盖力学、电学的核心概念及其应用，为学生发展科学素养奠定基础。学完这三个模块即可参加高中学业水平合格性考试。选择性必修课程是学生根据个人需求与升学要求选择学习的课程，由选择性必修 1、选择性必修 2 和选择性必修 3 构成，包括力学、电磁学、热学、光学、原子物理等领域的基础知识，学完这三个模块，即可参加等级性考试。

---

① 中华人民共和国教育部. 普通高中物理课程标准(2017 年版 2020 年修订)[S]. 北京：人民教育出版社，2020.

选修课程是由学校开设供学生自主选择学习的课程，由选修 1"物理学与社会发展"、选修
2"物理学与技术应用"及选修 3"近代物理学初步"三个模块构成。

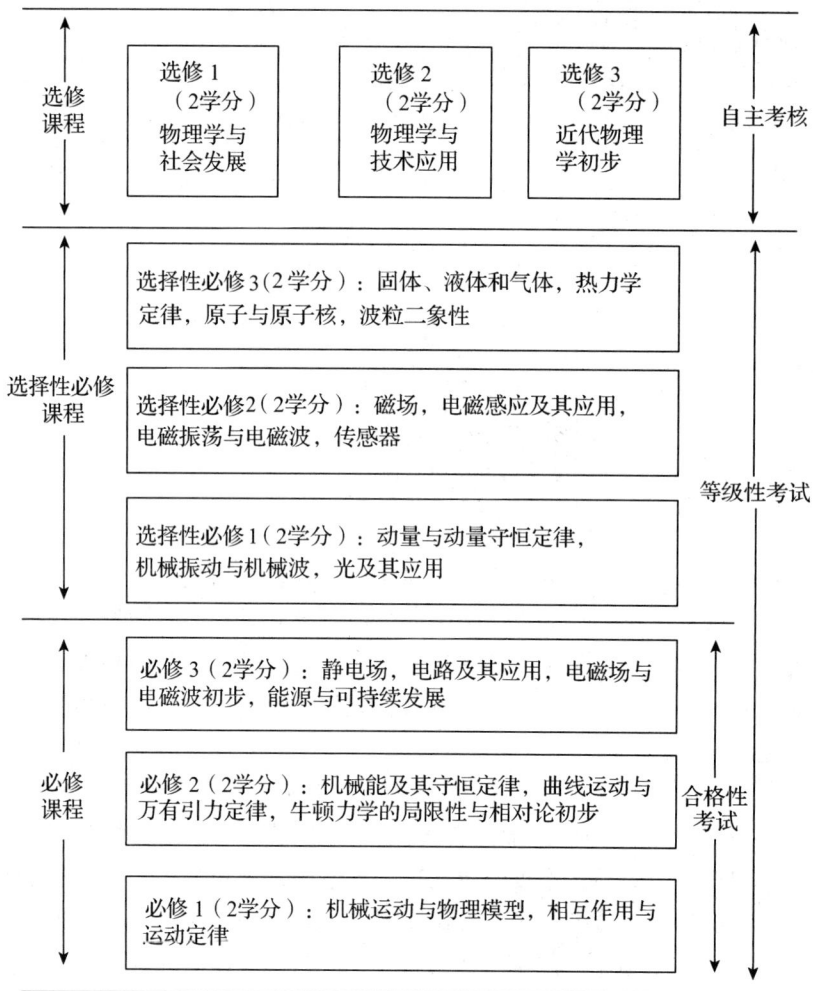

```
┌──────────┬────────────────────────────────────────────────────────┬──────────┐
│          │  ┌────────────┐  ┌────────────┐  ┌────────────┐          │          │
│  选修     │  │  选修 1     │  │  选修 2     │  │  选修 3     │          │  自主考核 │
│  课程     │  │ （2学分）   │  │ （2学分）   │  │ （2学分）   │          │          │
│          │  │ 物理学与    │  │ 物理学与    │  │ 近代物理    │          │          │
│          │  │ 社会发展    │  │ 技术应用    │  │ 学初步     │          │          │
│          │  └────────────┘  └────────────┘  └────────────┘          │          │
├──────────┼────────────────────────────────────────────────────────┤          │
│          │  ┌──────────────────────────────────────────────────┐  │          │
│          │  │ 选择性必修3(2学分)：固体、液体和气体，热力学      │  │          │
│          │  │ 定律，原子与原子核，波粒二象性                     │  │          │
│          │  └──────────────────────────────────────────────────┘  │          │
│ 选择性必修 │  ┌──────────────────────────────────────────────────┐  │          │
│ 课程      │  │ 选择性必修2(2学分)：磁场，电磁感应及其应用，      │  │  等级性考试│
│          │  │ 电磁振荡与电磁波，传感器                          │  │          │
│          │  └──────────────────────────────────────────────────┘  │          │
│          │  ┌──────────────────────────────────────────────────┐  │          │
│          │  │ 选择性必修1(2学分)：动量与动量守恒定律，          │  │          │
│          │  │ 机械振动与机械波，光及其应用                      │  │          │
│          │  └──────────────────────────────────────────────────┘  │          │
├──────────┼────────────────────────────────────────────────────────┤          │
│          │  ┌──────────────────────────────────────────────────┐  │          │
│          │  │ 必修 3（2学分）：静电场，电路及其应用，电磁场与    │  │          │
│          │  │ 电磁波初步，能源与可持续发展                      │  │          │
│          │  └──────────────────────────────────────────────────┘  │          │
│ 必修      │  ┌──────────────────────────────────────────────────┐  │          │
│ 课程      │  │ 必修 2（2学分）：机械能及其守恒定律，曲线运动与    │  │  合格性   │
│          │  │ 万有引力定律，牛顿力学的局限性与相对论初步         │  │  考试     │
│          │  └──────────────────────────────────────────────────┘  │          │
│          │  ┌──────────────────────────────────────────────────┐  │          │
│          │  │ 必修 1（2学分）：机械运动与物理模型，相互作用与    │  │          │
│          │  │ 运动定律                                        │  │          │
│          │  └──────────────────────────────────────────────────┘  │          │
└──────────┴────────────────────────────────────────────────────────┴──────────┘
```

图 1-1　高中物理课程结构

第二章　中学物理课程资源

物理教育的目的是提高每一个学生的物理学科核心素养，物理教学的"重心"由"教"转向了"学"，开发与利用课程资源的重要性日益凸显。新课程倡导探究式实践活动，教师要创设物理情境，引导学生像科学家一样探索、研究和创造，富含科技的课程资源是实施新课程的必要条件。作为现代物理教师，需要认识课程资源对于发展学生物理学科核心素养的必要性，知道如何开发与利用课程资源。

第一节　物理课程资源

物理课程资源是在教学过程中能够用于实现教学目标的各种条件的总称，包括学校、家庭、社会中有助于提高学生物理学科核心素养的一切人力、物力与自然资源。按照学习与探究手段分类，可以将物理课程资源分为实物资源、物理学知识体系资源和计算机与网络资源。因为合作学习是发生深度学习的必要条件，所以合作中的物理教师、教育管理者和教学研究人员以及学生、家长和社会人士，不仅是物理课程资源的重要生命载体，而且是物理课程资源开发的基本力量。其中，物理教师和学生的探究意识和技能决定了课程资源的鉴别、开发、积累与利用，因此，教师和学生也是最重要的物理课程资源。

物理课程资源潜在于自然与社会的方方面面，呈现出多样性。除了实验室里实验器材和物理教材等正规的课程资源，大自然中的空气、阳光、水、花草、树木、风雨、冰雪等，生活环境中的食物、器具、废料、设施以及生命体等，身边随手可得的物品、用具等，不断出现的新材料、新器件、新玩具等，生产运输中使用的工具、机械装置，文体娱乐设施、器具，军事装备以及航天飞行器等，它们都具有物理属性。有目的地利用生活环境中物质资源的物理属性，经过人为改造来自制教具，成为"瓶瓶罐罐学物理"的课程资源。由于手机和数码相机等常见数字工具在物理教学中有着独特的运用价值，也被称为数字时代的"瓶瓶罐罐"。

不同的地域，可供开发与利用的物理课程资源不尽相同。不同的文化背景下，人们的科学观、价值观、生活方式、思维方式不同，开发的物理课程资源会各具特色。学校性质、规模、地理位置、办学传统、办学水平以及教师素质的不同，所开发的物理课程资源必然存有差异。因此要从学生实际和现实条件出发，因地制宜地开发利用课程资源，做到人力、物力、时间、空间的合理配置。

从目前我国物理教学改革的趋势来看，凡是有助于发展学生的物理学科核心素养的课程资源都需要开发和利用。在物理课程资源的开发和利用过程中，应该注意以下几点。

（1）在开发与利用课程资源的时候，需要贯彻探究式学习理念。探究式学习是提高物理学科核心素养的重要途径。为了有利于开展探究式学习，在物理课程资源的开发与利用过程中，要以开放的意识对待人类创造的一切文明成果，以物理学的目光审视周围的一切事物，不能局限于教材、课堂、实验室和学校。此外，还要力图实现物理课程资源间的交互。没有良好交互性的课程资源支撑，学生难以自主学习，探究式学习也无法发生。

（2）避免从成人化的视角开发与应用物理课程资源。中学生观察与认识物理现象时有其自身的规律，不注意这点，仅从教师教的角度选取与运用课程资源，可能导致教学枯燥无味，学生失去探究兴趣。学生在成长中需要学习的东西很多，远非学校教育所能包揽，因而必须在可能的物理课程资源范围内，在充分考虑物理课程资源成本的前提下，遵循教育规律，精选那些对学生终身发展具有决定意义的物理课程资源，从学生观察的角度，改造并加以运用。

（3）物理课程资源的开发与利用要尽可能用最少的人力、物力和财力，达到最理想的教育效果。尽可能开发与利用那些低成本的、对当前物理教学改革有现实意义的、能激发学生学习情感的物理课程资源。

（4）物理课程资源的开发与利用必须在明确教学目标的前提下，认真分析与物理教学目标相关的各类课程资源，认识和掌握其各自的性质和特点。物理课程资源的开发与利用要针对本地、本校的实际条件，因地制宜，充分发挥现有课程资源的作用。

为简明起见，本章将物理课程资源分为文本课程资源、实验室课程资源、社会与网络课程资源。下面分节进行说明。

第二节　文本课程资源

以文本形式呈现物理教学内容的课程资源有物理教科书、物理教学参考书、物理教学报纸杂志、物理科普读物等，称为文本课程资源。其中，物理教科书是最重要的文本课程资源。

一、物理教科书的概念和作用

物理教科书，亦称物理课本，是根据物理课程标准（或物理教学大纲）编定的系统反映物理学科内容的教学用书。物理教科书把物理问题、物理实验、物理概念、物理规律的探究过程、物理学的思想方法、物理知识及其应用等教学内容系统地组织起来，是物理学科知识的重要载体。

教科书反映了物理课程标准的基本要求，是学生获得物理核心知识的主要来源，也是教师实施教学的主要依据，对于学生学什么、怎么学以及教师教什么、怎么教都起着重要作用。随着网络与多媒体在教育中的广泛运用，出现了多媒体教科书。所谓多媒体教科书是一种根据教学目标设计、表现特定教学内容、反映一定教学策略的计算机教学程序，它可用来存储、传递和处理教学信息，能让学生进行交互操作，并对学习作出评价的教育媒体。多媒体教科书凭借图片、音频和视频等多媒体形式，使其教学功能更加强大。将纸介、电子物理教科书与网络结合起来，就能够满足师生的个性化学习需求。

需要注意的是，不能将物理教科书等同于物理学科知识，不是所有的物理学科知识都能够编入物理教科书，物理教科书是按照物理课程标准，在物理学科知识、学生认知规律、社会发展需求和学校教学条件等基础之上改造而成的。物理教科书虽然是重要的文字课程资源，但不是教学内容的唯一来源。一本优良的物理教科书能够为基于实物实验的探究、基于物理学理论的探究和基于计算机实验的探究提供必要条件。因此，教师和学生都不应受教科书的限制，应根据物理课程标准的要求，吸收和利用各种有利于学生发展的物理课程资源，充实物理教学的内容，提高物理教学的质量。

二、物理教科书的结构与特色

新课程实施以来，我国物理教科书呈现出多样化的局面，在统一的物理课程标准下多种版本并存。不同版本的教科书通常针对不同地区或不同对象编写，从不同角度对课程标准进行诠释，它们在结构和选材上往往体现出不同的特色。

教科书一般包括：绪论，基本内容，例题、思考题、习题，功能性栏目，插图等。

(1)绪论，统一教科书的纲目，也是师生教与学的指南，主要阐述物理学的历史、研究对象、本教科书的结构以及学习物理的建议等。

(2)基本内容，即物理教科书正文部分，这是教科书的核心，是教与学的主要依据。

(3)例题、思考题、习题，这是物理教科书的必要部分，可供学生练习和复习使用。

(4)功能性栏目，这是为了实现新课程理念而专门设计的栏目，如"科学窗""做一做"栏目，是专为开拓学生视野以及鼓励学生动手实验而创设的栏目。

(5)插图，包括实物照片和各种示意图。图文对照对于激发学生的学习兴趣以及丰富学生的感性经验等具有重要作用，精美的图片并不是点缀，而是表达教学内容和教学思想的重要部分。

物理教科书在呈现课程内容时具有一定的层次结构，比如，通常按照力、热、电、光、原子物理等划分为不同的章节和单元。不同的教科书在层次结构上有一定差异。例如，有的义务教育阶段的物理教科书依据新课程标准，将教学内容划分为物质、运动与相互作用、能量3个主题。一般来说，教学内容的结构安排可以有以下4种情况。

(1)由易到难排列；

(2)由物理学科(或科学)的知识结构排列；

(3)按照学生心理发展顺序排列；

(4)按照社会需要的主题排列。

此外，不同版本的物理教科书对各项知识、知识的产生过程以及运用知识解决问题等内容的阐述也体现出不同的特点。比如，新课标教科书突出了知识形成的科学过程，突出了学生主体的探究活动，突出了物理与生活的联系等，这既反映出一定的教学理念和教学思想，也启示着某种教学策略与方法。

依据新课标编写的教科书，在其图文形式结构、教学内容层次结构以及内容阐述方式等方面会有所差异，因此形成了风格各异的物理教科书。中学物理教师应该具备分析物理教科书的结构与特色的能力，从而具有制订教学方案的基本功，即阅读和分析教科书，理解教科书的结构与特色，认识教科书对新课程理念的体现，并根据学生的具体情况和教学要求对教科书的内容进行重新加工，实现对教科书的二次开发，设计出高质量的教学方案。

[案例]　物理新课标教科书(初中)结构与特色分析

内容结构：不同版本的物理教科书在内容的编排顺序和结构上均有自己的特色。表 2-1 对两个版本的初中物理教科书的内容结构进行了比较。

表 2-1　物理新课标教科书(初中)内容结构比较(北师大版、人教版)

年级	北师大版的篇章目录	人教版的篇章目录
八年级	第一章　物态及其变化	第一章　机械运动
	第二章　物质世界的尺度、质量和密度	第二章　声现象
	第三章　物质的简单运动	第三章　物态变化
	第四章　声现象	第四章　光现象
	第五章　光现象	第五章　透镜及其作用
	第六章　常见的光学仪器	第六章　质量与密度
	第七章　运动和力	第七章　力
	第八章　压强与浮力	第八章　运动和力
	第九章　机械和功	第九章　压强
		第十章　浮力
		第十一章　功和机械能
		第十二章　简单机械
九年级	第十章　机械能、内能及其转化	第十三章　内能
	第十一章　简单电路	第十四章　内能的利用
	第十二章　欧姆定律	第十五章　电流和电路
	第十三章　电功和电功率	第十六章　电压 电阻
	第十四章　磁现象	第十七章　欧姆定律
	第十五章　怎样传递信息——通信技术简介	第十八章　电功率
	第十六章　粒子和宇宙	第十九章　生活用电
		第二十章　电与磁
		第二十一章　信息的传递
		第二十二章　能源与可持续发展

北师大版的物理教科书围绕"物质、运动与相互作用、能量"3 个主题来组织教学内容，体现了新课标所要求的教学内容结构特点，如图 2-1 所示。

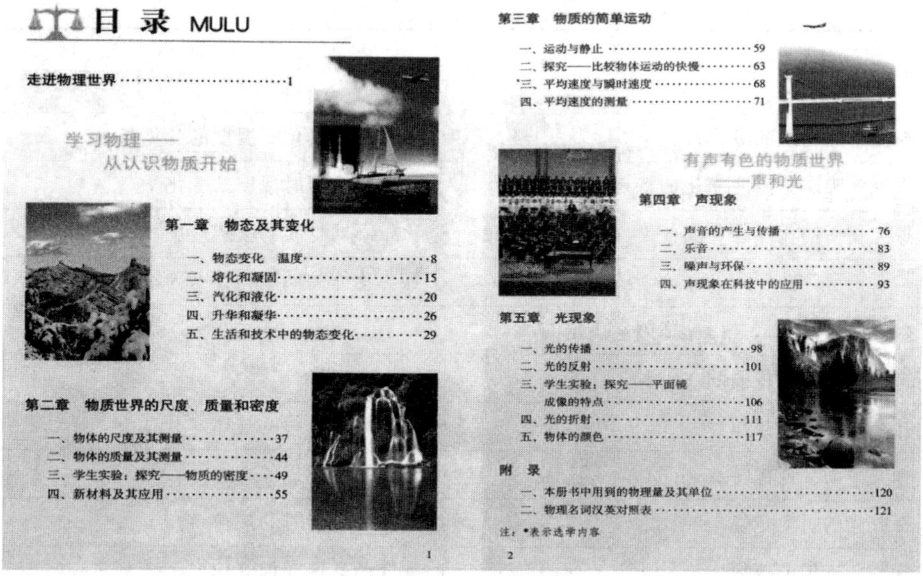
目录 MULU

走进物理世界……1

学习物理——从认识物质开始

第一章　物态及其变化

一、物态变化　温度……8
二、熔化和凝固……15
三、汽化和液化……20
四、升华和凝华……26
五、生活和技术中的物态变化……29

第二章　物质世界的尺度、质量和密度

一、物体的尺度及其测量……37
二、物体的质量及其测量……44
三、学生实验：探究——物质的密度……49
四、新材料及其应用……55

1

第三章　物质的简单运动

一、运动与静止……59
二、探究——比较物体运动的快慢……63
*三、平均速度与瞬时速度……68
四、平均速度的测量……71

有声有色的物质世界——声和光

第四章　声现象

一、声音的产生与传播……76
二、乐音……83
三、噪声与环保……89
四、声现象在科技中的应用……93

第五章　光现象

一、光的传播……98
二、光的反射……101
三、学生实验：探究——平面镜成像的特点……106
四、光的折射……111
五、物体的颜色……117

附　录

一、本册书中用到的物理量及其单位……120
二、物理名词汉英对照表……121

注：*表示选学内容

2

图 2-1　物理新课标(八年级上册)教科书(北师大版)的目录

探究特色： 教科书突出了学生的探究活动。每章至少安排一节科学探究活动，改进了传统教材中的实验内容。表 2-2 列出了两个版本的初中物理教科书中的探究活动内容。

表 2-2　新课标初中物理教科书中的探究活动(北师大版、人教版)

探究内容	北师大版	人教版
力与运动	探究物质的密度	探究同种物质的质量与体积的关系
	探究比较物体运动的快慢	
	探究摩擦力的大小与什么有关	探究影响滑动摩擦力大小的因素
	探究影响压力作用效果的因素	探究影响压力作用效果的因素
	探究液体内部压强规律	探究气体压强与流速的关系
	探究浮力的产生原因	
	探究影响浮力大小的因素	探究浮力的大小跟哪些因素有关
		探究浮力的大小与排开液体所受重力之间的关系
	探究物体的沉浮条件	
	探究重力与质量的关系	探究重力的大小跟质量的关系
	探究二力平衡条件	探究二力平衡条件
	探究运动和力的关系	
	探究杠杆的平衡条件	探究杠杆平衡条件
	探究不同滑轮的工作特点	研究定滑轮和动滑轮的特点
	探究使用机械是否省功	

续表

探究内容	北师大版	人教版
热与能量	探究不同物质的溶化过程	探究固体溶化时温度的变化规律
	探究水沸腾时温度变化的特点	探究水沸腾时温度的变化特点
	探究物质的比热容	比较不同物质的吸热情况
		探究物体的动能与什么因素有关
声学	探究声音的高低是由什么因素决定的	
光学	探究光是怎样传播的	
	探究光的反射规律	探究光反射时的规律
	探究平面镜成像特点	探究平面镜成像特点
	探究光的折射定律	探究光折射时的规律
	探究凸透镜的成像	探究凸透镜成像规律
电磁学	探究电荷的相互作用规律	
	探究不同物质的导电性能	
	探究影响导体电阻大小的因素	探究影响导体电阻大小的因素
	探究电流与电压、电阻的关系	探究电阻上电流跟电压的关系
		探究电阻上电流跟电阻的关系
	探究电功的大小与哪些因素有关	
	探究电流的热效应与哪些因素有关	
	探究串、并联电路中电流的关系	探究串联电路中各处电流的关系
		探究并联电路中干路的电流与各支路电流的关系
	探究串、并联电路中电压的关系	探究串联电路中用电器两端电压与电源两端电压的关系
		探究并联电路中各支路用电器两端的电压与电源两端电压的关系
	探究影响电磁铁磁性强弱的因素	探究通电螺线管外部的磁场分布
	探究电流的磁场	
	探究产生感应电流的条件	探究什么情况下磁可以生电

在新课标物理教科书中，除了增加上述探究活动以外，教科书每节内容的阐述，也体现了科学探究的思想，主要表现为：改变传统教科书陈述物理知识的行文方式，根据中学生的认识特点提出问题，引导他们通过观察、思考、分析得出结论；利用"想想议议""做一做""交流与讨论"等栏目，引导学生展开部分探究，帮助学生建构物理知识。教科书的

内容阐述方式可以起到教学示范作用，能够帮助教师有效地转变传统教学方式。教科书的"科学窗""阅读材料"等栏目增加了教学的弹性，新课标也倡导通过信息科技提供丰富的课程资源，例如提供"数字教材""电子书包"等来为师生提供可选择的资源空间。

三、其他文本课程资源

除了教科书之外，物理教学的文本课程资源还有很多，如物理教学参考书、物理教学刊物、物理教案集、物理复习资料、科学家传记、科学画报、科学史著作、百科辞典等。合理地开发和利用此类课程资源，对物理教学具有积极的作用。

物理教学参考书阐述教科书的编写思想、内容结构、教学要求、重难点知识分析、教学方法及其实施等多方面的问题，并提供习题解答以及各种教学补充材料，对物理教师分析教科书、设计和实施课堂教学具有重要的指导作用。一般来讲，每一套中学物理教科书都会配备相应的教学参考书，这是中学物理教师可资利用的重要文本课程资源。

物理教学刊物不仅刊登一些物理教学理论研讨文章，也刊登大量的教学问题探讨文章以及实际教学案例，能够及时地反映物理教学理论的发展动向，以及物理教学实践的经验成果，因此是物理教师应该关注的文本课程资源。

物理教案集一般是按照某套教材编写的一系列教案，对教师的教学有一些参考价值。但要注意，有些教案集并不一定是一线教师实际教学的案例，因此要慎重选择参阅。另外，任何教案都不能简单照搬，必须依据自己的教学实际加以改造和利用。

物理复习资料通常包括物理知识结构总结、重难点讨论、检测练习、习题研究以及大量配套习题等，它是教师与学生在各个教学阶段经常使用的文本课程资源。由于物理复习资料来源复杂，因此宜选择正规出版社出版发行的复习资料。

科学家传记、科学画报、科学史著作、百科辞典等从不同方面为物理教学提供可以借鉴的资料，也为学生的物理学习提供课外阅读材料，因此也是不可忽视的文本课程资源。

总之，文本课程资源的合理使用，不仅能有效地支持新课程物理教学，同时也能培养学生的物理阅读兴趣和阅读能力，为学生的终身学习奠定基础。

第三节 实验室课程资源

实验室可为物理教学提供实验的场所和实验器材。随着信息技术进入实验室，在常规实验室的基础之上出现了数字化实验室。数字化实验室可以凭借互联网，实现最大程度的实验室课程资源共享。

一、常规实验室

实验室是新课程物理教学的重要课程资源。实验室资源的开发和利用，不仅能够使学生获得物理学习所需的感性经验，还可以训练学生的基本技能，发展学生的科学素养。可以说，新课程物理教学离不开实验室课程资源。

1. 实验器材与实验材料

常规实验室拥有各种自制的和学校配备的实验器材及实验材料。图 2-2 是实验室中常见的实验器材。利用这些实验器材，可以设计和实施物理教学中教师的演示实验或学生的探究实验。

图 2-2 实验室中常见的实验器材

2. 实物模型与挂图

常规实验室还为物理教学提供了各种实物模型和挂图。我们知道，有些实验器材是难以搬进课堂的，如高能粒子加速器、汽油机、柴油机、地球等；有些研究对象或过程是不易观察的，如物质的微观结构、电能的输送等。我们可以有多种方法解决此类问题，其中一种方法就是制作实物模型或挂图。

实物模型的实质是一种模拟方法。自然界的物理现象是复杂多变的，有些是不易控制操作或很难直接观察到的。为了研究和解决问题，采用了建立模型的方法，以便研究者直观、安全、方便地观察与实验。这个建立模型的过程就是一种模拟。实物模型虽然不是原物本身，但在主要方面与原物相似。与挂图、动画相比，实物模型能够提供立体的、可信度较高的、可直接操作的信息。

3. 光学投影媒体

光学投影媒体是利用光学投影设备，将相应的实物、文本或图像放大并显示在屏幕上，以达到传递教学信息的目的。常用光学投影媒体主要有各种投影仪、幻灯机等。

光学投影媒体的特点是：①可提供静止、放大的视觉图像。光学投影媒体是以图像的形式记录和传递教学信息的，它可以直观、形象地再现客观事物或现象。②可模拟某些现象和运动的动态过程，有助于学生具体、形象地理解有关事物的变化过程。③媒体的控制不受时间的限制。能在课堂上灵活操作和讲解，可长可短，可深可浅。

在中学物理教学中，运用光学投影媒体时，应注意选择适合的教学内容，注意与其他手段相配合，充分发挥它的优势。

例如，液压刹车(原理)是师生在生活中很少直接看到的，利用静止的挂图很难讲清楚它的动态过程，而利用彩色的活动幻灯片，教师边操作边讲解，不仅能提高学生的兴趣，而且能使学生看到脚踩下踏板时，通过杠杆带动活塞，挤压主缸中的液体，再通过液压传动，使分缸中两活塞连动刹车靴向两边张开，紧紧顶住制动轮箍，从而实现刹车的过程。

又如，在横波的教学中，可以采用复合的模拟投影片。这种投影片是一种重叠式动片，基底片是一张绘有等间隔不透明条纹的画片，如图 2-3(a)所示，将其中一条透光缝隙涂上红色或其他颜色；动片上绘有一条正弦曲线，如图 2-3(b)、2-3(c)所示。投影时将两片重叠，水平地向一个方向拉动片子，即可从投影屏上看到横波的传播情况。这时，若注意观察红色缝隙中的点，就可以看到它只围绕平衡位置做上下振动，不发生横向移动。由于拉动可以逐段进行，因此还可以比较某一时刻各点的运动状态。

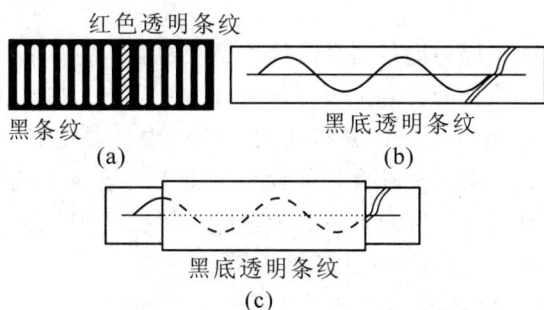

红色透明条纹

黑条纹　　　　　　　　　黑底透明条纹
(a)　　　　　　　　　　　　(b)

黑底透明条纹
(c)

图 2-3　复合的模拟投影片

运用光学投影媒体还可以将许多相关的物理知识综合在一起进行有效的复习。例如，我们利用一张描述光在两种不同介质界面上的现象的活动幻灯片，可以形象生动地复习光的反射定律、折射定律、临界角和全反射知识。

光学投影媒体还能投影实物，把那些受尺寸限制且不够明显的、不容易成功展现的实验现象显示出来。例如，进行水波实验，展示电力线、磁力线等，可以借助投影仪进行观察。

近年来，光学投影媒体发展较快，它集中了实物、模型和幻灯的优点，真实感强，可见度大，体积小，既能体现动态过程，又能加强演示实验的效果，因而被广泛使用。

4. 影视录像

影视录像的表现手法丰富多样，不受时空的限制，是目前社会和学校教育、教学中应用较为普遍的教学媒体。

影视录像媒体的特点是：

(1)声、形、色并茂，能吸引学生的注意力，激发学生的兴趣，有助于学生在积极的情感中学习知识。

(2)可以展示各种真实的物理现象及其变化，再现宇宙空间的星球运动乃至物质分子的微观结构。这极大地扩大了学生的感知领域，为其认识物理概念和规律创造了有利的条件。

(3)可以利用各种电视摄像和电子特技手法，使画面产生某种特殊效果，扩展或压缩时空，以满足教学的特殊需要。例如，用显微镜摄影手段可以将微小的肉眼看不到的现象、过程放大并清晰地呈现出来；用普通摄影镜头可将宏观事物缩小并呈现在电视屏幕上，或变快为慢，或变慢为快，或使用插入、并列、对比等手法以及各种特写镜头，使教学中要表现的对象更突出、更生动。

在物理教学中运用影视录像媒体，一定要注意发挥它的特长。首先，要充分利用它的各种特点，针对那些抽象的内容，展示相关物理图景，帮助学生突破难点，扩大知识面。其次，要注意与实验教学的配合。影视录像媒体只能展示物理图景，却不能让教师或学生进行主动控制和操作，因此，不能用它来代替演示实验，更不能代替学生动手操作的实验。最后，要注意播放的时间和方式。通常，在课堂上不宜长时间地放映录像，要根据教学的实际需求确定播放的时间。播放的方式可以灵活选择，如采取插播的方式，等等。总之，影视录像媒体的使用要根据教学内容特点和学生的实际情况来决定。

二、数字化实验室

常规实验室已经不能很好地满足信息时代对于人才培养的要求，在实验测量的数据采集方面，需要引入基于传感器的计算机数据采集与处理系统；在物理思维训练方面，需要引入一些虚拟仿真实验平台软件；在分布式教学活动中，需要引入移动互联技术，比如Phyphox 手机软件。因此，有必要在常规实验室基础上，进一步建设数字化探究实验室。数字化探究实验室一般具备常规实验器材、传感器及其数据处理系统、数码摄像系统、实验室网站、虚拟仿真软件平台、Excel、Matlab 等。

1. 数字化信息系统实验室

自然界中的光、声、电以及力的作用等信息，一般都可以通过传感器转换成数字信息，然后输入计算机处理，并将处理后的信息反馈给特定的设备，再通过控制设备反作用于外界。这种技术已经广泛应用于日常生活和生产的自动控制方面。这种传感器技术，也可以应用于物理教学，提高物理教学的效果。数字化信息系统实验室（DISLab）为我们提供了这样的技术手段。

（1）DISLab 的构成。

数字化信息系统实验室是由"传感器＋数据采集器＋实验软件包（教材专用软件、通用扩展软件）＋计算机"构成的实验系统，如图 2-4、图 2-5 所示。

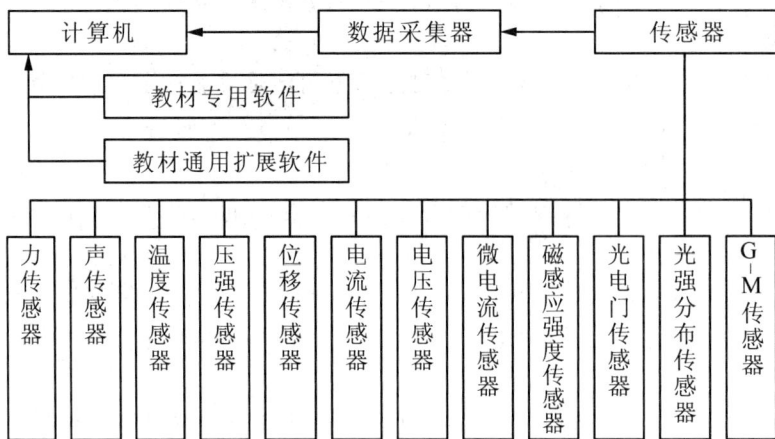

图 2-4 DISLab 的构成示意图

（2）DISLab 的教学应用。

①准确采集实验数据。在中学物理教学中，通过传感器采集的数据，常常比人工采集的数据更加准确，这在教学中有时十分重要。比如，在验证动量守恒定律的实验中，往往由于采集的实验数据不能明显支持动量守恒，教师只能说"在误差允许范围内，系统的动量是守恒的"，降低了实验的说服力。利用数字化信息系统实验室和气垫导轨等，可取得较准确、较有说服力的实验数据及结果。

②实时采集实验数据。利用传感器采集数据具有实时、迅速的特点，这在物理教学中有时也是很重要的。比如，在学习牛顿第二定律的时候，演示完成以后，再通过测量打点

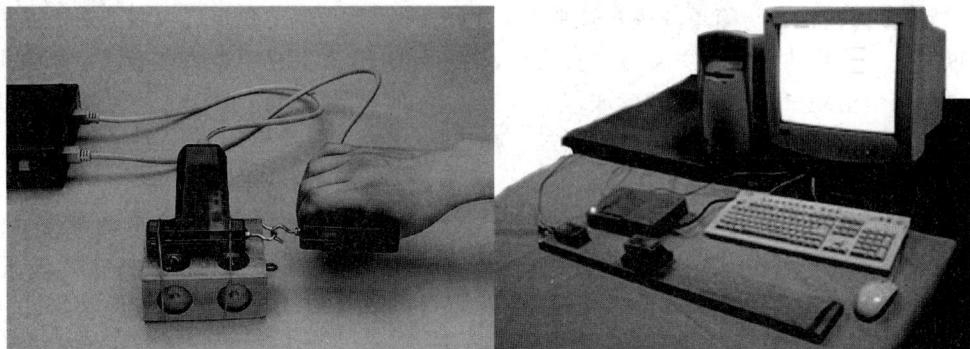

（a）　　　　　　　　　　　　　　（b）

图 2-5　数字化信息系统(DIS)常用设备

计时器纸带，来计算加速度，往往需要一节课时间，不利于学生及时发现规律，降低了学习效率。此时若采用数字化信息系统实验室，能迅速得到数据以及数据处理结果，增强教学效果。

③测量一些用传统手段难以测量的物理量。在物理教学中，有些物理量是很难用常规实验方法测量的，这在一定程度上增加了相关知识的抽象性。如果能测出这些物理量，无疑会促进学生对知识的理解。比如，在学习磁感应强度(B)时，用一般实验器材很难测量 B 的大小，此时若采用数字化信息系统实验室，则会使 B 的测量变得比较容易，从而使学生更容易理解磁感应强度概念。

2. 仿真物理实验室

仿真物理实验室是一种使用计算机模拟技术手段，再现真实物理世界的某些方面，让学生在这样的情境中，通过虚拟操作来学习物理的综合性模拟实验平台。它把物理规律内置在软件中，与物理学科紧密结合，是物理教师得力的课件制作工具，还是优秀的物理课堂教学平台，也是学生的探索性学习平台，比如利用 AR 和 VR 技术搭建的仿真实验室平台。

利用仿真物理实验室，使用者只需要搭建器件，并设置器件的属性就能完成构想的实验。如，力学中的自由落体运动、平抛运动、单摆、人造地球卫星、带电粒子在磁场中的圆周运动等；光学中的平面镜反射、介质对光线的折射和全反射、凸透镜成像等；电学中的串联与并联电路、伏安法测电阻等。

仿真物理实验室主要具有以下几方面特点。

(1)操作简单。使用者所要考虑的是物理实验本身，而不用担心仪器的操作问题。使用的时候，首先在大脑中构建一个物理模型，然后用仿真物理实验室提供的器件把它搭建出来。例如，做一个自由落体运动的实验时，首先运行仿真物理实验室的主模块，新建一个实验；其次确定坐标的位置，设置比例尺；最后放上一个运动对象，设置"考虑重力的作用"，这样就可以运行实验了。

(2)模拟验证性。通过仿真物理实验室创建的过程模型，不但可以展示动画，而且可以提供模拟的实验数据。教师和学生可以使用辅助分析工具，对模拟实验数据进行分析，"检验"物理规律。当然，学生在学习了新的规律以后，需要通过真实实验进行验证，但需要时(如有些实验可能具有危险性)也可以通过仿真物理实验室进行模拟验证。

（3）模拟探究性。与简单的模拟实验课件相比，仿真物理实验室可以将各种真实的因素设置进去，使得仿真实验更接近真实情境。学生利用这样的仿真物理实验室，可以从事一些科学探索活动。比如，有的学校成立了仿真物理实验室课外小组，学生们在活动中，可以利用仿真物理实验室探索天体的运动、弹道轨迹等问题。

[案例]动量守恒教学

动量守恒在高中物理教学中既是重点，也是难点。教学中有一个典型的物理模型：有一个质量为 m_1、初速度为 v_1 的平板；平板上放有一个质量为 m_2、初速度为 v_2 的木块；木块与平板间的摩擦系数为 μ。

用仿真物理实验室很容易建立起这个物理模型，如图 2-6 所示。

建模过程只需要花几分钟时间。首先从"创建模板"中创建平板，并创建一个木块放在平板上（在软件最下面的状态栏中有实时的提示信息）；其次设置它们的物理属性：大小、质量、初速度等；最后在实验环境设置中，选中"考虑重力作用"，这样就可以运行这个课件了。改变

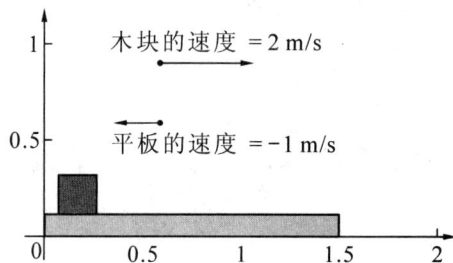

图 2-6　用仿真物理实验室建立物理模型

物理参数，运动的过程也随之发生变化。你可以把平板与木块的物理参数度量出来，并实时显示在屏幕上。

上课时，演示这个课件既可以让学生看到物理过程，又可以用数据对这个物理过程进行分析，还可以让学生来动手搭建类似的物理模型，从而使学生在轻松愉快的过程中自主地学习物理。

3. 实验室网站

网络技术的发展，使得任何人在任何地点、任何时候，学习任何知识都成为可能，因此网络技术对于传统教育产生了很大的影响。实验室网站就是一种基于网络技术的新型实验室资源。建设实验室网站，可以很好地实现常规教育资源和数字化教育资源的整合。

[案例]一个物理实验室网站

（1）网站特点。

①网络支持。

②基于探究性的实验。

③趣味性。

每个实验活动设计及其网站实现均采取以下模式（图 2-7）。

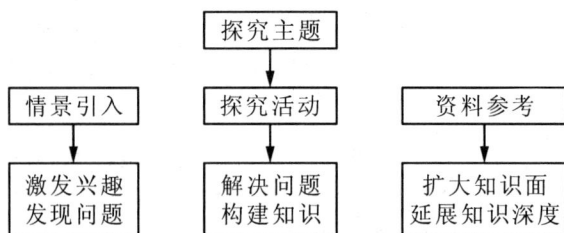

图 2-7　探究活动网页结构设计

参见下面弹性摆球的碰撞网页(图 2-8)。

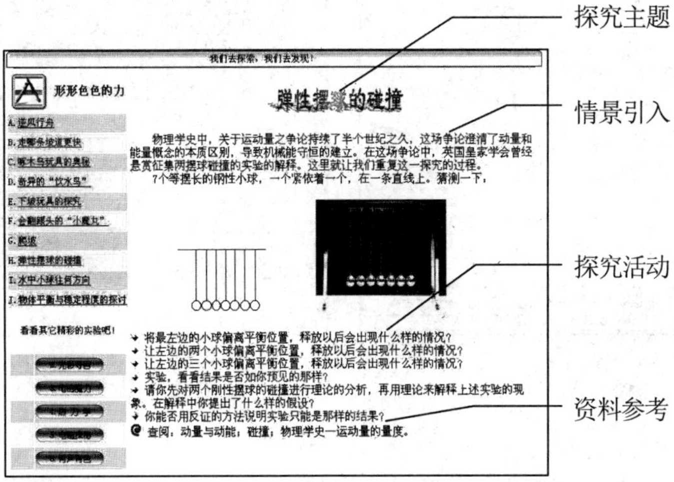

图 2-8　探究活动网页设计

(2)主要功能。

①实验预约[图 2-9(a)]。

②注册用户可以在论坛中发表问题与见解,和老师、同学交流[图 2-9(c)、图 2-9(d)]。

③可上传、下载实验录像片段和 Word 文件,实现资源共享[图 2-9(b)]。

实验室网站通常是某一教育网站的一部分。优秀教育网站一般具有以下几方面特征。

(1)具有导学功能;

(2)与实际物理课堂教学密切联系;

(3)学习资源丰富,且具有多媒体性和多元性;

(4)支持在线交互学习。

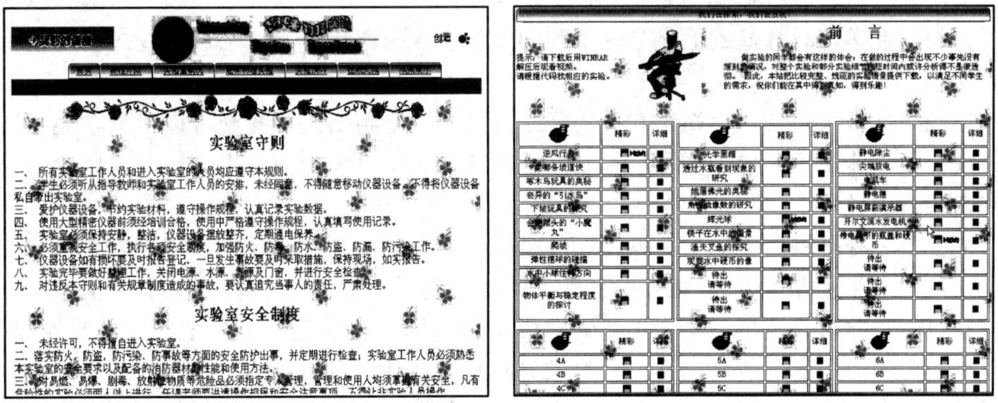

(a)

(b)

图 2-9　实验预约

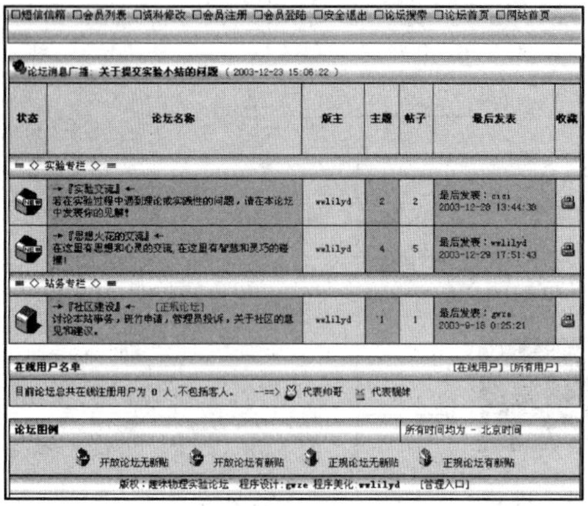

(c) 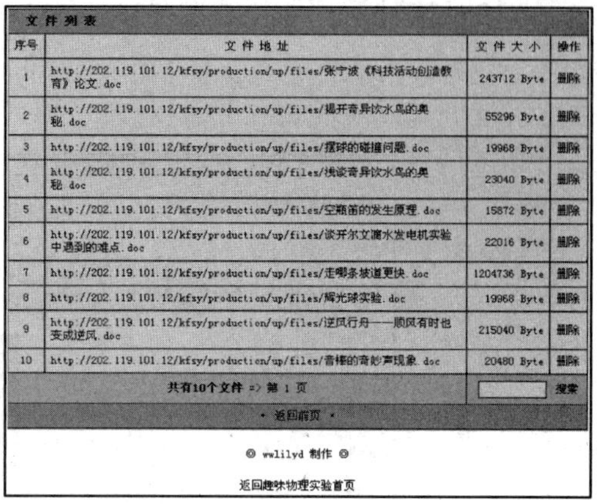　　　　　　　　　　　　　　　　　　(d)

图 2-9　实验预约（续）

　　互联网上可以找到很多国内外物理教育网站，有的与中学课程紧密配合，有的着重拓展某方面的相关知识。教师应该向学生推荐一些好的网站，也可以从网站上下载一些与课程直接相关的教学素材。

　　鉴于物理教育网站的基本特征，它既适于设计与实施以问题为导向的探究式教学，也能够支持常规的物理教学，因而具有深远的开发与利用前景。

第四节　社会与网络课程资源

一、社会课程资源

　　社会课程资源主要来源于报刊、电视、科技馆、展览会（馆）、少年宫、公共图书馆，以及工厂、农村、科研单位、大专院校等。为了使全体学生的物理学科核心素养得到充分发展，如何在学校教育基础上充分开发和利用社会性的课程资源，已成为物理教育的一个重要课题。

　　报刊中常常报道与物理知识有关的新闻。如高楼坠物伤人，教师可以引导学生用物理知识来分析物体下落过程，估算从一定高度下落的物体对人的撞击力，同时对学生进行安全和社会公德教育。

　　电视是一种普及的大众传播媒介，教师可以从两方面利用电视媒体辅助物理教育。一方面，可以向学生介绍电视中的科学教育栏目。例如，结合课堂教学向学生预告某个节目，建议学生收看并写出记录，进行讨论、交流。同时让学生了解科学技术的最新成果，形成关心电视中的科学节目的意识，养成关心科技发展的习惯。另一方面，教师可以把电视节目中的相关内容录制下来，用于物理教学中创设情境、提供分析材料等。这样可以使物理教学更加贴近学生生活和社会实际，进而激发学生学习物理的兴趣，调动学习的积极性。

　　科技馆、展览会（馆）少年宫展示了许多有趣的大中型科技产品及科学实验，这是一般学校难以做到的，教师应该充分利用这些科学教育资源。比如利用科技工作者资源，开展"大手牵小手"的科普活动。

参观工厂、农村、科研单位等，可以使学生体会科学、技术、社会之间的关系。这样的活动往往具有科学教育、思想政治教育等多种功能，可以由不同学科的教师联合组织实施。在参观前，要制订合理的计划和方案，明确参观的目的和要求，提高资源利用的效率。

学生的学习伙伴（同学、教师、其他相关人员）也是物理学习的重要资源。人的学习总是在一定的社会环境中进行的，学校、班级构成学生学习的主要群体。师生之间、同学之间的平等交流和互助，不但可以为学生提供学习动力，还有利于支持学生学习和探究过程中的知识建构，但除了同学、教师外，家长、社会上其他相关人员都可能对学生的物理学习产生影响。因此，物理教学应重视这类资源的开发和利用。例如，学生家长有不同职业和科技专长，可以提供各种学习材料。

在开发和利用社会课程资源时，增强社会课程资源的交流意识，对于促进物理教学也具有重要意义。一方面，任何一所学校、任何一位教师都不可能拥有所有的课程资源，因此，学校之间、教师之间相互交流课程资源，是十分必要的；另一方面，每一位教师在其教学实践中，都会积累一些独到的教育教学经验，这些经验也是重要的课程资源。要有效地发挥这类资源的作用，就要加强相互间的合作与交流，构建物理教师的学习与实践共同体，使教师在合作与交流中得到相互促进和共同发展。

二、网络课程资源

互联网中有着海量的课件、图片、文本、视频、音频、网站等大数据资源。其中有的可以直接下载下来用于课堂教学，有的需要加以改造才能用于物理教学，当然也有的课件或者数据存在科学性错误，不能用于物理教学。这就要求教师具有鉴别、选用或者修改课件的能力。

课件一般可以分为 3 类。

(1)为了辅助教师讲授或者表达某个物理概念和规律而编写的课件；

(2)针对某个教学难点或者教学重点而编写的课件，应用在教学之中往往具有不可替代性；

(3)除具备(2)的特点之外，还具有交互性，可以满足学生探究式学习。

互联网上有着大量优秀的课件资源，最具代表性的有科罗拉多大学的 PhET 网站。该网站由诺贝尔奖获得者卡尔·威曼于 2002 年创立，PhET 互动仿真程序计划由科罗拉多大学的团队专项运营，旨在创建免费的数学和科学互动程序。PhET 基于拓展型教育的相关研究，并且激励学生在直观的、游戏化的环境中进行探索和发现活动，目前已经翻译成多种国家的语言。其中文网址是：https：//phet.colorado.edu/zh_cn/，主页面如图 2-10 所示。

图 2-11 是课件"原子之间的相互作用"的页面图。

互联网上还有许多在线物理学习网站。例如数字学校、数字博物馆、数字科技馆和国家中小学智慧教育平台（中文网址：https://www.zxx.edu.cn/)，这些学习网站上有着大量的在线学习资源。

互联网上还有远程测控网站，学生可通过互联网操控某地的天文望远镜，在家观测天象，也可以远程操控摄像头，观察野生动物的生活习性，等等。

总之，互联网正在深刻影响着人们的思维与生活方式。互联网上有着大量的与现实生

图 2-10 PhET 汉化网站的主页面

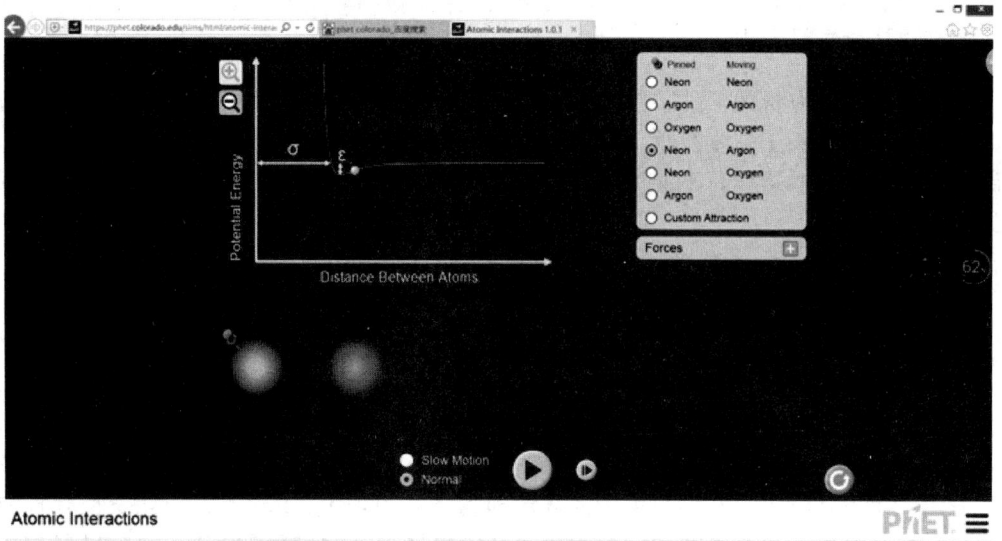

图 2-11 原子之间的相互作用

活对应的大数据。人们的生活、学习与工作，都离不开这些大数据网络资源，现代科学家从事科学研究活动也离不开互联网工具和大数据。数据探究能力是现代人必备的科学素养之一。因此，培养学生利用数字工具或者搜索引擎进行探究式学习的意识和基本技能是提高学生物理学科核心素养的重要内容。

第三章　中学物理教学过程和原则

正确认识和理解中学物理教学过程，认识中学物理教学的特点和规律，理解和掌握中学物理教学原则，对于正确而有效地进行教学工作，不断提高教学质量，促进学生物理学科核心素养的发展具有重要意义。

第一节　中学物理教学过程

从认识论的角度看，教学过程是一种认识过程，不过这种认识又有其特殊性，不同于一般的认识和其他形式的认识。其特殊性就在于它是学生在教师创设的物理情境中的认识。这种认识具有 3 个基本特点，即直接性与间接性的统一（在直接经验与间接经验之间架桥）、自主性与指导性的统一（学生在教师指导下进行自主学习）、认识性与发展性的统一（学生认识的过程同时是使学生物理学科核心素养得到全面发展的过程）。

依据上述基本观点，物理教学过程是学生在物理教师创设的物理学习情境中，在教师的指导和帮助下，通过各种途径认识物理客体，掌握物理基础知识，发展物理观念，经历科学探究过程，发展科学思维和探究能力，发展对科学本质的认识，形成科学态度和社会责任感。

一、教学过程是学生物理学科核心素养的发展过程

发展学生的物理学科核心素养是基础教育阶段物理课程的共同目标。物理学科核心素养包括物理观念、科学思维、科学探究、科学态度与责任 4 个方面，这 4 个方面是相互联系、共同发展的，物理观念的形成过程是学生经历科学思维和科学探究的过程，同时伴随着科学态度与社会责任感的发展过程和对科学本质的认识不断深化的过程。

在物理学科核心素养的 4 个方面中，物理观念处于首要位置，是其他物理学科核心素养形成和发展的基础，这是由物理学科的性质决定的，体现了物理学科核心概念的教育价值。物理学是研究物质的组成和结构、相互作用和运动规律的基础科学，物理学科核心概念包括物质、运动与相互作用、能量等。因此，物理观念主要包括物质观念、运动观念、相互作用观念、能量观念等，这些观念就是从物理学视角形成的对自然界的基本认识。从物理知识的角度来看，物理学是由物理概念、规律、理论构成的逻辑体系，理解和掌握物理学的概念和规律是形成和发展物理观念的基础，但并不等同于形成了物理观念。物理观念包含物理学看问题的视角，是从物质、运动与相互作用、能量的角度来看待自然、认识自然，解释自然现象和解决实际问题。在初学者看来，物理学科的知识往往是零散的、分离的，学生获得了大量零散的具体知识与技能，但不能在头脑中形成对物理世界的完整认识，不能用物理学的知识和方法解释自然现象和解决实际问题，常常表现为思维能力和探

究能力的欠缺，由此会导致畏惧物理的心理状态。物理观念的发展需要学习者经历概念转变的过程，需要将经验思维转变为科学思维，需要自主建构对物理世界的认识，从中体验科学是如何发展的，进而理解科学的本质特征，发展科学思维和探究能力。所有这些都需要在科学探究的过程中实现。例如，机械运动观念的发展需要建构匀速直线运动、匀加速直线运动、匀速圆周运动、简谐振动等模型。在教学中，教师需要创设情境，引导学生体会物理学的研究；需要建构模型，带领学生经历建构模型的过程，用所建构的模型解决实际问题，了解所建构的模型是有局限性的，遇到复杂的问题需要对已有的模型进行修正和完善，或者建构新的模型。在这个过程中，学生不但掌握了物理知识，发展了对机械运动的认识，而且学会了建构模型和应用模型，发展了对模型的认识，促进了科学思维能力的提高，深化了对科学本质的认识，为学生今后的物理学习留下了发展空间。

二、教学过程中各要素之间的关系

从系统论的角度看，教学是由若干相互关联的要素组成的具有特定功能的复合体。[①]教学过程就是这些要素相互作用以实现教学目标的过程。在物理教学过程中，存在着 3 个最主要、最基本的因素，即主体、客体和媒体（简称"三体"）。这 3 个因素的基本关系是：认识的主体是学生，同时也是受教育者；认识的客体是自然界（包括人造自然）中的物理现象、物理过程、科学实验以及科学的思维方式；促进学生主体认识客体的一些媒体，是指教师、教材、设备等，其中教师是主要的媒体。有了这 3 个因素，物理教学就可以构成一个整体，也就形成一个结构，这个结构就可以发挥其教育功能。这 3 个因素之间的相互联系和相互作用就构成了一个完整的教学系统，这个教学系统的运动是以目标为导向的动态的发展过程，其目标就是中学物理的教学目的。

由于人们对这"三体"在整个教学过程中所处的地位有不同的认识，从而导致了不同的教学思想和不同的教学方法。忽视学生学习的主动性，否定学生的主体地位，而过分地强调教师的作用，认为教师的讲解是学生获得知识的唯一途径；或者，忽视教师的作用，否定教师这一主要媒体的地位，过分地强调学生的主动性，而认为教师不必讲解，完全靠学生自己去发现问题、解决问题、获取知识。这两种教学思想和教学方法，都是片面的、不正确的。狭义地理解"知识"的含义，把学生认识的客体简单地认为几个定义、几个公式，以及几种操作技能，忽视科学探究过程，忽视科学思维的地位和作用，忽视学生的个体经验等，也是片面的、不正确的。

由此可见，只有正确地认识"三体"在整个教学过程中的地位和作用，正确地处理好"三体"彼此之间的相互关系，才能发挥各自的作用，使各个因素之间形成最佳的组合，发挥出教学系统的最佳整体功能。为此，应当明确：

第一，学生作为认识的主体，要在教师的指导下，发挥主观能动性，自觉主动地探究客体，完成认识客体的任务，同时获得全面发展。

第二，学生认识的对象（客体），既包括自然现象和过程，也包括间接的、系统的知识及其发现过程（包括科学思维等）。

学生学习的内容是根据社会需要和学生发展的需要，从人类知识宝库中精选出来的、

① 裴娣娜. 现代教学论：第一卷［M］. 北京：人民教育出版社，2005.

最基本的，且能够接受的材料。教学中组织学生参加一些实践活动，或在课堂上做探索性的实验，是给学生创造学习物理的情境，激发他们学习物理的兴趣，获得更多的直接经验和思维材料，经历知识产生的过程，加深对所学知识的理解和巩固，熟悉和掌握认识问题、处理问题和解决问题的科学方法，培养创新意识和实践能力，为终身学习和发展打好基础。

第三，教师是整个教学过程的组织者和学生学习的指导者。

教师首先要认识客体，根据教学要求，充分发挥教学设备、教材等其他媒体的作用，创设学习情境，深入了解学生的特点，激发学习兴趣，引导学生经历科学探究的过程，积极进行科学思维，这是提高教学质量的关键。

教师之所以要发挥主导作用，是因为在教学过程中，教师是落实教学目的、完成教学任务的设计者和组织者。学生科学素养的发展，在很大程度上取决于教师的水平和能力，取决于教师发挥主导作用的程度。

总之，物理教学过程是学生在教师的指导下，在特定的物理学习情境中发展兴趣，掌握知识、技能和方法，培养物理观念、科学思维和探究能力，养成科学态度和科学精神的过程。教师要发挥主导作用，首先必须认识物理客体（以及物理学的内容、特点和思维方法），深入了解学生；在此基础上，认真处理教材，灵活运用多种教学媒体和现代教育技术，选择合适的教学手段和教学方法，创造良好的物理学习情境，达到预期的教学目的。

第二节　中学物理教学原则

教学原则是教师在教学过程中必须遵守的准绳。

关于各个学科教学的一般原则，在教育学中已有详尽论述，在物理教学中当然应该贯彻。然而，各个学科的教学除了具有共性之外，还有各自的特点，因此在各学科教学中还应突出反映本学科特点的教学原则。

根据物理教学的目的和学习物理的方法，在中学物理的教学中应突出科学性原则、生动的直观性原则、启发积极思维原则、理论联系实际原则和激发学生兴趣的原则。

一、科学性原则

科学性原则是对一个物理教师搞好教学工作最起码的要求，主要体现在以下两个方面。

1. 教师讲授的内容必须做到正确无误

教师对于任何一个物理概念、规律，都必须确切地理解，正确地表达，不应有科学性错误。那么，什么是科学性错误呢？让我们分析下面几个例子。

例 1　在几何光学教学中，当讲到光的折射成像时，通常用到在水面斜上方观察水中物体的例子，结论是由于光的折射作用，在水面斜上方看到水中的物体"升高"了。但是，同一个结论可能画出三种不同的光路图，如图 3-1 中（a）（b）（c）所示。

图 3-1(a)中物体"升高"到左上方；图 3-1(b)中物体"升高"到正上方；图 3-1(c)中物体"升高"到右上方。然而，在一定条件下进行观察，例如都从水面右上方观察，结果只能是

一个。也就是说，3 个图中只有一个图是正确的，另外两个图都是不正确的。究竟哪一个正确，请读者自己考虑。在教学中，教师不必给学生推证上述结论，但不能画错。否则，就是犯了所谓的科学性错误。

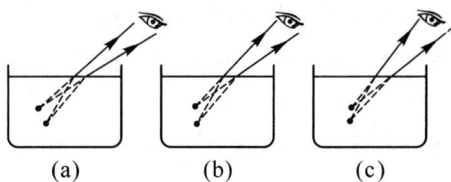

图 3-1　光的折射示意图

例 2　有两个平面镜 M 和 N，它们之间的夹角为 θ。在其中放一点光源 S，试求点光源总共能成几个像？

对于 $\theta=90°$ 的情况，如图 3-2 所示。很容易证明，S 对 M 镜成像为 S_1；对 N 镜成像为 S_2；S_1 对 N 镜成像为 S_3，S_2 对 M 镜成像也为 S_3。于是，成像的个数 $n=3$。

这个结论对 $\theta=90°$ 的情况是正确的：$n=(360/90)-1=3$。

然而，如果由此给学生总结出成像个数的公式 $n=(360/\theta)-1$，是不科学的。当 $\theta=120°$ 时又是怎样呢？如果点光源 S 位于两镜面夹角的平分线上，如图 3-3(a) 所示，则 S 对 M 镜成像为 S_1；S 对 N 镜成像为 S_2；S_1 和 S_2 分别位于 N 镜和 M 镜的镜面延长线上，不再成像，从而符合 $n=(360/\theta)-1=2$。但是，如果点光源 S 不在两平面镜夹角的平分线上，如图 3-3(b) 所示，则 S 对 M 镜成像为 S_1；S 对 N 镜成像为 S_2；而 S_1 对 N 镜还可以成像为 S_3。因此 n 不等于 2，而是等于 4，这时，"公式" $n=(360/\theta)-1$ 就不正确了。可见，这种在逻辑上称为枚举法的不完全归纳所得出的结论，并不是一直正确的。

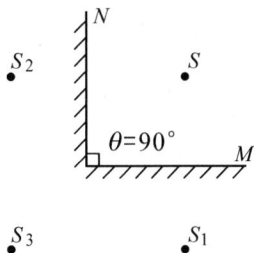

图 3-2　点光源平面反射成像(1)

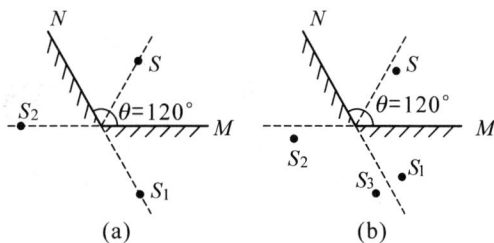

图 3-3　点光源平面反射成像(2)

例 3　在一悬线的下端挂一个质量均匀的金属空心球，球内充满水，构成一个单摆。如图 3-4 所示，悬点 A 到金属球球心 O 的距离 $AO=l$。当它做简谐振动时，其周期为

$$T=2\pi\sqrt{\frac{l}{g}}$$

如果盛水的空心球底部中间有一个小孔，水从小孔不断流出，其周期 T 将如何变化？

图 3-4　摆球"变化"的单摆

有的答案是，在单摆运动过程中，随着水从球内流出，周期逐渐变大，直到水流完时，恢复为原周期。这是因为：单摆的摆长是由 A 点到摆球质心(该质心是空心球和满球水的公共质心)的距离，水尚未流出时，摆长为 l，单摆的周期由 $T=2\pi\sqrt{\frac{l}{g}}$ 决定。当摆球摆动时，球内的水从小孔慢慢流出，这时，空心球的质心仍在球心，而球中的水由于不断减少而引起水的质心降低，那么，空心球和水的公共质心(即摆球质心)也随之降低，致使摆长变长，周期慢慢变大，直到水全部流完后，空心

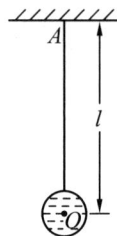

球的质心就是摆球的质心，又回到 O 点，摆长恢复为 l，所以周期恢复为原周期。

乍看起来，这是一个合乎逻辑的解释，但是，实际上是错误的，错在质心的改变上。在水开始流出的前一个阶段，由于水的质心降低，确实引起空心球和水的公共质心慢慢降低，摆长变长，周期变大。然而，不要忘记，空心球的质量是不变的。因此，公共质心不是随着水不断流出而始终降低，而是降低到一定程度后（注意，水并没有全部流出），公共质心又逐步上升，直到水全部流出时，公共质心就是空心球的质心，即又回到水未流出时空心球和水的公共质心 O 点（图 3-4）。这就是说，在水不断流出的过程中，周期变化的过程是：从原周期先增大，增大到一定程度以后（这时水并没有全部流出），再减小，直到恢复原周期。

由此可见，原来的解答是有科学性错误的。然而，仔细推敲一下，这个题目本身也是有问题的。问题在于什么是单摆。我们知道，单摆是一个理想化模型，它的装置是一根不可伸长的轻绳（质量忽略不计），上端固定，下端悬挂一个可视为质点的摆球。题目中给出的装置，在摆球的大小远远小于悬线长度，球中的水并不流出的情况下，则可以看作一个固定的单摆。当它摆动时，如果摆角小于 $5°$，则其摆动的周期可按 $T=2\pi\sqrt{\dfrac{l}{g}}$ 来计算。然而，如果在摆动过程中，球中的水不断流出，又不忽略摆球质心的微小变化，则该装置就不是一个固定的单摆了，只能是在某一时刻相当于某一个摆长的单摆，过一瞬间，这个单摆就消失了，又相当于另一个摆长的单摆……也就是说，题目研究的是"瞬时单摆"的情况。"瞬时单摆"的周期有什么意义呢？又怎样用实验测定呢？在教学中讨论这样的问题是无益的，且容易混淆学生对单摆的认识。因此，题目本身是不妥的。

为了防止教学中的科学性错误，物理教师必须要有高一级的物理知识水平。只有教师对知识理解得透彻，掌握得牢固，才能在讲授时深入浅出、通俗易懂，且无科学性错误。

这里应当指出，我们所说的科学性原则，主要是指科学内容上要正确无误，并不意味着不分对象、不分学习阶段，单纯地追求严格性。要知道，严格是相对的。对某一概念或规律，从初中的定性说明，到高中的定量表述，内容的深度和严格的程度，显然是不同的，但必须都是正确的。

例如，在初中讲授功的概念时，只讨论恒力的方向跟物体位移方向一致的情况，得到

$$W=Fs$$

即外力对物体所做的功等于物体所受的外力与其在该力方向上的位移的乘积。到高中阶段，进一步考虑恒力的方向跟物体位移的方向有夹角 θ 的情况，从而涉及力的分解，得到

$$W=Fs\cos\theta$$

两者严格的程度虽然不同，但都没有科学性错误。

又如，讲能量概念时，通常说"能够做功的物体都具有能量"，这虽然不是能量的确切定义，但考虑到中学生的理解能力和接受情况，这样的讲法是可以的，不能算是科学性错误。但是，"物体有能量就有功"或"物体能量小就一定做功少"等说法，却都是错误的。

再如，在初中讲"大气压是由大气层的重量产生的"，虽然这不是大气压产生的实质，但这种说法是可以的。然而，若讲"密闭容器里的气体的压强是由其重量产生的"，则是荒谬的。

2. 建立物理概念和物理规律要有充分的事实依据

所谓充分的事实依据，既包括直接观察的现象和实验事实，也包括学生已有的个体

经验。

有许多物理现象是日常生活中常见的，学生是可以体验得到的。例如，用手拍桌子时，手的疼痛感觉告诉我们，当手给桌子一个作用力时，桌子也给手一个作用力；当你直立在黑板前，水平用一力推黑板时，黑板将会把你推倒。这些事实说明两个物体间的作用是相互的，力是同时成对出现的，而且分别作用在两个不同物体上。这种结论的事实依据是充分的。至于作用力和反作用力的量值关系，则还必须用另外的定量实验来说明。

还有很多物理现象是学生不能亲身感受到的，这就必须通过演示实验让学生观察。例如，讲授电流周围存在磁场这一内容时，如果只是把结论讲给学生听，由于学生以前没有感性知识，现在也没有亲自观察过，只能靠死记硬背，这样的教学是缺乏科学性的。这时，我们可以把若干个检验磁针摆放在通电导线的周围，或者在一个垂直于通电导线的平面上放置一些铁屑，磁针的摆动取向或铁屑的有秩序排列，为我们阐述电流周围存在磁场提供了充分的事实依据。实际上，这也是培养学生实事求是的科学态度的重要途径。

二、生动的直观性原则

学习物理，首先就要对事物和物理现象进行细心的观察，包括在课堂上和在实验室里通过实验进行观察，使学生具有生动的、具体的感性知识。这是获得知识的源泉，它为思维加工提供丰富的资料。因此，在物理教学中，教师必须创造条件，使客观事物、现象形象化，便于学生观察、想象。只有这样，才有利于学生了解物理现象、发掘问题、取得数据、进行思维加工活动，从而建立概念和规律，并加以运用，这就是生动的直观性原则的目的。

例如，有的教师在讲授电流表时，发给每个学生一块电表和一把小改锥，让学生在课堂上亲自动手打开电表的后盖，观察电表内部的结构。在学生已获得感性知识之后进行讲授，效果很好，甚至有些内容，如调零点的螺丝等，教师不需要再讲，学生就已经掌握。

又如，讲授电磁继电器的工作原理及其应用时，由于继电器比较小，它在工作过程中的动作，教室内的学生是观察不到的。这时，如果利用光学投影媒体，把它放大投影到屏幕上，那么，学生既能看到实物设备，又能观察到继电器的工作过程，极为生动、直观，易于学生掌握。

再如，讲授压力概念，同样应当让学生观察：在架起的木板上放一个重物，物体把木板压弯了(图 3-5)；人走在松软的土地上，留下一连串的脚印；用力往木板上按图钉，图钉就钉进木板里(图 3-6)。再让学生思考：这些司空见惯的现象是怎样产生的? 同学们可能回答说这是由于物体和人有重量而产生的。这个回答是不对的。图钉有重量，其方向是

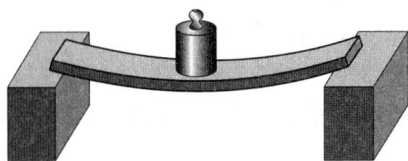

图 3-5　重物压弯木板　　　　　　　　图 3-6　按图钉

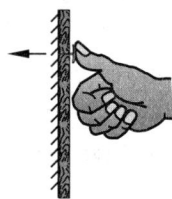

竖直向下的，它怎能使图钉钉入木板内呢？进而引导学生仔细观察上述现象的特点：物体和木板、脚和地面、手和图钉都是相互接触，并相互挤压的（在前两个现象中，重量只是创造了挤压的条件），由挤压产生的作用力是发生上述现象的直接原因。这样，学生很容易理解由相互挤压而产生的、垂直作用在物体表面上的力叫作压力。

还如，碰撞现象是比较复杂的。两个宏观物体相碰时，彼此都可能发生形变。由于形变，每个物体分别给对方以弹性力作用，从而改变每个物体的运动状态。学生虽然经常看到碰撞现象，但对碰撞过程是认识不清的，特别是对什么叫碰前的状态和什么叫碰后的状态不清楚。有不少书中的插图，如图 3-7 所示，其中 Ⅰ 叫碰前，Ⅱ 叫碰撞，Ⅲ 叫碰后，这也容易给学生造成错觉。

以两个质量相同的弹性小球相向运动的情况为例，来讨论它们碰撞的具体过程（图 3-8）。图中小球内部的箭头表示运动速度的方向，箭头的长短表示速度的大小。我们可以明确地告诉学生，在宏观物体碰撞理论中的所谓"碰前"，并不是图 3-8 中的状态 Ⅰ，而是状态 Ⅱ，即两个弹性小球"要碰还没碰，没碰就要碰"这个时刻的状态。由于它们具有相向运动的速度，开始相互挤压，发生形变，从而产生弹性力。向右运动的第 1 个小球受到第 2 个小球给它的向左的弹性力，开始做减速运动，从而向右运动的速度减小；同时，向左运动的第 2 个小球受到第 1 个小球给它的向右的弹性力，开始做减速运动，从而向左运动的速度减小，如图 3-8 中状态 Ⅲ 所示。这时，虽然相向运动的速度减小了，但仍具有相向运动的速度，仍继续相互挤压，继续形变，从而产生更大的弹性力。两个小球分别在弹性力作用下，继续做减速运动，直到相对速度逐渐减小到零，如图 3-8 中状态 Ⅳ 所示。

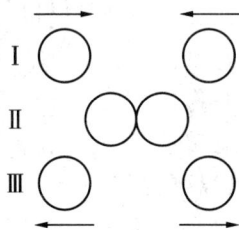

图 3-7　弹性碰撞示意图　　图 3-8　弹性碰撞过程示意图

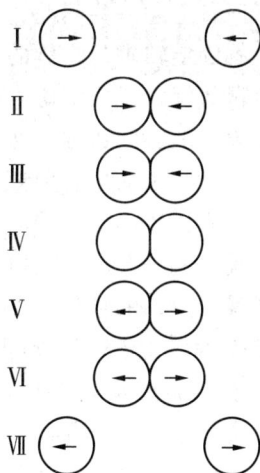

如果碰撞过程从碰前状态 Ⅱ 开始，到相对速度为零的状态 Ⅳ 结束，小球的形变完全不能恢复，则这种只有压缩阶段，丝毫没有恢复阶段的碰撞，叫作宏观物体的完全非弹性碰撞，状态 Ⅳ 叫作"碰后"。如果小球的形变可以恢复一些，则彼此分别在相互作用的弹性力作用下做加速运动，分别向相反方向运动，具有速度，如图 3-8 中状态 Ⅴ 所示。这种从状态 Ⅱ 开始，到状态 Ⅴ 结束的碰撞，叫作非弹性碰撞，状态 Ⅴ 叫作"碰后"。如果小球的形变可以完全恢复，则它们继续做加速运动，速度不断增大，如图 3-8 中状态 Ⅵ 所示。这种既有压缩阶段，又有完全恢复阶段的碰撞，叫作宏观物体的弹性碰撞。状态Ⅵ叫作"碰后"，即两个小球"要离开还没离开，没离开就要离开"这个时刻的状态。这样，把不易被人察觉的、隐藏在内部的现象，生动地形象化、具体化，便于学生了解过程、进行观察和思考，有利于学生正确地理解物理现象。如果把上述内容做成动画，效果就会更好。

从以上几个例子可以看出，直观教学的手段也是多样化的，如实物、模型、实验、板书、板画、多媒体，以及能唤起学生已有感性知识的生动的教学语言。总之，教师在物理教学中必须积极地创造便于学生观察、动手的条件。

三、启发积极思维原则

启发积极思维原则，要求学生在教师指导下，亲自进行观察、实验，进行各种思维加工活动，进行分析问题、解决问题。学生通过自己的手、脑亲自来完成认识上的两个飞跃。教师要给学生创造条件，引导学生善于观察、善于实验、善于思考，并提供应用知识说明、解释现象，以及解决问题的课题和领域。

例如，在学习密度概念之前，教师可以引导学生观察，并提出问题请学生思考，如观察金和黄铜都是黄色的，铝和锌都是灰白色的。现在有金、铜、铝、锌各一块，请学生思考，用什么办法（当然是物理方法）把它们鉴别出来。

一座已建成的花岗岩石碑，它的质量是不能直接用天平称量的。请学生思考，有什么办法能知道它的质量。

很多学生一起讨论，明确体积相同的不同物质，它们的质量是不等的。引入密度概念后，由学生自己回答上述一些问题。

又如，讲解有固定转轴的物体的平衡条件时，可引导学生通过实验、观察，取得数据，得出结论。采用如图 3-9 所示的力矩盘来做实验。根据实验所取得的数据，通过分析，总结出有固定转轴的物体的平衡条件是对转轴的所有力矩的代数和等于零。这时，教师可提出问题：如果去掉转轴左边的一个力的作用，将发生什么现象呢？学生通过实验，观察到力矩盘微微摇动一下，立即又处于平衡。但，这时弹簧测力计的指示改变了。再记录所取得的数据，经过分析，仍满足上述的结论。教师再引导学生把悬挂的物体都去掉，又怎样呢？学生通过实验发现，力矩盘较大幅度地转动了一下，又会处于平衡。这时弹簧测力计上的读数，虽然可以不为零，但弹簧测力计对物体的拉力的方向是通过转轴的，因此，仍然满足

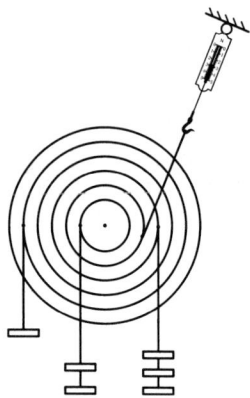

图 3-9　力矩盘实验

上述结论。这样，学生经过动手、动脑，自己发现了规律，既提高了学习的兴趣，又掌握了知识，提高了能力。

再如，在全反射现象的教学中，同样，让学生通过实验，观察一束光从光密介质射向光疏介质时，在两种介质分界面处分成两束光，一部分光被分界面反射回到光密介质内部，反射角 i' 等于入射角 i；另一部分光通过分界面，进入到光疏介质中，并发生折射，折射角 r 大于入射角 i，如图 3-10 所示。这时，引导学生注意观察，当入射角增大时，将发生什么现象？学生会观察到：入射角慢慢增

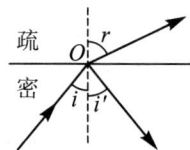

图 3-10　光的全反射

大时，反射光线的反射角和折射光线的折射角也在不断地增大；反射光线越来越强，折射光线越来越弱。当入射角大到某一角度时，折射角变成 90°，折射光线变得极弱，入射角再大一点，入射光线将完全被反射回来。这时，教师给出临界角的概念，并强调发生全反射现象的两个条件：光线从光密介质射向光疏介质；入射角等于或大于临界角。

在物理教学中，教师不仅要启发学生善于观察，积极思考，从实验中总结规律，而且还要启发学生运用已有知识解决问题。

例如，一条轻绳跨过定滑轮，绳的一端拴一质量为 M 的物体，质量为 m 的举重冠军用力拉绳的另一端，如图 3-11 所示。请学生们讨论，在 $m < M$ 的情况下，举重冠军能否把物体拉上去。

如果学生认为举重冠军的力气很大，当然可以把物体拉上去，那么，这就犯了不思考而想当然的错误。要启发学生明确：要想使物体上升，绳子的拉力必须大于 Mg；当举重冠军用力 F 拉绳，力小于 Mg 而大于 mg 时，M 物体静止不动。而这时举重冠军受两个力：竖直向下的重力 mg 和竖直向上绳子的拉力 F'（根据牛顿第三定律得知 $|F'| = |F| > mg$），结果绳把举重冠军拉上去了，相当于他在爬绳。

图 3-11　用定滑轮竖直拉重物

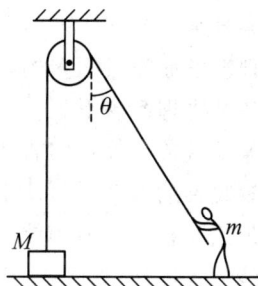

在这个基础上，还可以让学生讨论：在 $M > m$ 的情况下，如果举重冠军把绳子拉斜，一只脚蹬住一个小土坑，如图 3-12 所示，能否把物体 M 拉上去呢？

引导学生运用已有的知识，经过分析得出正确的结论，即当满足

$$\begin{cases} F > Mg, \\ F\cos\theta < mg, \\ F\sin\theta = f \end{cases}$$

时举重冠军才能把物体 M 拉上去（式中 f 为小土坑给人的水平向右的力）。

图 3-12　用定滑轮斜向拉重物

这里应当指出，启发学生发掘问题、思考问题和解决问题，要考虑到学生的智力水平和接受能力，要循序渐进。

所谓"序"，有两层含义，一是指知识本身的逻辑顺序，二是指学生的思维顺序。这就要求我们按照物理学知识体系的结构和学生的知识基础，正确地处理简和繁、易和难的关系，以便更好地调动学生的主动性，促进学生思维能力的发展。在循序渐进的基础上充分激发学生的潜力，教学上要有高标准的要求，知识的难度和深度可以逐步提高，唾手可得的知识很难发挥发展学生思维能力的作用。

总之，引导学生积极、主动地探究，可以使学生生动、活泼、主动地学习，自觉地掌握知识，提高科学思维能力。

四、理论联系实际原则

理论联系实际是辩证唯物主义认识论的核心内容。概括地讲，它是指人类的认识（知识）都来源于实践，又反过来被实践检验，为实践服务。

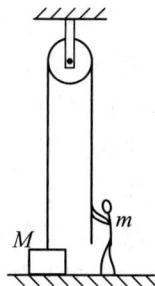

一谈到理论联系实际，人们往往认为这是个理论问题。其实，就物理教学而言，理论与实践的统一，既是理论问题，又是实践问题。为了正确地理解和贯彻这一原则，应当明确，在物理教学中，为什么必须理论联系实际和如何联系实际这两个问题。

物理教学必须理论联系实际，这是由物理学本身的性质、特点、作用和任务，以及教学目的所决定的。物理学是一门实验科学，物理概念的建立，物理规律的发现，物理学理论的形成和发展，都是在实践中进行的。掌握知识的目的，要么是解释和解决人类生产、生活实际中遇到的现象和问题，要么是回答和解释科学实验中发现的新的物理现象，总之，是为了指导实践。从古代"钻木取火"一类最简单的物理现象的认识和应用，直到经典物理学体系的建立和完善，以至现代物理学领域的开拓和发展，无一不是如此。从这个意义上来讲，离开了人类的实践活动，物理学就变成了无源之水，无本之木，而物理学若不反过来应用于实践，就失去了它存在的意义。

那么，如何贯彻理论联系实际的原则呢？

中学物理教学的主要过程是观察、实验、思维和运用。应当把理论联系实际的原则贯彻到各个教学环节之中。联系实际的内容和形式，因各个阶段教材内容的要求而异，既不能生拉硬扯地追求"联系实际"的形式，也不能由于联系实际而忽视了基础知识的学习，更不能把物理课变成生产技术实习课。首先，直观的观察本身就是从实际出发，这不仅包括观察日常生活和生产活动中的物理现象，还包括观察物理实验（演示实验、学生实验）。就物理教学而言，很多的内容都要通过实验观察，以唤起学生的感性知识；或把日常生活中的各种物理现象形象化、具体化、典型化地在课堂上重现，以便在这个环节中培养学生观察实验现象、处理实验数据的能力和使用各种实验仪器的技能。其次，思维加工的过程是直观观察的继续，是从实际中抽象概念、总结规律、形成理论的过程。在这个环节中，贯彻理论联系实际原则就是要求学生必须把思维活动建立在真实的、可靠的观察基础上，而不能无根据地"思维"，而且这种思维活动还必须联系中学生的数学基础知识和实际接受能力。例如，对初中学生一般只要求根据实验现象，通过形象思维，总结出一些定性的物理结论，定量要求低一些。对高中学生则可以通过抽象思维、逻辑推理，总结出一些定量的物理规律。最后，把知识直接或间接地应用于实际，用来说明、解释一些现象，以及解决一些有关的简单问题，这更体现了理论联系实际的原则。

此外，指导学生自己设计实验，制作简单的实验仪器，解答物理思考题，完成物理计算题，以及开展课外物理小组活动，组织教学参观等，都体现了把物理知识应用于实践的原则。

总之，理论联系实际原则和物理教学的观察、思维、运用等过程是密不可分的，它反映了认识上的两个飞跃过程。

五、激发学生兴趣的原则

非智力因素中的兴趣、情感、意志，对学习有较大的影响，也是物理新课程所要重视的方面之一。

兴趣，是人们要求认识客观事物、获得知识的一种心理表现，是一种推动学生学习的最直接的内部动力；情感，是人在客观事物是否符合自己的需要与愿望时产生的体验，符合愿望就会产生肯定的态度，引起满意、愉快、进取等积极的内心体验；意志，是人为了达到某个目的，自觉组织自己的行动，并与克服困难相联系的心理过程。

在物理教学中，首先应通过各个环节，创设学习物理的情境，使学生的心理状态由好奇转变为喜爱，激发起学生学习物理的兴趣；其次通过教授知识、技能，以及研究问题、处理问题的方法，引导学生入门，使他们看到自己学习的成果，维持学生的积极状态；最后的目标是使学生树立起克服学习中的种种困难的意志。也就是说，在物理教学过程中，应使学生在愉快的气氛中把物理智力活动由最初发生兴趣，引向热情而紧张的思考，由饱满的学习情绪引向自觉学习的意志，让非智力因素充分发挥出推动学习、提高学习效率的巨大作用。

以上几条教学原则，在物理教学过程中应当突出，其实质可以简约地概括为以下 3 个方面。

(1)从科学处理物理教学内容的角度来看，贯彻"一少、二精、三活"的原则。"少"的目的是分清主次，突出重点，从实际出发，精选内容。少是为了让学生真正学到点东西。"精"是指学生对最有生命力的、最重要的基础知识应学得扎实一些，学得好一些。"活"是指把掌握知识与发展能力统一起来，引导学生把所学的知识转变为自己的实际行动，能够融会贯通，举一反三。

(2)从学习物理的角度来看，贯彻"一观察实验、二思维、三运用"的原则。

(3)从发挥非智力因素作用的角度来看，贯彻"一兴趣、二情感、三意志"的原则。

第四章　中学物理教学模式和方法

中学物理教学过程是通过教师与学生的互动来完成的，而设计和实施师生教学活动的关键则是教学模式的选择和教学方法的运用。

教学模式是反映一定教学理论，为实现特定教学目标而建立的相对稳定的教学过程结构或教学活动程序。教学模式总是在某种教学思想指导下，依据一定的教学理论，为教学操作确定一种行为范式，因此是连接教学理论与教学实践的桥梁。教学模式的基本要素是理论基础、教学目标、操作程序和实施条件。

"教学方法是指师生为完成一定教学任务在共同活动中所采用的教学方式、途径和手段。"[①]教学方法是在一定的教学模式中运用的，它受教学目标、教学内容、教学原则的指引，体现教学过程中教师、学生、物理客体及教学媒体四大要素之间的相互作用关系，往往具有灵活多样的形式。

本章主要探讨中学物理教学的模式与方法问题，先讨论启发式教学，再重点讨论探究式教学，然后介绍物理教学的常用方法，最后讨论如何选择教学模式和教学方法。

第一节　启发式教学

一般而言，所谓"启发式教学"，既不是一种单一操作程序的教学模式，也不是一种具体的教学方法，而是一种教学指导思想，或者说是一种指导我们合理选择教学模式，运用教学方法的教学指导思想。可以说，启发式教学是我国传统教学思想的结晶，因而也是中学物理教学应当继承和发展的教学指导思想。

一、什么是启发式

通常认为，"启发"一词源自我国古代教育家孔子的"不愤不启，不悱不发"，宋代理学家朱熹释之为："愤者，心求通而未得之意；悱者，口欲言而未能之貌。启，谓开其意；发，谓达其辞。"所以，"启发"之意就是在学生心为疑问所困惑，口为言辞而纠结时，教师对之加以诱导和点拨。孔子在《学记》中进一步阐述其"启发"教学思想："故君子之教，喻也，道而弗牵，强而弗抑，开而弗达。"这就是说，教学的关键在于启发诱导，而启发诱导的关键在于：引导学生，而不是牵着他们走；严格要求学生，而不是强制其接受；开启学生思维，而不是直接告知其一切。

简言之，启发式是立足于学生主体性的发挥，启发学生通过积极主动的操作与思考来获取知识，增长智力和能力，提升物理学科核心素养的教学指导思想。

---

① 顾明远.教育大辞典：第1卷[M].上海：上海教育出版社，1990.

一方面，启发式教学的核心在于突出学生在教学过程中的主体作用，强调学生的学习主动性和积极性的发挥。另一方面，"启发"是由教师来实施完成的，因此启发式教学中教师主体作用的发挥也很重要。

20世纪80年代初，齐齐哈尔师范学院（1996年并入齐齐哈尔大学）的辛培之教授和苏州大学的许国樑教授先后在中学物理教学中展开"有序启动式教学法"和"启发式综合教学法"的实践研究，呼吁中学物理教学要改变"注入式"和"题海战术"等不当教学方式，倡导启发式教学，即立足于物理学科自身特点，坚持以实验为基础，启发学生动脑、动手、动笔、动口，促使学生通过积极的学习活动实现知识的掌握和能力的发展。

在中学物理教学中贯彻启发式教学，其基本要求就是务必摒弃"填鸭式""灌输式"的教学方式，调动学生通过亲自观察、实验，以及积极的思维活动，达到教学目标。具体地讲，就是要启发学生的学习兴趣、求知欲望和热爱科学、勇于攀登高峰、克服困难的意志；启发学生进行观察、实验，了解现象，取得资料，发现问题；启发学生积极思维，建立概念，发现规律；启发学生掌握方法，认识本质，运用知识解决问题。[①]

二、如何运用启发式

如前文所述，启发式并不是一种具有单一操作程序的教学模式，因此如何实施启发式教学一直是教学实践中的一个难点问题。

有不少人将启发式理解成师生对话式的教学，也有人将启发式理解成教师把疑难问题分解为一系列简单问题来"启发"学生，其实这些都是不适当的。

能不能很好地运用启发式，关键要看教师的基本素养。教师除了要深刻领会启发式教学思想的要义外，还必须深刻理解物理学科的内容、特点及科学本质，需要深刻认识学生物理学习的特点和本质。

在启发式教学实践方面，可以找到一些初步的操作模式。比如，有学者将孔子的启发式教学视为一种教学模式的雏形，将其教学过程划分为：学生有疑问（愤、悱）—教师启发、点拨（启、发）—学生反复思考—学生自求解答（举一反三）[②]。我国物理教育理论中也提出了"启发-引导模式"，其操作程序是"激发动机—引导观察—启发思维—练习运用—巩固深化"[③]。本章沿用了"启发-引导模式"这一表述，教师可以参照其操作程序来组织课堂教学，但要在物理教学中实质性地用好启发式，还需要把握以下几个方面。

1. 激发学生学习物理的欲望

启发式教学的核心是发挥学生在教学过程中的主体作用，因此学生愿不愿意学习物理是教师首先要关注的问题。正所谓"强而弗抑"，教师不能不顾及学生的兴趣和动机，强制学生接受教师安排的内容和任务。

利用新奇的现象、吸引人的故事、悬疑的问题等进行新课导入，是物理教学常用的激发兴趣的方式，这无疑是有价值的。但是，如果没有长期的兴趣培养举措，仅凭教学导入，所激发的兴趣通常也只限于当时的场景，远不能使学生真正喜欢上物理学习。

①　阎金铎，田世昆. 中学物理教学概论[M]. 第二版. 北京：高等教育出版社，2003.
②　吴立刚. 教学的原理模式和活动[M]. 南宁：广西教育出版社，1998.
③　阎金铎，郭玉英. 中学物理教学概论[M]. 第三版. 北京：高等教育出版社，2009.

物理学是通过观察和实验，借助思维和想象，探究真实的物理现象的学科，而学生对物理学科的学习兴趣主要源自对生活中常见的物理现象的观察，对物理实验的操作，对物理观察与实验的分析、推断，对物理学方法、物理观念的思考，以及运用物理观念与方法解决一些有意义的问题。这是一个从初步的直觉兴趣与操作兴趣，到更高级的因果认识兴趣及概括认识兴趣的渐进过程。

然而，在现实物理教学当中，抑制学生物理学习欲望的现象并不少见。比如，不重视观察与实验，用语言表述、黑板上画图、多媒体课件、模拟课件等代替真实的实验，用视频代替本来可以操作的实验，用演示实验取代学生动手的实验等；又如，学生实验"照方抓药"，只强调归纳预期的结论，不关注学生的个性化见解及其表达；再如，不能充分利用学生熟悉的生活情境来帮助其形成概念、建立规律，在物理问题解决中热衷于求解虚构的情境问题，难以使物理学习与学生的生活真正融合在一起，等等。

启发式教学必须依据物理学科自身的特点，发挥物理学科的魅力，有效地激发学生认识周围物理世界的本能欲望，使之成为学生学习物理的持久的内在动力。

2. 设计问题，安排任务

启发式教学需要给学生提出问题或安排任务，由此启发学生的主动思维和积极活动。但是，提出问题或安排任务不一定就是启发式教学，比如"是不是""对不对"之类的提问，或者对答案有明显暗示作用的提问，以及让学生按照给定步骤完成的实验操作或解题练习，均不能算作启发式教学。

问题设计与任务安排首先要诱发学生的"愤""悱"心理，使学生处于"心求通而未得""口欲言而未能"的状态。这就要求教师在每个教学环节都要熟悉学生对具体教学内容的认知水平及问题所在，进而提出既能适应学生认知能力，又能针对学生疑难症结的问题和任务。从难度上讲，如果问题或任务太难，学生就可能望而却步或者思而无果；如果太简单，学生就会觉得缺乏挑战从而随意应付。

从物理学科教学角度讲，问题设计与任务安排要符合学生探究物理问题、掌握物理观念与方法、解决物理问题的需求，并且要引导学生用符合物理学科特点的、充满智慧的方式学习物理。在物理教学中，可以从以下环节加强启发式的问题设计或任务安排。

(1)对物理现象的观察与描述。物理学是以观察和实验为基础的，然而不同的人观察同一现象所"看"到却不一定是相同的，因此确认所观察的现象究竟是什么是非常必要的，物理教学应该将此作为一个启发学生的重要节点。为此，建立概念和形成规律时，要让学生主动地回顾并描述日常生活中常见的相关物理现象，而不是教师列举出来让学生被动地回忆；要尽可能让学生参与演示实验，操作随堂实验，并让学生自己来描述物理现象。如果学生对现象的描述不一致，就可以进一步引导其追究原因，经过交流讨论取得对现象观察结果的认同，从而使这一环节成为启发学生生动地体验科学观察的建构特征的过程。

(2)对物理现象的分析、判断。诱发学生的思维是启发式教学的核心，所以必须通过问题或任务引导学生对物理现象进行各种分析，如寻找同类现象的共同特征、寻找影响某一物理属性的相关因素及可能的关系，并让学生自己表达出来。提问的方式可以是"从你自己的生活经验，你认为……"，或者"从上述现象，你会做出怎样的判断"等，将基于观察的思考交给学生自己来完成，教师不应该将适度开放的问题碎化为一系列封闭性问题牵着学生进行形式化的对话。

（3）对物理特征、物理关系的表征。在新课教学中，可以多鼓励学生尝试用不同方式（如动作、图形、语言、数学符号等）给物理概念下定义，给物理量建立定量描述方式，给物理规律做推断、总结。比如"如果让你给出一种定量描述物体运动速度变化快慢的方式，你会怎么做？"这是难得的启发学生进行创造性思维活动的有利时机。

（4）对知识关系的整理，对物理观念的提炼。物理教学中应经常通过问题或任务，引导学生自己去比较、关联相关知识，调整知识结构，要尽量避免由教师给出总结性图表、提纲来替代学生完成这类工作。还要通过问题或任务，引导学生思考并提炼更加概括性的物理观念，如"在中学物理中，解决力学问题经常有哪几种观念？"这是启发学生加深对物理观念、方法理解的重要环节。

（5）对物理知识与方法的运用。这一环节中，启发式的体现在于先让学生尝试运用知识与方法来解决问题，先将学生可能存在的问题暴露出来，然后再引导学生解决问题，总结方法，而不是教师先讲授，学生后模仿。学生通过自己去面对问题，自己尝试用各种方法解决问题来提升能力，启发的意义就在于此。

如果能在某些环节启发学生自己提出问题，显然是十分有价值的。

3. 点拨学生的思考、操作及表达

教师给学生提出问题或布置任务后，还需要对学生进行进一步点拨，也就是要"开其意""达其辞"。首先，提出问题就要给学生留出时间进行思考，布置任务就要给学生留出时间来操作，不能为尽快得出结论而走过场。其次，要鼓励学生积极思考，用心操作。

为"开其意"，教师需要给学生的思考开启头绪，比如提示学生联想熟悉的情境，启发学生将新问题与熟悉的问题进行类比，引导学生就某些对象进行比较等，使学生有一个思考的起点，但不宜启发过度、暗示过明，更不可包办代替。在任务操作中，要点拨学生在确保安全的前提下大胆尝试不同的方法，而不是直接告诉学生如何操作。

为"达其辞"，教师要为学生营造一种具有心理安全感的自由表达氛围，要启发学生用动作、图形、语言、数学工具等多元方式表达自己的见解，要鼓励学生勇于表达不同的，尤其是具有创新性的意见。

在点拨过程中，还要多问学生"你为什么会这么想""你做出这一判断的依据是什么"等溯因性问题，一方面推进思考的深度，另一方面引导学生发现深层次的问题。

点拨的过程，需要教师有敏锐的观察力，能从学生的细微动作、只言片语中意识到可能存在的迷思概念，从而适时地抓住要点问题，生成性地推进教学。

4. 关注学习效果，让学生体验学习成就

要想让学生在物理学习中保持长久的积极主动状态，就要随时关注学生的学习成果，启发学生看到自己的点滴进步，体验到学习物理获得的成就感。

中学生对物理学科普遍存在怵学心理，尤其是以应试为目的的灌输式教学把物理"教"成一门艰涩难懂的学科，使学生的学习信心和意志受到摧残，大批原本对物理抱有兴趣的学生不能在物理学习过程中体验到成功与快乐，逐渐畏惧物理，有的学生甚至放弃了物理。

一般来说，启发式教学对学生的学习结果有较高的目标要求，即如孔子所言"举一隅不以三隅反，则不复也"。这就要求学生对知识与方法的掌握要做到举一反三、触类旁通。孔子同时还要求，如果学生达不到这一要求，教师就要变换教学方法，而不是机械地重复原来的教学。可见，启发式教学的目标要求与启发式教学的方法变换是相互关联、相互制约的。

所以，启发式教学的实施要求教师，一方面要及时检测学生在受到启发，经历思考与操作之后所达成的认知效果，看他们能不能在变化的情境中正确运用所学的知识与方法；另一方面要针对不同学业水平的学生设立不同的目标，让每一位学生取得进步，学有所成。

总之，在物理教学中实施启发式教学，需要教师谙熟物理学科特点，把握学生心理，通过富有启发性的问题或任务，点拨学生按照物理学的科学思维方式进行积极主动的思考和探索，从而获得知识与技能，发展科学思维能力，提升物理学科核心素养。

第二节　探究式教学

我国 2001 年颁布的《全日制义务教育物理课程标准（实验稿）》和 2003 年颁布的《普通高中物理课程标准（实验）》将科学探究列入课程内容，而修订后的《义务教育物理课程标准（2022 年版）》和《普通高中物理课程标准（2017 年版 2020 年修订）》又将科学探究列入物理学科核心素养要素。随着新课改的推进，探究式教学经过中学物理教学的理论与实践探索，正逐步走向成熟，成为中学物理教学的重要教学方式乃至教学思想。

一、探究式教学的特点

1. 科学探究与探究式教学

在物理课程标准中，科学探究既是学生的学习目标，又是一种重要的教学方式。学生在科学探究活动中，通过经历与科学工作者进行的相似的探究过程，主动获取物理知识，领悟科学方法，发展科学探究能力，体验科学探究的乐趣，养成实事求是的科学态度和勇于创新的科学精神。[①] "科学探究"不仅是一种科学学习的主要方式，还是形成其他物理学科核心素养的主要途径，而且对学生的提出问题能力、批判性思维能力、交流和合作能力等综合能力的形成具有重要价值。

科学探究没有固定的模式，但有一些共同的特征和要素。《义务教育物理课程标准（2011 年版）》提出了科学探究的 7 个要素：提出问题、猜想与假设、制订计划与设计实验、进行实验与收集数据、分析与论证、反思与评估、交流与合作。《普通高中物理课程标准（2017 年版 2022 年修订）》和《义务教育物理课程标准（2022 年版）》将科学探究要素进一步概括为问题、证据、解释、交流等要素。科学探究要素为探究教学设计和实施提供了有意义的参考。在具体教学中，探究过程可以涉及所有的要素，也可以只涉及部分要素。

国内外研究表明，探究式教学符合学生学习物理的认识发展规律。它将物理学科的探究本质与学生学习的探究过程有机地统一起来，体现了物理学的本质特征——物理学是在不断追求认识统一性的探究过程中发展的，要在科学探究过程中寻找事物的本质特征及统一规律。从该意义上讲，探究式教学不仅是一种教学方式，还是一种教育思想。把科学探

---

① 中华人民共和国教育部．义务教育物理课程标准（2011 年版）[S]．北京：北京师范大学出版社，2012：9.

究作为物理教学改革的指导思想，以探究的方式学习物理是当前国际物理教学的发展趋势。

2. 中学物理探究式教学的特征

学生的科学探究与科学家的探究有相似点，但也有不同之处。探究式教学是在教师的指导下进行的；探究的科学问题对于学生是未知的，但在科学领域大部分是已知的；探究的目的是提高学生的物理学科核心素养。根据对科学探究和探究学习过程的分析，物理探究式教学应具有以下 5 个基本特征。

(1)学生围绕科学型问题展开探究活动。该特征包含两层含义：一是指问题具有可探究性、真实性和可拓展性，能够通过学生的观察和从可靠渠道获得的数据资料来解决，所利用的知识和获取资料的方法可靠，适合学生的发展水平；二是指探究学习始于问题，而非结论，学生探究学习的动机是内在的兴趣和求知愿望，而不是完成教师交与的任务。

(2)重视证据在解释与评价问题中的作用。学生要经历收集证据的过程，根据证据来解释或评价问题；要通过检验性的测量、重复观察，或多方面收集的数据或资料来检验证据的可靠性，并且要经受来自各方面的质疑和进一步的调查研究。

(3)根据证据形成对问题的解释。在取得大量证据的基础上，学生要根据逻辑关系和推理，找到事件的因果关系，形成对问题的解释。作出的解释和观点必须与证据一致；所提出的解释能够回答所探究的问题，并能够对新现象或问题作出预测。

(4)根据其他解释对自己的解释进行评价。评价时应主要考虑以下几个方面：证据能够证明所提出的解释吗？解释是否足以回答问题？在将证据与解释联系起来的推理中有没有明显的偏见和缺点？根据证据能不能形成其他解释？

(5)交流和检验他人提出的解释。在交流和检验结果的过程中，要为其他人提供质疑机会，提供根据同一观察资料提出其他不同解释的机会，检验证据，找出错误的推理，指出证据所不能证明的表述。

探究式教学注重的是过程而不是结果。学生在经历科学探究的过程中，学习观察的技能；比较与分类的技能；进行实验、获取数据资料的技能；分析处理数据，从中获取意义，形成概念并得出结论的技能；评价探究过程和结果，并能用科学的方式表达的技能。

教师要对学生的探究过程进行有效指导，在学生遇到无法解决的困难和问题时，应以适当的方式指导学生，使他们明确探究的方向，学会新的解决问题的思路和方法，帮助学生发展原有的认识，建构科学概念。但教师绝对不能代替学生进行动手动脑活动，要让他们在探究过程中，用观察、实验的结果检验自己的原有认识，学会反思和自我发展。

真正的探究式教学是过程与结果统一的。因为学生亲历了适合他们现有水平的科学探究过程，在教师的有效组织、指导和帮助下，一定会获得深刻的认识和体验，其物理观念、科学思维、科学探究、科学态度与责任都会得到相应的发展。

二、探究式教学模式

在各国学者的推动下，探究式教学蓬勃发展。为指导教师开展探究式教学，研究者们也先后开发了不同目标侧重的探究式教学模式。下面对其中几种重要的模式作简要介绍。

1. 5E 探究教学模式[①]

5E 探究教学模式是在卡普拉斯基于皮亚杰的认知发展理论建立的"学习环"模式基础上发展而成的一个著名的探究教学模式，它包括引入(engagement)、探究(exploration)、解释(explanation)、扩展(elaboration)和评价(evaluation)5 个阶段。

(1)引入：又称为"投入"，主要教学目标是激发学生的兴趣和动机，并且设法在了解学生已有认知的基础上，将学生过去的经验与当前的问题关联起来，对问题进行初步思考，进而投入下一步的探索。

(2)探究：又称为"探索"，教师进一步创设情境，鼓励和点拨学生以独立或合作的方式进行积极的实验操作，探究现象，获得直接的观察经验。

(3)解释：教师指导学生基于实验获得的证据进行判断及构想，鼓励学生自由表达自己对实验的看法，在此基础上引导学生形成概念、建立规律，获得科学认识。

(4)扩展：又称为"加工"或"精致化"，教师引导学生对新的认识进行拓展、延伸，并将新认识运用于变化的情境，巩固和深化科学认识，发展实践能力。

(5)评价：教师引导学生在上述 4 个阶段随时监控、评价、调节自己或他人的探究进程，促进相互交流，达成探究目标。

5E 探究模式较好地体现了科学探究的问题、证据、解释、交流等要素，因此是一个重要的探究教学模型。

2. 概念转变探究教学模式[②]

概念转变理论的建立对探究教学产生了重要影响，随之出现了多种概念转变的探究教学模式。这里介绍的是耐尔于 1987 年提出的一种概念转变探究教学模式，有以下 7 个步骤。

(1)导入(introduction)：教师进行教学导入，如简要陈述教学目标、内容及所要进行的活动，以激发学生的兴趣，吸引学生关注主题问题。

(2)回顾(review)：师生回顾并探讨以前经历过的活动内容，激活学生的前期经验。

(3)发展(development)：教师创设新的情境，引发学生的想法，为学生下一阶段的探究提供一个初步的框架。

(4)调查和活动(investigation and activities)：学生进行探究操作，检验他们自己的想法，教师以各种适宜的方式给学生提供指导。

(5)表征(representation)：教师鼓励学生通过行为动作、图形图表、数据测量、言语、数学工具等多元方式呈现活动的结果。

(6)讨论(discussion)：师生对活动结果进行交流讨论，帮助学生澄清错误概念、模糊观念。

(7)总结(summary)：师生对活动的结果与结论进行总结，并将结论与其他活动相联系。

可以看出，概念转变探究教学模式在引导学生进行探究学习的过程中，特别关注了学生前期经验和已有认知，将概念转变思想融入探究教学过程。

① 高潇怡. 科学教育中的探究教学模式发展述评[J]. 外国教育研究，2007，34(3)：76—80.
② 同①.

时至今日，探究式教学依然是广大物理教育工作者和一线教师不断探索的重要课题。

3. 促进科学认知发展的探究教学模式

王文清、郭玉英调研了我国物理课堂中开展探究教学所遇到的问题，同时结合国际科学教育研究成果，提出探究教学应更加注重学生的认知建构，关注学生心智模型及学生对科学本质的理解的发展。科学探究的过程与科学认知的形成是随着观察的不断深入，经历反复的构想、逻辑推断、交流协商以及观察检验的非线性过程。在此基础上，他们提出了促进科学认知发展的探究教学模式(图 4-1)。

图 4-1　促进科学认知发展的探究教学模型

这一探究教学模型包括五个要素：问题定位、诱导探究、焦点突破、知识表征与研讨和应用整合。

(1)问题定位。

探究教学的展开需要问题的引导。针对某一物理概念或规律的表征对象进行探究，进而对概念或规律所表征的内容(物理内涵)进行意义建构的问题，就是该知识的焦点问题。问题定位需明确知识单元的问题结构，据此确定某概念或规律的焦点问题在该问题结构中的位置。有了准确的问题定位，就易于提出适度开放的问题。

(2)诱导探究。

诱导探究是指教师通过建构性问题，引导学生基于其已有经验，运用其已有观念、知识、方法等，对新知识所表征的对象及内容进行经验性的、渐次深入的探究，激励学生联系多种真实情境进行思考，并运用多种表征方式对各自不同的见解加以表达和交流，由此显现其心智模型、相应的思维方式乃至本体论、认识论信念，并将问题的关键和难点聚焦出来的过程。

(3)焦点突破。

焦点突破是针对诱导探究所聚焦的更为具体的关键和难点，参照物理学发展史中的研究案例和后人不断改进的研究案例，再次创设典型物理情境，以更有力的数据和逻辑推理，对关键和难点进行突破，形成对表征探究内容的科学模型的初步认识。

(4)知识表征与研讨。

知识表征是基于前面的探究结论建立新知识，并以语言、图形、图像、数学公式等不同形式合理地表征新知识，明确科学模型；知识研讨是对新知识(科学模型)的物理内涵及应用范围、条件等加以研讨和拓展，对知识形成(模型建构)的科学探究过程进行反思。

(5)应用整合。

应用是指引导学生将新知识(科学模型)应用于不同的物理情境中，通过解决各种物理问题，使学到的新知识得到巩固和活化，并体验和掌握问题解决的方法与策略；整合是指引导学生在运用知识进行问题解决的基础上，将新知识与相关知识加以整合，即建立知识单元中的科学模型之间的联系，形成合理的知识结构。

三、探究式教学设计与实施

1. 探究式教学设计的原则[①]

(1)目的性原则：教师有目的地设计物理探究活动的目标、内容、形式、方法、评价等方面的内容。

(2)部分探究与全部探究相结合的原则：创造条件，选择一些合适的内容让学生经历科学探究过程，但不一定每个活动所有要素都齐全，关键是要充分发挥探究活动的实际功效。

(3)主体性原则：在活动中要充分尊重学生的主体地位，发挥学生的主观能动作用，注重学生的自我发展和相互启发。

(4)面向全体学生、主动发展的原则：充分发挥每个学生的潜能，尽量满足各种水平学生发展的需要。

(5)探究式教学与其他多种教学方式相互补充的原则：根据教学内容和学生特点，组织不同程度的探究活动，并与其他教学方式结合起来，增强教学的时效性。

(6)实践性与创造性相结合原则：学生在经历实践探究活动的过程中培养他们的创新意识。

(7)科学性与教育性相结合原则：探究活动要有明确的方向和教育目的，要把思想性和科学性统一起来。

2. 探究式教学设计和实施中应注意的几个问题

(1)探究活动要循序渐进，教学安排应有一定梯度。

探究式教学的整体安排应该有一定的梯度，内容上遵循从易到难的原则，活动的数量要考虑从少到多、由部分探究到经历较完整的探究过程，逐渐加大探究的力度。应允许学生对某一问题或内容，螺旋式、分阶段地开展探究活动。

(2)探究方式要灵活多样，注意各种教学方法间的相互配合。

探究学习不是一套固定的模式和程序，方式可灵活多样。学生动手实验只是其中的一种重要方式，此外还有阅读型、对话型等。无论哪种形式，都应体现科学探究的思想和特征。虽然探究式教学有诸多优点，但耗时相对较多，若学生对某类物理现象已有大量感性经验时，启发式讲授可能更恰当，不能一味强调学生的自由探究和发现。

---

① 阎金铎. 初中物理新课程教学法[M]. 北京：开明出版社，2003.

(3)探究活动设计要符合学生心理特点，关注来自学生的问题、社会热点问题和前沿问题。

探究活动的设计应从学生感兴趣的、熟悉的事物或问题出发，设计学生喜爱的、易激发学生内在学习动机和探究欲望的活动。要关注那些真正来自学生的、属于学生的问题；探究活动要联系学生生活和社会实际；探究内容可渗透物理学科的前沿问题。要让学生领略物理知识如何与现实世界联系在一起。

(4)合理规划培养目标，均衡发展学生的各项探究能力。

在物理探究教学中，许多活动只涉及部分要素，这就可能使某些要素经常涉及，而某些要素却涉及较少。因此，教师在设计和实施探究方案时，要认真分析教学目标和学生探究能力的薄弱环节，合理规划探究能力培养目标，帮助学生均衡发展各项探究能力。

(5)积极创造条件，因地制宜开展探究活动。

探究式学习需要一定的支持条件，如探究时间的保证、一定的师生比、必需的材料等。为此，教师要积极想办法创造条件，利用生活中的物品、自制教具等开发低成本实验，因陋就简、因地制宜地开展探究活动。

(6)以形成性评价为主，对活动实施进行科学评价。

探究式学习的评价目的是要促进学生探究水平的不断发展和提高，不宜将探究结论作为唯一的或最主要的评价指标。探究式学习应以形成性评价为主，重点放在学生在探究过程中的表现，以及对探究过程与方法的理解、对探究本质的把握上。

3. 探究教学案例——"探究浮力大小的决定因素"教学设计

"探究浮力大小的决定因素"是初中物理的重要内容。浮力问题是学生较熟悉也较感兴趣的问题，与现实生活联系密切，但学生在日常生活中也产生了一些片面和错误的前概念。对本节课的探究教学设计，就是要让学生体验探究过程，在原有生活经验基础上发展认知和思维能力，纠正生活错觉，正确理解浮力；同时培养学生的科学探究能力。

【教学目标】

该探究活动对知识的综合运用要求较高，对学生的素养要求也相应高一些。教学目标为：

(1)物理观念：建立流体对浸入其中的物体的浮力作用观念，能分辨"浮力大小的决定因素"，能理解阿基米德定律的内容，并能运用知识解决简单的浮力问题。

(2)科学思维：在实验探究中体验控制变量法的运用；能基于生活经验及现象观察构建自己的见解。

(3)科学探究：能基于生活经验对影响浮力大小的因素做出自己的判断；能设计和操作实验对自己的判断进行检验，并能对实验探究结果进行描述和解释。

(4)科学态度与责任：经历多层次的动手实验活动和渐进的问题探究历程，获得积极的情感体验，体验科学探究的乐趣，培养尊重事实的科学态度等；经过小组合作学习，相互分享智慧，体会合作学习的乐趣。

【教学重点】

(1)影响浮力大小的因素；

(2)阿基米德原理。

【教学难点】

(1)纠正"物体受到的浮力大小与其轻重(质量大小)有关""漂浮的物体受到的浮力大,下沉的物体受到的浮力小"等错误的前概念;

(2)阿基米德定律的内容;

(3)区分"物体的体积"和"排开液体的体积"。

【教学方法设计】

以4~6人的小组合作学习为组织形式,开展系列实验探究活动,边实验边探究,边分析边讨论。以学生自主探究为主、教师引导为辅,以课内探究和课外探究相结合的方式进行教学。

【教学过程设计】

该探究实验活动突出问题、证据、解释、交流4个要素,设计为开放程度较大的探究过程。具体设计如下。

(1)创设探究情境与产生问题。

首先,教师可参照教科书相关内容织实验活动,使学生明确:测定浸入液体中的物体受到的浮力大小,可通过用弹簧测力计测量空气中和浸在液体中物体"重力"或物体"重量"的两次示数之差求得。然后,教师可以从学生的生活经验出发或利用多媒体课件等教学资源创设情境,产生问题。

从学生的生活经验出发设疑:人在游泳时会受到浮力的作用,回忆一下你在水中的体验。你能否结合生活经验(如浴缸里洗澡)说说浮力大小跟哪些因素有关?

利用多媒体课件等教学资源创设情境。播放画面:满载货物的万吨巨轮在大海中航行;设疑:轮船受到海水对它的浮力有多大呢?这个问题已无法用弹簧测力计测量浮力的方法来解决。为解决轮船在海中航行时所受浮力大小的问题,首先要弄清浮力大小跟哪些因素有关?

通过小实验提出问题:参照教材内容,动手做实验卡片中的"造'船'比赛""观察按入水中的空饮料罐"等小实验,进一步体验探究的问题。

(2)基于经验,建立假设。

由上述过程营造问题情境,请学生根据以往学过的知识、生活经验等进行大胆构想,对影响浮力的因素做出初步判断。教师让学生陈述假设,分析、剔除那些有明显问题或重复的假设,将其他假设留给学生检验。

(3)制订计划与设计实验。

进入本环节之前,有两个问题需要教师加以引导:一是对学生上面假设中易混淆的因素作辨析,如物体密度与液体密度、物体体积与浸入体积、浸入深度与浸入体积等;二是如果有学生提出用测定浸在液体中物体上下表面压力差来计算浮力大小的方法,应启发分析其局限性,引导选择既简单易行又基于事实的实验方法。

实践表明,对于学生的不准确的前概念,基于实验事实予以纠正能收到良好的效果。学生亲自设计实验方案、观察实验现象的过程,是一个排除生活错觉,构建正确理解的有效过程。这时,给学生提供以下参考实验器材:溢水杯、烧杯、弹簧测力计、体积相同的铁块和铜块,以及塑料块和橡皮泥等,指导学生自己设计实验。在点拨学生用"控制变量法"进行实验设计时,提出以下问题启发学生思考,并做实验检验。

①怎样判断浮力大小与物重(物体的重量)是否有关?

②怎样判断浮力大小与物体的密度是否有关?

③怎样判断浮力大小与物体形状是否有关?

④怎样判断浮力大小与物体所在的深度是否有关?

⑤怎样判断浮力大小与物体的体积是否有关?

⑥怎样判断浮力大小与液体密度大小是否有关?

各组完成上述实验探究任务后,综合各组取得的数据资料,引导学生归纳出"浮力大小与液体密度大小及物块浸入水中的体积(物体排开液体的体积)有关,并且与两者成正比关系"的结论。在此基础上,提出"浮力大小是否与物体排开液体的重量有关?"的推测,随后产生新问题:"如果有关,怎样设计实验来验证?"然后引导学生根据提供的实验器材,设计验证阿基米德原理的实验方案。

(4)进行实验并收集证据。

本环节包括两个层次的内容:一是检测浮力大小是否与学生假设的各种因素有关;二是验证浮力大小与物体排开液体的重量相等,得出最后的实验结论。

实验设计方案确定以后,以小组为单位组织实验操作并收集证据。为了节省教学时间,将第一层次的实验探究任务分别交给各组完成。此时,教师要关注学生的操作是否规范,每个学生是否都积极参与,要及时为学生答疑或提供帮助,必要时可参与到学生小组活动中去。

教师提出以下问题引导学生思考:实验过程中溢水杯中的水为什么要注满?如果溢水杯中排出的水沿外壁流走,会造成较大误差,想想可采用什么办法来减小误差?收集物体排开的那一部分水除了利用溢水杯,还可以利用其他的什么器材和方法?

(5)进行推理论证,形成解释。

上述实验结束后,教师应收敛大家的思维,引导学生对收集的数据进行分析、概括,得出实验结论:①浮力大小与<u>液体的密度</u>、<u>物体排开液体的体积</u>有关,并且随着它们的增大而增大;浮力大小与<u>物重</u>、<u>物体的形状</u>、<u>物体的密度</u>、<u>浸没物体在水中的深度</u>等无关;②浸在液体中的物体所受浮力的大小,等于它所排开的液体所受的重力。

(6)学生反思与评估。

教师根据课堂观察,选择提问以下问题,引导学生反思和评估自己本次学习活动的质量:

通过学习,你是否发现自己在学习之前对浮力有不正确的认识?都有哪些?

你对"控制变量法"的认识和体会是什么?

你的探究思路、方法、步骤与他人的一样吗?有哪些不同?

在探究活动中,你是否出现过错误和疏漏?如何克服和改进?

你得出的实验结论可靠吗?实验结论与你的猜想一致吗?

在学习活动中,你有无发现自己或别人的创新点?是否学到或借鉴了别人的优点?

本次活动中,你们小组的学习效率如何?

此环节可以由各小组组织完成,组员们可以畅所欲言、认真自评与互评。

(7)交流与合作。

在本探究活动中,师生间、生生间的交流与合作贯穿在整个活动的过程当中。学生间展开讨论、交流，能使他们在积极的互动过程中，相互取长补短，获得启迪。对于那些闪烁出智慧光芒的新颖想法、独到见解，教师应给予积极的鼓励和表扬。

活动结束时，教师要充分肯定学生的成果，赞扬他们所付出的努力，增强其成功的喜悦感。

由于课堂教学时间有限，故可将探究活动拓展到课外，或安排课前观察，或让学有余力的学生在课后继续开展探究活动，如制作"笛卡儿沉浮子"、观察并分析厕所自动冲水器水箱的结构等，以巩固和深化对所学知识的理解。

探究式教学的关键不在于形式步骤，而在于驱动学生理清科学问题，通过经验、观察及实验探究问题，基于观察证据对物理现象进行分析、判断，做出自己的解释，进而与他人进行合作、交流、评价，修正自己的概念，获得物理学科核心素养的提升。以上教学设计仅供参考。

第三节　中学物理教学中常用的教学方法

对教学方法进行分类是一件很复杂的事情。从不同的角度、不同的目的来划分，同一种工作方式方法，可以有不同的名称。这如同物理学中力的概念那样，同一个力，按不同的研究角度来分类，可以有不同的名称。目前，教学方法的名称举不胜举。然而，各种名称的教学方法，都可以按不同的分类法，使其归属于不同的序列中。

例如，按照教学过程中所采用的手段来划分，可以叫作语言法，或直观法，或实践法；

按照学生获得知识的来源来划分，可以叫作讲授法，或观察实验法，或实验探究法；

按照物理学的内容特点和研究方法来划分，可以叫作观察法，或实验法，或单元结构法，或归纳法，或演绎法，等等。

此外，也有按其中某一特点而形象地命名的，如悬念法、学导法、导学法、暗示法、图示法等，这些方法可以分别纳入不同分类方法的不同序列中。

下面，我们以教学方法的含义——教师和学生在教学过程中的工作方式方法，作为分类的依据，并考虑物理学科的特点，介绍物理教学中常用的几种教学方法。

一、讲授法

讲授法主要依靠教师的语言，辅以演示实验和各种直观教具，利用现代化教学技术手段，使学生掌握知识，启发思维，发展物理学科核心素养。

教师要适当地利用实物、挂图、多媒体课件和网络资源等，尽量多做演示实验，并以生动、形象、富有感染力和说服力的语言，创设学习物理的情境，积极地引导学生的思维活动。

学生的学习，主要是观察实物和演示的现象，按照教师引导的思路，对事物、现象、问题进行积极的思考，自主地得出结论。同时，在建构知识的过程中学到一些研究问题、处理问题的方法。

　　物理教学方法中的讲授法，并不是教师只用一支粉笔和一张嘴，按照物理课本中的叙述，在课堂上"照本宣科"，学生只是做做记录。通常所说的"教师念、学生记"的方法，并不是正确的讲授法，而是对讲授法的一种错误认识。讲授法也不是教师的"一言堂"，教师不仅要适时提出一些具有启发性的问题让学生进行积极思考，还应该与学生进行适当的对话、交流，从而使教师的授课更具启发性。

　　讲授法要求物理教师利用各种教学手段、现代教育技术以及各种课程资源，通过各种直观演示，以生动形象的事例去唤起学生的原有认识，引导学生按照科学的思维方式积极思考，系统地揭示事物的矛盾，教给学生处理问题的方法，水到渠成地得出科学的结论，并用于解释现象，解决实际问题。

　　在新课程的实施过程中，运用课堂讲授法也要渗透科学探究的思想。应当做到：

　　(1)讲授的内容，必须精心设计，处理得当，要符合学生的实际水平，要符合学生的认识规律；

　　(2)要创造学习物理务必进行观察的环境，即要加强演示实验；

　　(3)讲授时要突出重点，条理清晰，语言要直观、形象、准确、精练，能唤起学生头脑中已有的印象，并能激励学生积极地思考，促进其对知识的理解；

　　(4)讲授知识，要立足于发展学生能力。要善于运用比较、分析、综合、判断、推理等思维过程和形式，把科学的客观性、逻辑性、创造性与一些艺术手法结合起来，使学生在学习知识的过程中，掌握发现问题、处理问题、解决问题的方法；

　　(5)讲授要加强与科学、技术、社会以及环境的联系，渗透 STSE 教育；

　　(6)教师要以身作则，通过讲授知识来渗透德育，潜移默化地对学生进行思想教育，培养学生实事求是、热爱科学、热爱学习的高尚思想情感。

二、实验法

　　把观察、实验这种物理学研究问题的基本方法用于物理教学，就构成了物理教学中常用的实验法。实验法的实施包括边讲边实验，学生分组实验，变演示为学生实验，学生课外实验，等等。

　　实验法的特点，主要是靠学生亲自动手实验，把实验感知与思维活动紧密结合，从而获得知识，发展科学素养。

　　在教学过程中，运用实验法有助于培养学生的观察能力、实验操作技能、归纳推理能力，养成严谨的科学态度和实事求是的工作作风。

　　实施实验法时，教师主要是创造实验环境，指导学生自己动手、动脑；学生在教师的指导下，亲自操作，对实验现象进行观察、思考、分析、综合，归纳得出结论。

　　在学生进行实验的过程中，教师不仅要引导学生利用已掌握的有关知识和经验，而且要善于根据情况的变化，灵活地运用知识。实验活动本身包含着复杂的认识活动。通过自己动手安装实验设备、使用仪器、进行观察与测量等各种实际操作，以及处理数据得出结论并写出实验报告，可以逐步培养学生掌握知识、技能和进行观察研究、探讨的能力，提高分析问题和解决问题的能力。

　　实验法直观性强，所观察的事物、现象会在头脑中形成生动的表象，对知识的理解和保持，起着十分重要的作用，而且能够激起学生学习物理的兴趣，形成今后的爱好和志趣。

三、讨论法

讨论法是指教师根据教学内容和教学目标，事先提出问题，学生通过各种途径，进行各种观察、实验，阅读并收集资料，做好充分准备，然后进行讨论，获得知识，发展物理学科核心素养。

这里应当指出，如果只在课堂上提出问题，让学生打开书进行阅读，接着进行讨论，最后全体同学一致得出结论——同意课本上所叙述的黑体字结论，这是一种形式上的讨论，一般说来，这种不能叫作讨论法。

讨论法应尽可能让学生在讨论前做好充分准备。学生的准备过程，就是独立或半独立地自主学习的过程。然后，通过讨论，学生可以相互交流，相互启发，集思广益，取长补短，从而从不同的角度来认识事物、现象，促进学生深入、全面地理解所学知识。

在物理课堂教学中，教师也可以根据学生的现场反应判断其可能存在的问题，当场生成适当的问题让学生展开对话和讨论。这类讨论不是针对一个事先设计好的论题，也不能让学生提前做更多的准备，但却能很好地展现学生的已有认知，对转变学生的迷思概念和错误思维有显著作用。

讨论法的运用切记不能形式化，不能仅仅是为了丰富自己的课堂教学方法而有意为之。要用好讨论法，首先要精心设计讨论题目，务必使所讨论的问题对理解物理内容和方法有重要价值，对转变学生的前概念有显著作用，还要适合学生的实际水平。其次，要实质性地诱发学生的思考，比如给学生提出一些收集材料、现象观察与分析、草拟发言提纲等任务，让学生真正参与到讨论过程当中；还要多问一些追根溯源的问题，以增加问题思考的深度。最后，要鼓励学生合作与交流，鼓励学生大胆表达。

第四节　教学模式和方法的选择与运用

任何一种教学模式和教学方法都有其优点和局限性，不存在万能的教学模式与方法。教学中应恰当选择、创造性地运用多种教学模式与方法，努力实现教学的最优化。

一、教学模式的选择

中学物理教学中，常用的教学模式可以归结为以下几类：体现启发式教学思想的"启发-引导模式"，体现探究式教学思想的多种"探究教学模式"，强调学生自主学习的"自学-讨论模式"，以及突出学生研究性学习的"课题研究模式"等[①]。

在教学实践中，我们还会见识到各种名目的教学模式，其中既有像"翻转课堂"那样流行国内外的教学模式，也有像杜郎口"三三六"这种源自教学实践而被众多学校所效仿的教学模式。数目如此纷繁，渊源如此复杂，这就给教学模式的选择带来诸多困难。

① 阎金铎，郭玉英. 中学物理教学概论[M]. 第三版. 北京：高等教育出版社，2009.

那么，中学物理教师该如何选择教学模式呢？

我们认为，选择教学模式首先需要做好充分的基础工作，这就是对各种教学模式的深刻理解、分析归类以及理念认同。认识一个教学模式并不仅仅是知道它的教学操作程序，还需要搞清楚它的理论基础、教学目标以及实施条件，决不能只学其形而不究其实。为了更好地理解各种教学模式的内涵，除了理论方面的学习之外，还要多考查该模式的实施案例，并在此基础上进行教学设计与教学模拟训练，与他人交流，进行反思与总结。教学模式虽然数目繁杂，但也可以如前文的常用教学模式那样归结为几个主要类型。各种类型的教学模式可能在操作细节上有所区别，但其主要方面是基本一致的。此外，当我们准备选用某一教学模式时，需要对该模式的教学理念有足够的认同，或者说，我们的教学理念必须提升到相应的水平。

在上述工作的基础上，中学物理教学模式的选择可以从以下 4 个方面来考虑。

1. 教学目标

教学目标是选择教学模式应当考虑的首要方面。从长远看，选用的教学模式应有利于学生的未来发展，有利于学生物理学科核心素养的提升。比如，应试教学在不少地区依然是部分教师实际采用的教学模式。这种模式以应试为目的，强调的是教师的系统讲授和学生的高强度应试训练，教学中学生很少做实验，学生的物理学习主要是听讲、阅读、记忆、强化训练。在这种教学模式下，且不说学生是否真的提高了应试能力，一个必然的结果是相当一部分学生对物理产生了难以抑制的恐惧和厌倦，更可怕的是，许多学生主动思考的习惯和能力受到了严重的影响，在他们升入高中或大学之后，学习越来越困难。

不同的教学模式，其教学目标与育人功能各有侧重。比如，"启发-引导模式"更专注于学生对物理知识的掌握及科学思维能力、问题解决能力的培养，多用于重难点知识的新课教学及问题解决教学，而其缺点是教师控制偏多，学生学习的自主性受到一定影响；"自学-讨论模式"更专注于学生学习自主性的发挥，杜郎口模式、翻转课堂均属此类，可用于新课教学、问题解决教学、复习教学等，但该类模式下学生的学习本质上是一种掌握学习，在实验及科学探究方面有所不足；"探究式教学模式"强调学生通过经历科学探究过程来获得核心素养的全面提升，多用于以观察与实验为基础的课堂教学，但困难在于如何将概念转变、模型建构、学习进阶等思想融入科学探究，使探究过程更符合物理学本质及物理学习本质，避免探究的形式化；"课题研究模式"重在培养学生的研究性学习能力，是一种"基于项目"的教学模式，多用于某些学生感兴趣且能促进其知识理解及探究体验的活动，因所需时间长，不宜大量使用。

再从课堂教学看，通常每一节课的教学目标均要从物理观念、科学思维、科学探究、科学态度与责任四个方面来设计和落实，但也会有所取舍，有所侧重。一般而言，新授课教学要突出体现物理学科的自身特点，对教学目标的要求相对全面，因此要多选择渗透概念转变、模型建构及学习进阶思想的探究教学模式，也可适当选择"启发-引导模式"和"自学-讨论模式"。

2. 教学内容

教学模式的选择还要看教学内容的性质和教学要求。比如，力学、电学、光学、热学部分的物理概念或物理规律，不仅学生有较为丰富的经验认识，而且实验大多易于在课堂上实现，因此课堂教学应多选择渗透概念转变、模型建构及学习进阶思想的探究教学模式；现代物理学的内容，相对而言学生经验认识少，实验又不易在课堂上实现，可选择"启发-引导模式"或"自学-讨论模式"。又如，学生分组实验教学宜选择开放度较大的探究教学模式；问题解决教学可根据学生实际情况选择"启发-引导模式"或"自学-讨论模式"，而对某些重难点问题的解决，也可选择"探究式教学模式"或"课题研究模式"；复习教学应多选择"自学-讨论模式"，也可适当选择"启发-引导模式"；综合实践活动课教学可适当选择"课题研究模式"。

3. 学生认知

教学模式的选择需要关注班级学生的认知因素。一般来说，"启发-引导模式"可针对不同认知水平的学生展开教学，这要求教师的启发式教学不仅要与班级总体认知水平相适应，还要注意到学生的差异而分层点拨。但是，毕竟"启发-引导模式"中教师的控制和引导偏多，长期不变地使用这一模式容易导致学生对教师的依赖。"探究教学模式"对学生认知的要求较高，不仅需要学生有一定的知识基础和实验技能，还需要有主动积极的探究欲望，愿意自己追根求源而不坐等现成的结论。"自学-讨论模式"则需要学生有必备的认知基础，更需要有自主学习、合作与交流的意识。"课题研究模式"显然需要学生有更高更全面的能力。

需要注意的是，在选择教学模式时，我们不能单方面强调学生必须具备怎样的认知水平和学习习惯才能选择哪一模式，还应该想到主动选择哪一模式去有意识地改进学生的学习习惯，进而提高学生的认知水平。

4. 教学条件

教学模式的选择需要考虑多方面的教学条件。在物理教学中，选择探究教学模式就必须具备相应的实验条件和探究场所；选择"自学-讨论模式"需要给学生提供丰富的课程资源，特别是选择"翻转课堂"模式，就要具备"微课"资源库以及网络通信技术设备等。教师自身素质和特点对教学模式的选择具有直接影响，毕竟课堂教学是由教师来完成的。

二、教学方法的选择

教学方法的选择和确定，是有客观基础的。直接影响物理教学方法选择和确定的因素有：培养目标、教学任务、教学内容、学生特点、教学条件、教师素质等。无论选择哪种具体方法，都应能促进师生之间相互交流，激发学生的学习兴趣，引起积极的思维活动，有利于全面发展学生的物理学科核心素养。

一般来说，讲授法系统性强，能在较短时间内传授大量的知识，并能有力地启发学生思维，较适合于理论新授课和大班教学；讨论法较适合于习题课、复习课和实验课；带有实践性的、可有效训练学生领悟物理学研究方法和探究能力的教学内容，用实验法较适宜。为了发挥各种教学方法的优势，在教学实践中应根据实际情况综合运用。

例如，对于初中"光的直线传播"的课题教学。这一课题主要阐述 3 个内容：第一，光在空气里是沿直线传播的；第二，光在同种均匀介质中是沿直线传播的；第三，光在空气中的速度与光在真空中的速度相近，近似为 $3 \times 10^5 \mathrm{km/s}$。

对于第一个内容，由于学生已有较多的感性认识，因此，教师可以用阅读、讨论等方式，必要时做一两个演示实验，就可以使学生明晰这一内容。

对于第二个内容，由于学生的感性认识较少，必须要做实验，学生通过观察光在各种不同的均匀介质中传播的情况，进而归纳出结论。这时，可以采用实验法。

对于第三个内容，由于只要求学生知道光的传播是需要时间的，光在真空中的速度最大，在空气中的速度跟在真空中的差不多，而且在初中阶段的物理教学中不可能通过实验得出结论。所以，采用实验法或讨论法，都是不恰当的。这时，让学生阅读课本内容，或教师讲解，就可以达到目的。

选择教学方法的主要依据有以下几个方面。

(1)具体教学目标和任务。不同的教学目标和任务，需要不同的教学方法去实现和完成。如掌握知识，可选择讲授法；形成技能，宜选择实验法。

(2)教学内容。选择教学方法时，必须考虑具体教学内容适合用哪些教学方法。如理论性和系统性较强、教学时间又受限制的内容，适当选用讲授法；实践性的内容用实验法；教学中的一些疑难点问题，可采用讨论法；与科技、社会、生活联系的内容，可选择讲授、讨论相结合的方法。

(3)学生的特点。选择教学方法时，要考虑学生的年龄特征、知识水平、班集体的特点等，如初中生以形象思维为主，宜更多地选用实验法等；高中生逻辑思维能力强，可适量选择讲授法，但从其全面发展角度讲，二者不可偏废。

(4)教学条件和教学时间要求。某些教学方法的运用，需要一定的基础教学设施和环境(包括实验设备、各种教学资源等)，故还需针对本校的教学条件，考虑其实施的可能性。另外，教学时间是相对固定和有限的，需要协调好教学方法与时间要求的冲突和矛盾，力求用最少的时间获得最佳的教学效果。

(5)教师素质。教师自身素质条件的差异，会导致对各种教学方法驾驭能力的差别，所以教师的某些特长、不足和运用某种方法的实际可能性，在选择教学方法时也需要考虑。

总之，教学模式与教学方法的选择都是为了让每一节课具有更好的效果，为了让每一位学生得到应有的发展。教师选择教学模式与教学方法，要从物理学科自身特点出发，考虑多方面的因素和条件，精心谋划，慎重抉择。

第五章 物理实验教学

物理实验是物理教学的重要内容，也是物理教学的重要方式和手段，对于培养学生的物理观念、科学思维、科学探究、科学态度与责任等具有特殊的地位和作用。物理实验是有目的、有计划地运用仪器、设备，在人为控制条件下，使物理现象反复再现，从而进行认真观测，获取大量资料的一种科学研究方法。物理实验的主要特点有两个：一是可控性；二是可重复性。实验是物理学发生和发展的科学基础，是检验物理理论的唯一标准，在物理学的发展中有着巨大的意义和推动作用。这主要表现在发现新事物、探索新规律、验证理论、测定常数、推广应用等几方面。

新课程改革注重发展和培养学生的物理学科核心素养，通过物理实验创设某种情境，让学生在观察和体验后有所发现、有所联想，萌发出科学问题；在实验中创设一些任务，让学生在完成任务中运用科学思维，自己提炼出探究的科学问题；通过实验提高学生提出科学问题、形成猜想和假设、设计实验与制订方案、获取和处理信息的能力；通过实验提高基于证据得出结论并作出解释，以及对科学探究过程和结果进行交流、评估、反思的能力。同时物理实验还能培养学生的科学态度和科学精神，培养学生严肃认真对待实验的态度，尊重实验结果与事实，把实事求是的作风带到平时的学习和生活中去。

第一节 物理实验教学的作用和任务

物理实验教学是有选择地把一部分研究或探索物理现象和规律的实验和事实，在集中的时间内呈现给学生，教给学生。它既是物理教学的重要基础，又是物理教学的重要内容、方法和手段。实验在物理教学中的地位和实验本身的特点，决定了它在物理教学中起着重要的作用。主要表现在以下几方面。

一、发展物理观念

"物理观念"是从物理学视角形成的关于物质、运动与相互作用、能量等的基本认识，是物理概念和规律等在头脑中的提炼和升华，是从物理学视角解释自然现象和解决实际问题的基础。

学生物理观念的形成和发展需要通过物理概念、物理规律等内容的学习逐步形成。学生在学习科学概念之前，基于生活经验形成了大量的日常概念，要建构物理概念，需通过实验创设情境，在实验情境中概括出其共同属性，抽象出本质特征，完成从日常概念向物理概念的转变。物理实验可以提供经过精心选择、简化和纯化了的感性材料，使学生对物理事实形成明确具体的认识。"我听了，会忘记；我看了，能记住；我做了，才理解。"这是对实验与物理观念形成的关系的通俗概括。学生进入实验情境，在教师的引导下，通过观察、实验、操作等亲身实验体验，主动去探索新知识、获得新知识，是牢固掌握知识的有效途径，也是教师突破教学重点难点，提高教学质量的重要保证。例如，在自由落体运动的教学中，学生通常认为重的物体比轻的物体下落快。针对学生的这种认识，教师可利用纸片和纸团等随手可得的生活用品进行各种具体情境的物体下落实验，分析得出空气阻力对物体下落快慢有影响，再通过羽毛和金属片在真空玻璃管中下落的实验，抽象出所有物体在真空中下落快慢相同的共同特征，形成自由落体运动的科学概念。

物理规律的探究，也需要创设实验情境。学生通过实验发现和提炼问题，对问题的可能答案做出假设，并运用已有知识制订实验探究计划，选择实验装置进行实验，通过对实验数据的分析归纳形成物理规律。例如在学习楞次定律时，学生很难得出"感应电流的磁场总要阻碍引起感应电流的磁通量的变化"的结论。特别是对"阻碍"二字的理解：这里起阻碍作用的是"感应电流的磁场"，它阻碍"原磁通量的变化"，不是阻碍原磁场，也不是阻碍原磁通量等。这些抽象的概念如果没有实验支撑，学生是很难理解的。学生在实验活动中能真切感受到科学探究过程，体会通过科学描述和解释自然现象的乐趣，提升对科学本质的认识，提高科学探究能力。

应用物理知识解决具体问题，有时也需要结合物理实验。通过物理实验把问题中的情境转化为解决问题的物理条件，把情境中的一段经历转化为一个物理过程，把情境的故事情节转化为某种物理现象等，从而帮助学生建立相应的物理模型，并应用物理知识分析解决问题。

二、发展科学思维能力

"科学思维"是从物理学视角对客观事物的本质属性、内在规律及相互关系的认识方式；是基于经验事实建构理想模型的抽象概括过程；是分析综合、推理论证等方法在科学领域的具体运用；是基于事实证据和科学推理对不同观点和结论提出质疑和批判，进行检验和修正，进而提出创造性见解的能力与品质。

物理实验在培养学生"科学思维"方面具有独特的作用。从伽利略斜面实验开始，人们就在实验中有意突出主要因素，忽略一些次要因素，创设理想化实验条件，这是对物理事实的一种近似形象的描述，建立适宜的物理模型。从某种意义上讲，物理教学实验，包括实验教学中用到的一些演示实验仪器等本身都是一种模型。因此，通过实验培养学生建构理想模型意识和能力是非常重要的方式。

物理实验教学还能培养学生正确运用科学思维方法，从定性和定量两个方面进行科学推理、找出规律、形成结论，并能解释自然现象和解决实际问题。无论是实验方案的设计、实验方法的选择，还是实验数据的处理，都离不开科学思维。物理学是一门以实验为基础的自然科学，许多科学方法是在物理实验中形成的。等效替代法：在物理实验中有许多物理特征、过程和物理量要想直接观察和测量很困难，这时往往把所需观测的变量换成其他间接的可观察和测量的变量进行研究。转换法：对于不易研究或不好直接研究的物理问题，而是通过研究其表现出来的现象、效应、作用效果间接地进行研究。类比法：类比法是指将两个相似的事物做对比，从已知对象具有的某种性质推出未知对象具有相应性质。推理法：根据已知物理现象和规律，通过想象和推理对未知的现象做出科学的推理和预见，达到认识事物本质的目的。

在实验和探究过程中，通过让学生经历观察、思考、测量、处理数据、分析与论证等过程，切身体会到实验科学的研究过程和研究方法，使学生逐步掌握和运用各种实验方法和手段，有助于学生提高科学探究能力，加深对所学知识的信任度和理解力，促进物理观念的形成。

三、发展实验和探究能力

"科学探究"是指基于观察和实验提出物理问题、形成猜想和假设、设计实验与制订方案、获取和处理信息、基于证据得出结论并作出解释，以及对科学探究过程和结果进行交流、评估、反思的能力。

物理实验对培养学生科学探究意识、发现问题、提出合理猜测与假设、设计实验探究方案和获取证据、实施探究方案、收集信息等方面都具有重要的作用，不但是物理教学的重要内容，也是培养学生实验和科学探究能力的重要方法和手段。

通过物理实验培养学生发现和提出问题能力。在物理实验中创设某种情境，学生通过观察实验现象，培养敏锐的感知和观察能力，在观察和体验后有所发现、有所联想，萌发出科学问题。在实验中创设一些任务，学生在完成任务中运用科学思维，提炼出探究的科学问题。

通过物理实验培养学生制订计划的能力。根据实验条件选择适当方法形成实验和探究方案，构思探究计划。通过亲自动手，实施实验和探究方案，培养学生的操作能力，包括基本仪器的选择和使用、仪器设备的组装、数据的读取、故障的排除等。通过分析和处理实验数据，进行比较、判断和推理，可以培养学生的思维能力。同时，还可以通过对实验异常数据的关注，实验方案的完善和改进等培养学生批判性思维，能够大胆质疑，从不同角度思考问题，追求创新，培养学生的创新意识和能力。

通过物理实验培养学生的科学态度和科学精神，不但在实验和科学探究过程中让学生体会科学研究中相互合作的必要性，还可以培养学生严肃认真对待实验的态度。尊重实验结果与事实，杜绝编造和修改实验数据，养成实事求是的良好作风。

四、发展科学态度和社会责任

"科学态度与责任"是指在认识科学本质，认识科学·技术·社会·环境关系的基础上，逐渐形成的探索自然的内在动力，严谨认真、实事求是和持之以恒的科学态度，以及遵守道德规范，保护环境并推动可持续发展的责任感。

物理实验除了能够促进物理观念的形成、科学思维的提高和科学探究能力的发展之外，还能深化学生对科学本质的认识，从而尊重科学规律并热爱科学事业。物理实验的层层推进能够维持或提高学生的好奇心水平，能使学生基于证据和逻辑进行实验并发表见解，不迷信权威，尊重数据与事实。物理实验最终仍然要指向人的全面发展，除了对学生的知识获取与能力提高有重要意义之外，还能培养学生交流合作的意识与能力，使学生理解科学·技术·社会·环境的关系，从而热爱自然、珍惜生命，提高社会责任感。

总之，通过实验教学，可以使学生的物理学科核心素养得到全面发展。在中学阶段，物理实验教学的任务主要有以下几方面。

(1)获取和巩固物理学的理论知识，促进物理观念的形成。

(2)学会使用基本物理仪器，学会测量某些物理量。

(3)明确通过实验手段研究物理现象的基本程序，进行物理实验和科学探究的一般过程。

(4)学习观察物理现象的基本技能、技巧，提出科学问题。

(5)根据物理原理和实验条件，设计实验和探究方案。

(6)正确操作实验和实施科学探究过程。

(7)收集、分析和处理所得实验数据，学习和初步运用误差理论。

(8)培养学生的观察、操作等科学思维方法，提高探究能力。

(9)培养学生合作与交流的意识，提高其探索精神与创新能力。

(10)使学生感受学习物理的乐趣，激发求知欲，形成对科学和技术应有的正确态度以及责任感。

第二节　以教师设计为主的实验教学

为了达到某个教学目的或实现更好的教学效果，由教师制订实验目的、设计实验过程、选择实验方法的实验，可称之为以教师设计为主的实验。它包括传统的演示实验、随堂实验(边教边实验)、学生分组实验等。下面分别介绍这几种实验。

一、演示实验

为了创设情境，展示物理现象，揭示所研究问题的发生、发展过程，引导学生进行观察、思考，由教师做给学生看的示范实验，称为演示实验。演示实验的目的是引导学生观察，使学生对某个物理现象有清晰的了解，这是教师讲解物理概念、规律的基础，是培养学生物理学科核心素养的重要手段。演示实验也为学生使用、操作仪器做出了示范。为达到上述目的，演示实验必须遵循以下基本要求。

(1)直观性。演示实验要现象明晰易见，能充分说明问题，便于学生观察。这就要求实验装置尽量大型化、简单化，突出其基本的结构原理，而不被次要的复杂结构所干扰；显示要清晰醒目，要增强对比度以突出观察目标。例如，在做电学演示实验时，如果需要观察某一物理过程中的电流变化，显然不能用小型安培计，而应采用大型演示电表。

(2)科学性。演示实验是帮助学生认识自然现象，揭示客观规律的手段。因此，从实验的设计、操作到分析都必须坚持实事求是的科学态度，教师的操作、读数都必须规范。对真实物理图像的近似或模拟，在演示时要向学生说明，以免误解。不能为了演示的效果明显而违背了科学性，更不能弄虚作假。

(3)稳定性。演示实验的实验装置要牢靠稳固，经得起反复操作和轻微震动；要有很好的现象重复性，尽量做到一次成功。

(4)指导性。教师在进行演示实验的同时，要指导学生进行观察和思考。对于观察到的现象，分析所说明的问题，直到引出规律性的认识，应尽可能由学生进行，培养学生的观察、分析能力。

下面通过实例，进一步说明演示实验的主要功能。

1. 建立和解释概念

物理概念是通过对客观事物进行大量观察、测量而抽象出来的。对于学生缺乏感性知识、抽象性很强的概念教学，必须通过演示实验给学生丰富的感性材料。

例如，电学中的等势线、等势面的概念，在一般书中对这个问题只作一些简单的叙述："电场中电势相同的各点构成的面叫作等势面""等势面一定跟电场线垂直，即跟电场方向垂直。"由于学生没有这方面的感性知识，他们对这种抽象的叙述是不易接受的。为了让学生能够理解，可进行如下的演示实验。

演示仪器主要由一个有机玻璃制作的水槽、信号源和低频功率放大器三部分组成。水槽内的现象可通过投影仪投射到屏幕上。在槽内放入适量的水，水中放两个砝码作为电偶极子，给两个砝码加上频率为 1 000 Hz（或 400 Hz 等）的交流信号，于是，在两个电偶极子间形成了电场。这时，从低频功率放大器的两个输入端接出两个探针在水中移动，让学生注意观察，并收听声音。当探针在很多位置时，都可以听到一个被放大了的低频信号，而在某些确定的位置上，听不到声响（即放大器不发出声响）。教师引导学生分析这个现象，运用已有的知识知道，当没有声响时，说明两个探针给放大器输入了一个零信号，两个探针所在点的电势相等；而在其他位置，由于电势不等，所以有电信号输入给放大器，从而可以听到被放大了的低频信号声响。如果使一个探针的位置固定，用另一个探针分别把一些小螺母逐个向各等势点移动，就出现了由这些小螺母（各等势点）连成的等势线，如图 5-1 所示。在竖直方向上由等势线构成的面就是等势面。如果在这套装置里配好电场线的幻灯片，就可以直观地看到等势面和电场线是正交的。

再如，在研究纯电容交流电路和纯电感交流电路中电压与电流的相位关系时，学生在日生活中根本看不到这些相位关系，不进行演示实验就难以理解清楚。可用如图 5-2 所示的装置进行演示。图中Ⓐ和Ⓥ分别是演示用交流电流表和交流电压表，电容器的电容为 2 000 μF。以超低频交流信号发生器作为交流电源，把它接入电路后，两个电表的指针就摆动起米，电流表的指示表示电路中的电流，电压表的指示表示电容器两端的电压。让学生仔细地观察两个电表指针摆动的情况，发现：电流表的指针指在左边最大值时，电压表的指针指在平衡位置的零点；电流表的指针回到零点时，电压表的指针指在左边的最大值。电流表的指针指到右边最大值时，电压表的指针回到零点……这就说明了在纯电容交流电路中，电流的相位超前电压的相位 90°。

图 5-1　等势线实验示意图　　　图 5-2　纯电容电路实验

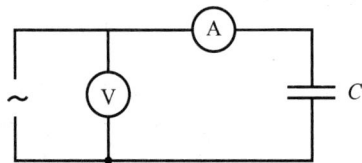

然后，用一个 220 V、100 W 的变压器的输入线圈代替电容，构成一个纯电感交流电路。观察电流和电压的相位关系，这时可以看到，电压表指针先摆到最大值，电流表指针随后才到达最大值，说明在纯电感交流电路中，电流的相位落后于电压的相位 90°。

这样，通过观察演示的现象，很容易理解交流电路中的相位关系，为今后学习打下了良好基础。

另外，用趣味演示实验使学生对问题产生疑问、惊奇，直至产生兴趣，也是引入物理概念、规律的一种很好的途径。例如在讲授光的折射之前，设计这样一个实验：在 1 个玻璃槽中装水，水中插上一块泡沫片，在泡沫片上粘贴一条用塑料纸剪成的鱼，让 3 个学生各用一根细钢丝猛刺水中的鱼。当教师把泡沫片从水中提出来时，学生们发现 3 个钢丝都没有刺中鱼，学生感到非常奇怪。此时教师提出这个问题就是"光的折射"，这样的实验安排为接下来用实验研究光的折射规律创造了良好的认知起点。

2. 建立和验证规律

中学物理教学中的一些规律、原理是通过实验事实建立起来的，例如杠杆原理、玻意耳定律、欧姆定律等；有一些是由已知的知识推导出来的，辅以实验验证，例如机械能守恒定律。因此在教学过程中，为了使学生更好地学习和理解物理规律，教师需要在课堂上做一定的演示实验，目的或是丰富学生的感性认识，引导学生学习新的物理规律，或是对已学过的规律、原理加以验证，加深学生的理解。

例如，在电流产生的磁场中，关于磁感应强度的规律，是通过综合实验事实而建立的。实验装置包括一个长 80 cm、宽 25 cm 的单匝大线圈和一个检验磁针。线圈中串联一个电源、滑动变阻器和一个电流表，为了便于观察，可以选用测量地倾角的大磁针，作为检验磁针。把线圈远离磁针的一边屏蔽住，未屏蔽的一边作为产生磁场的直线电流，如图 5-3 所示。第一次，固定测试点（即磁针中心）与导线的距离，借助于滑动变阻器来改变通过导线的电流。当导线中没有电流通过

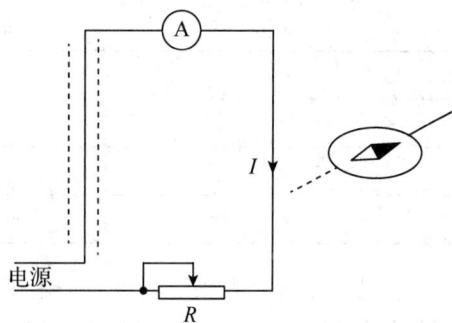

图 5-3 电流的磁场

时，其周围没有磁场。这时，把检验磁针调节到零点。当导线中有电流通过时，其周围产生磁场，根据右手螺旋定则可确定磁场方向，载流导线附近的检验磁针将偏离零点。当电流改变时，磁针偏转角就发生改变，这说明该点的磁感应强度在改变。

把磁针中心与导线的距离 r 定为 11 cm，先调整电流强度等于 0.2 A，观察到磁针偏转角 θ 的数值，然后，依次把电流增强到 0.5、0.7 A，磁针偏转角 θ 也随之增大。记录测量结果，如表 5-1 所示。

表 5-1 记录测量结果

I/A	θ/(°)	$\tan \theta$
0.2	8	0.14
0.5	20	0.36
0.7	26	0.49

从表 5-1 可以看出：当测试点（磁针中心）与导线距离 r 固定时，磁针偏转角 θ 随着电流强度 I 的增大而变大；各次测量结果的相应比值，都近似相等，即

$$\frac{I_1}{I_2} = \frac{0.2}{0.5} = 0.4$$

$\dfrac{B_1}{B_2} = \dfrac{B_e \cdot \tan \theta_1}{B_e \cdot \tan \theta_2} = \dfrac{0.14}{0.36} = 0.38$；（$B_e$ 为测试点处地磁场的磁感应强度）

$$\frac{I_1}{I_3} = \frac{0.2}{0.7} = 0.29$$

$$\frac{B_1}{B_3} = \frac{B_e \cdot \tan \theta_1}{B_e \cdot \tan \theta_3} = \frac{0.14}{0.49} = 0.29$$

$$\frac{I_2}{I_3} = \frac{0.5}{0.7} = 0.71$$

$$\frac{B_2}{B_3} = \frac{B_e \cdot \tan \theta_2}{B_e \cdot \tan \theta_3} = \frac{0.36}{0.49} = 0.73$$

从而得知，当 r 一定时，磁感应强度的大小跟电流强度成正比，即
$$B \propto I$$

第二次，导线中的电流强度固定为 0.8 A，改变检验磁针中心与导线的距离 r。先后取 r 等于 8 cm、10 cm、11 cm，观察并记录磁针偏转角 θ 值，如表 5-2 所示。

表 5-2 记录结果

r/cm	θ/(°)	$\tan \theta$
8	35	0.70
10	30	0.58
11	28	0.53

从表 5-2 可以看出：当电流强度恒定时，磁针偏转角 θ 随着 r 的增大而减小；各次测量结果的相应比值，都近似相等，即

$$\frac{r_1}{r_2} = \frac{8}{10} = 0.80$$

$$\frac{B_2}{B_1} = \frac{B_e \cdot \tan \theta_2}{B_e \cdot \tan \theta_1} = \frac{0.58}{0.70} = 0.83$$

$$\frac{r_1}{r_3} = \frac{8}{11} = 0.73$$

$$\frac{B_3}{B_1} = \frac{B_e \cdot \tan \theta_3}{B_e \cdot \tan \theta_1} = \frac{0.53}{0.70} = 0.76$$

$$\frac{r_2}{r_3} = \frac{10}{11} = 0.91$$

$$\frac{B_3}{B_2} = \frac{B_e \cdot \tan \theta_3}{B_e \cdot \tan \theta_2} = \frac{0.53}{0.58} = 0.91$$

从而得知，当 I 一定时，磁感应强度的大小跟测试点与导线的距离成反比，即
$$B \propto \frac{1}{r}$$

综合以上两次实验结果，得出直线电流磁场中磁感应强度大小的规律为
$$B \propto \frac{I}{r}$$

又如，根据磁感应强度的定义 $B = \dfrac{F}{Il}$，可以导出磁场对电流的作用力的大小为

$$F = BIl$$

可以利用电流天平仪器进行实验，验证上述关系式。

整个装置如图 5-4(a)所示，主要部分是一个等臂天平。在天平的右侧，沿着横臂的边固定一条 U 形绝缘导线，这样，在天平的一端就有了一段短直导线，它的长度是 l。为了可以改变 l 的长度，在 U 形导线中间又加了一条导线；天平的另一端可以悬挂砝码或细金属丝等轻小物体，如图 5-4(b)所示。

第一步，使横臂导线 l 通有稳恒电流 I，并把它放入螺线管内部。

当螺线管内部没有磁场时，天平指针指在零点。当螺线管通有电流为 1 A 时；螺线管内部的磁感应强度为 B，这时，可以看到天平指针向右偏转，说明横臂通电导线受到磁场的作用力 F。

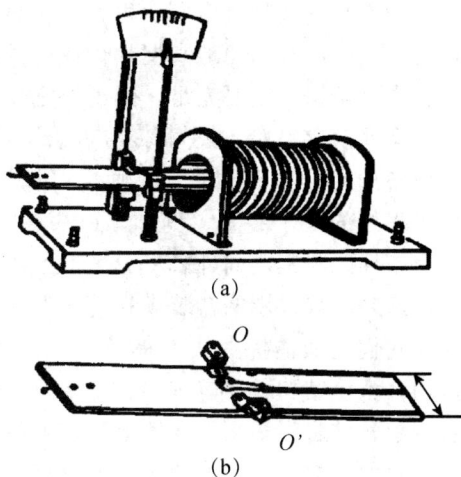

图 5-4 电流天平实验

为了使天平恢复平衡，需在天平的左端挂上一个 20 mg 的砝码，由于天平是等臂的，所以，所挂砝码的重力就等于磁场力的大小，也就是说，这时通电导线 l 所受的磁场力的大小相当于 20 mg 产生的重力。当螺线管通有电流为 2 A 时，螺线管内部的磁感应强度增大 1 倍，即等于 $2B$。实验结果表明，这时必须在天平的左端挂上一个 40 mg 的砝码，才可使其恢复平衡。也就是说，这时通电导线 l 所受的磁场力的大小相当于 40 mg 产生的重力。

于是，验证了当导线 l 通有稳恒电流 I 时，其所受的磁场力 F 跟磁感应强度 B 成正比，即当 l、I 恒定时，$F \propto B$。

第二步，使螺线管的电流恒定，即螺线管内部磁场恒定。改变通过横臂导线 l 的电流强度 I，根据天平指针的偏转和所悬挂的恢复平衡的砝码的数据，可以验证通电导线 l 所受的磁场力 F 跟导线 l 通过的电流强度 I 成正比，即当 B、l 恒定时，$F \propto I$。

第三步，在上述任何一次实验基础上，改变横臂导线的长度，即将 l 变为 $\dfrac{l}{2}$，则实验结果表明，为了恢复平衡所悬挂的砝码也减少一半。于是，验证了当 B、I 一定时，$F \propto l$。

这样，就验证了通电直导线在磁场中所受的力，遵从 $F = BIl$ 的规律。

由于这个实验涉及电流的磁场、右手螺旋定则、左手定则、磁场力、力矩的平衡等一系列物理知识，所以，对复习巩固、深化、活化知识，也是有益的。

3. 启发学生思维，培养科学思维能力

生动的演示会给学生以强烈的刺激，会引起他们浓厚的兴趣，也常常会带来学生想象不到的结果，这必然会启发学生的积极思维。

例如，一个小小的塑料凹面盘，按在墙壁上，就成了一个挂衣钩，可以承担一定的重量。如果把两个这种衣钩严密地对起来压挤，就成了一个"土"的马德堡半球。这些都可以形象地说明大气压强的存在。

再如，在一个大烧杯中放入多半杯水，再插入一个不接触杯底的试管，管内也装入适量的水。先让学生思考，当在烧杯底加热，使大烧杯里的水沸腾时，试管中的水是否沸腾？学生的回答可能各不相同。这时，给学生演示，结果表明大烧杯中的水沸腾了，而试管中的水虽然达到了 100 ℃，但并不沸腾。这就使学生看到自己思维的效果，也看到自己思维的不足。教师再启发学生用汽化热的知识来解释这个现象，同时可以指出他们判断错误的原因是没有确切地掌握热传递的条件和沸腾的条件，进而告诉学生，在任何推理判断过程中，论据一定要充足，推论一定要合理。

有些演示实验，还可以生动地揭示物理知识的应用，即使在设备条件差的情况下，教师也可以利用现有的物品自制一些效果很好的演示装置。例如，取一盒装满粉笔的粉笔盒，将一个手指插入粉笔之间(图 5-5)，向上抬手，就可以把整个粉笔盒"带"起来；如果用两盒装满粉笔的粉笔盒，各插入两根小木棍，再在它们上面横搭一块木板条，在板条上放一重物，在一定限度内，整个结构并不向下移动。启发学生运用所学知识解释这些现象，并告诉学生，在桥梁建筑上的"摩擦桩"就是这个原理。

图 5-5　摩擦力实验

总之，演示实验的功用，不仅可以使学生了解物理现象，建立和验证物理概念、物理规律，促进学生物理观念的形成，而且还可以提高学生的学习兴趣，启发学生的思维，培养学生的科学思维，以达到深化、活化物理知识的目的。

二、随堂实验(边教边实验)

随堂实验也可以称作边教边实验，它的特点是教师根据教学内容，预设实验过程，选择实验仪器，在课堂教学中，师生各用一套仪器，分别动手做实验，让全体学生通过实验去获取知识、技能并形成相关能力。

这类实验不是对所有教学内容都合适，一般来说对以下 4 方面的内容较为适用。

(1)对有些基本物理仪器的认识和使用的教学，如天平、卡尺、温度计、电表、滑动变阻器等。

(2)适合学生动手、动脑去探究的物理概念和规律。如研究杠杆平衡条件、阿基米德原理、凸透镜成像、欧姆定律、电磁感应定律等。

(3)可见度差，不宜演示的重点实验，如电场线、磁感应线、光的干涉与衍射，以及天平、电表、卡尺等仪器的示数等。

(4)学生易于产生似是而非认识的内容，如物体浸入水中越深浮力越大，冰水混合物的温度低于零摄氏度，电阻与电压、电流有正反比关系等。

这类实验是配合课堂教学进行的学生实验，因此实验规模不应过大，所用器材不必太繁杂，操作要简便，危险性要小，成功率要高。可以在新课引入、讲授、复习巩固等教学环节中穿插进行，实验时间可长可短，不一定在正规实验室进行，方式灵活多样，讲求实效。可以说，随堂实验兼有演示实验与学生分组实验的性质。

三、学生分组实验

学生分组实验，是指教师依据课程标准、教学内容的安排等，有计划地设计实验内容、系统地训练学生的实验技能和习惯的教学方式。分组实验中，学生在教师的指导下，独立完成实验操作，处理实验数据，得出实验结论。学生分组实验是培养学生实验能力、科学探究能力和科学态度的主要途径，也是发展学生创造性思维和进行科研启蒙教育的重要途径。

学生分组实验要重点关注课标中的学生必做实验，包括测量类和探究类，学生分组实验的目的如下。

(1)了解基本实验仪器的构造、原理，学会基本仪器的使用；

(2)探索和验证物理规律；

(3)培养学生独立实验和科学探究能力。

按实验内容不同，学生的分组实验可以分为以下3种。

(1)测定性实验：以测定物理量值和常数值为主要目的的实验，如测量玻璃的折射率等。

(2)训练性实验：以掌握仪器的性能和使用方法，提高操作技能为主要目的的实验。如伏安法测电阻等。

(3)验证性实验：以验证已学过的物理规律为主要目的的实验，如验证动量守恒定律等。

在分组实验中，学生既是实验的主体，又是观察的主体。多人一组进行实验，会出现许多情况，需要教师进行各方面的准备和指导。对于学生分组实验，教学的基本要求如下。

(1)实验要确保安全性，无人身危险，操作不宜过繁。要尽量减少和控制干扰因素。仪器要比较牢固。设计实验时应注意让基本仪器在不同实验中重复出现，增加学生的练习机会。

(2)要求学生在实验前明确实验目的、原理及现象发生的大概情况，实验结束后，要求写出实验报告。

(3)引导学生理解观察内容的真实性，鼓励学生发现和分析意外现象及异常情况所发生的原因。

(4)重视引导学生从观察的直接兴趣转入操作兴趣，进而通过研究实验和分析实验体会物理本身的规律。

第三节　以学生设计为主的实验教学

学生是实验教学的主体。在实验教学中，为了引导学生探索、发现物理规律，获取新的物理知识，由教师提出或在教师引导下由学生提出问题，让学生自行制订实验计划，设计实验方案，选择实验器材，让学生自己动手操作，通过一系列的观察测量活动去探索研究，收集并处理数据，从而归纳总结，得出结论。简要地说，是"教师或教师与学生共同提出问题、设计方案，学生操作，观察探索，共同分析、讨论与交流"，这种类型的实验可以称之为以学生设计为主的实验。这类实验可以促使学生开动脑筋，灵活运用所学知识，对于发展学生的物理学科核心素养、实验与科学探究能力和创新思维有着重要的作用。

一、探究性实验

中学阶段的物理探究性实验是指在结果未知的情境中，由教师进行引导和配合，学生围绕某个问题通过实验设计、实验操作、分析综合、得出结论并对结果进行交流的一种实验形式。探究性实验不同于科学家的研究，它是在教学活动这个特定的条件下，让学生去体验人类能动认识客观世界的经历。也就是说，探究性实验是在科学地简缩人类认识历程和突出所要解决问题的主要特征的前提下，适当减缓学生主动探索事物的认识坡度，去进行能动认识的学习过程。探究性实验不仅让学生意识到学习的结果，更着力于让学生去主动发现问题，探求和解决问题，感悟知识的形成过程。

进行科学探究是获取新知识的重要方法，对于物理学来说，实验是探索物理世界规律的重要手段。中学物理涉及的内容大多比较简单，但对于学生来说仍是可以探究的"未知"领域。为了让学生更好地了解概念、规律的来龙去脉，理解、掌握相应的物理规律，发展学生的核心素养，教师可以创设一定的物理情境，引导学生（或教师）提出与教学内容有关的物理问题，让学生自己开动脑筋进行猜想和假设，制订计划，设计实验，选择器材，进行实验，收集证据，分析论证，进而得出结论。简单地说，就是"学生（或教师）提出问题，学生设计，学生操作，探索思考，学生分析"。在此过程中，教师的主要任务则是提供仪器设备，解答学生的疑问，进行一定提示或启发，但决不能代替学生设计或操作实验。

例如，在学习"电阻定律"时，教师可以引导学生提出问题：电阻是导体本身的特性，它的大小由什么来决定呢？学生开动脑筋思考，进行一系列的猜想。他们可能会认为电阻的大小与导体的大小有关（长短、粗细），与导体的材料有关等。接下来，学生可以自己选择各种电阻，设计实验方案并进行实际测量，用实验数据来检验自己的猜想。大多数学生会用伏安法测出电阻的大小，然后再分析所测的电阻值与自己设定的影响因素之间的关系。也许不同的学生重视的是不同的因素：有的测的是长度的影响，有的测的是粗细的影响，有的测的是材料的影响等。最后，教师组织学生进行交流讨论，分析评估不同的情况，得出正确的结论。

又如，在学习"单摆"时，教师可以给学生展示各种摆线长短不同，摆锤轻重不一的单摆。引导学生思考：单摆摆动的快慢与哪些因素有关？学生可能会认为与摆线长短有关，与摆锤的质量有关，与摆锤的大小有关等，然后让学生自己动脑设计实验方案，选择合适的仪器并操作实施，记录好有关数据。在这个过程中，学生需要开动脑筋，设计实验时不得不考虑到应当测量不同摆长、不同摆锤、不同大小的单摆的摆动周期，同时需要运用控制变量的方法，才可以对不同的单摆进行比较。最终老师组织学生进行分析讨论，发现在一定的误差范围之内，单摆摆动的快慢只和摆线的长度有关，而且摆线越长，单摆摆动得越慢（周期越大）。此外，还可以对不同学生所用的方法和所得出的结论进行评估和分析。

通过让学生设计并实施探究性实验，学生从被动地接受知识转变为主动地获取知识。他们经历了"问题—猜想—设计—实施—分析—结论"的类似科学家探索物理世界的过程，不仅学习到了新的知识，而且加深了对物理规律的理解和信任，同时也体验到了科学探究的乐趣，领悟到一定的科学思想和精神。探究性实验不仅能够很好地锻炼学生的动手能力，而且还能进一步培养学生归纳、概括的能力。

中学物理探究性实验教学要更加关注学生的学习过程和学生核心素养的发展。课堂上须体现学生的主体地位，转变学习方式，增加师生互动和生生互动的机会。由于不同阶段学生的生理特点，不同学生群体和个人特点，不同教师背景特长，不同地区学校条件、环境、资源的区别等，中学物理探究实验课的教学设计必须是灵活多样的。又由于有些探究实验活动的指导和开放程度不同，有些探究实验活动只包含了探究的部分要素和特征，有些探究活动实验要求学生参与探究的全过程等。

在具体的探究性实验教学实施过程中，可以涉及科学探究的某几个环节，也可以是全过程，分别是"部分探究"和"完整探究"；可以是相对比较开放的学生自主探究，也可以是以教师指导为主的探究实验。需要说明一点，在科学探究过程中，要关注科学探究的问题、证据、解释、交流 4 个要素，突出设计实验和实验操作，否则就只是理论探究了。因此在组织和实施探究性实验中，要注意 3 个阶段，即准备阶段、实验阶段和归纳阶段的具体实施。

1. 准备阶段

探究性实验可能具有一定的风险，实验有可能失败，得不出应得的规律，不利于教学工作顺利进行。因此，实验的准备工作非常关键。准备实验时应当考虑到各种可能出现的情况和影响实验的因素。

首先要选题合适。并不是所有的实验都可以作为探究性实验。所选的应是那些操作方便、涉及理论易懂、实验误差小的实验。其次是设计实验的程序。实验程序尽可能简单一些，只要能让学生由此得出规律来就行了，不必面面俱到。设计实验程序时，教师必须与学生一起一边设计，一边亲自动手实验，不断从中发现问题，逐渐改进。最后是实验的准备。教师要对实验器材认真检查、挑选，为学生顺利进行探究做好准备。

2. 实验阶段

进行探究实验教学时，教师先根据教学内容和目的、要求，启发学生提出问题，进行猜想和假设，使学生明确所要探究的内容；接着教师引导学生思考解决该问题将要采用的实验方法和手段，必要时做一些示范，或强调一些注意事项；然后学生在教师的指导下，自己动手做实验，观察实验现象并记录实验数据，同时在头脑中对掌握的感性材料做初步的分析、处理。

3. 归纳阶段

进行探究式实验的目的就是获取新的知识。但由于学生的思维能力还比较有限，归纳和总结都可能比较片面。因此做完实验后，最好是在教师的引导下让学生对实验现象或数据进行思考分析，进行归纳和总结，得出相应的物理规律，使学生完成从感性认识到理性认识的飞跃。

例如，探究决定平行板电容器电容的因素的实验，就可以按以下步骤进行。

在教师引导启发下提出问题：平行板电容器的电容与哪些因素有关。

猜想与假设：电容器的电容只与其自身结构有关。所以平行板电容器的电容可能与其板的面积，有无介质，两板的间距有关。学生可能会提出多种猜想，教师要注意与学生一起分析，排除无关的猜想。

让学生设计实验：根据 $C = \dfrac{Q}{U}$，保持电容器所带电荷不变，分别改变平行板电容器的相对面积，两板间距等，用静电计测量两板间电势差的变化。

收集证据：保持正对面积 S 不变，改变两板间距离 d，如图 5-6 所示。结果是：电容器两极板间的电势差随两板间距离减小而_____，随两板间距离增大而_____。

保持两极板间的距离 d 不变，改变两极板的正对面积 S，如图 5-7 所示。结果是：电容器两极板间的电势差随正对面积减少而_____，随正对面积的增大而_____。

保持正对面积 S 和板间距离 d 不变，在两极板间插入玻璃板或硬纸板等电介质，如图 5-8 所示。结果是：电容器两极板间的电势差在两极板间插入电介质时减小。

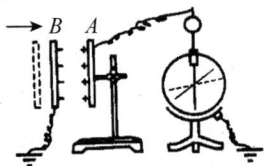

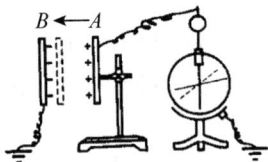

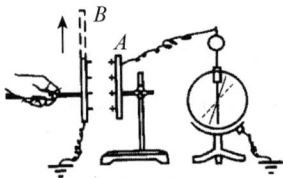

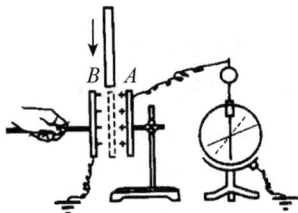

图 5-6　平行板电容器实验(1)　　图 5-7　平行板电容器实验(2)　　图 5-8　平行板电容器实验(3)

分析与结论：通过上面的实验可以得出，平行板电容器正对面积越大，电容越大；两极板间距离越小，电容越大；有电介质时电容变大。

通过精确的实验和理论的论证可得出：平行板电容器的电容跟正对面积成正比，跟两极板间距离成反比，跟极板间电介质的介电常数成正比。

计算平行板电容器的电容的公式是

$$C = \frac{\varepsilon S}{4k\pi d}$$

式中：k 为静电力常量，ε 为电介质的介电常数。

为了达到良好的探究效果，在实施探究性实验教学时应当注意以下几点。

1. 选题要合适

让学生进行科学探究是为了激发学生的兴趣，培养学生热爱科学的情感以及对科学的探索兴趣，因此，所选的问题应当比较有趣。考虑到中学生的思维水平还比较有限，以学生设计为主的探究实验应相对比较简单，所涉及的物理量不宜过多，实验仪器和操作应比较简单，实验的时间也不宜太长。

2. 注重过程和方法

中学生进行科学探究，不一定总能得出完全正确的结论，有时结论也许是片面的甚至是错误的。教师应鼓励学生积极大胆地参与实验探究，让学生通过探究的过程体验到科学的乐趣。重要的是让学生经历探究的过程，学习和体会科学的方法，不应过分苛求结果。

3. 重视讨论、交流和评估

以学生设计为主的探究性实验，不同的学生(或不同的组)也许会采用不同的方法，得出的结论也可能有一定的差别。因此，讨论和交流是必不可少的环节。在此过程中，学生既可以有根据地发表自己的意见，又可以听取别人的见解，与此同时，评估的工作也就自然地开展起来。通过讨论和评估，学生可以辨别优劣，分清正误，更好地理解探究的方法和结论。

二、设计型实验

物理实验教学不仅要使学生学会正确地使用基本仪器进行观察、测量和读取数据，掌握一定的操作技能，学会简单地处理实验数据，得出结论，而且还应当培养学生根据一定目的任务，自己独立地设计实验方案的本领，即培养学生的实验设计能力。中学生通过学习物理知识，看教师做实验以及自己动手做实验的学习过程，逐渐形成了一定的实验基础。此时，可以让学生运用已有的物理知识和实验基础设计实验方案，解决物理问题，即所谓"设计型实验"。学生在设计实验的过程中，需要综合运用相关的物理知识和实验方法，这是应用知识的过程。

物理设计型实验是一种较高层次的综合实验，它要求学生根据实验要求，查找和阅读相关资料，自主设计实验方案，选择实验仪器，进行实验操作，观察记录实验现象和数据，研究实验过程中的问题，最后分析处理实验数据，归纳总结得出实验结论，完成实验报告。

按设计型实验形式划分，一种是给定实验仪器设备，要求完成某一物理量的测定或某一物理现象的观察研究。如"用尺测量玩具手枪子弹射出时的速度""设计实验显示微小形变"等。另一种是只提测量要求，不限制选用的实验方法和实验仪器，完成某一物理量的测量任务。

按设计型实验内容划分，第一种是测量某一物理量的实验主题，如"怎样测量半圆形玻璃砖的折射率"，由学生设计实验方案。第二种是探究和应用性质的实验主题，如"太阳能电池的应用"，由学生阅读相关材料后，对工作原理和应用前景进行分析。第三种是研究测量方法的实验主题，要求设计一种实用的方法。如"一位无线电修理工现有最大阻值为 50 Ω 的滑动变阻器 R 和未知电阻 r 各一只，除用伏安法测量外，还有哪些方法能测出它的大小（器材自选）"的课题，让学生根据要求，设计多种测量方法。

比如，让学生自己设计实验：用惠斯通电桥测量电阻。

首先，让学生明确用这种测量方法比用伏安法测得的电阻值要精确得多。

其次，让学生自己设计制作一个"土"电桥，按实验要求连成如图 5-9 所示的线路。该电桥用一个 80 cm 的长直尺，尺面上附一根电阻丝 AC，A 端接一个标准电阻（电阻箱或滑动电阻器），C 端接一个变压器的原线圈，线圈的另一端与标准电阻另一端连接于 B，并使 B 点连接检流计的一端，检流计的另一端接到"土"电桥滑动端（触点）D 上，该滑动头是用一个弹簧反装的文具夹制成的，在夹嘴处焊一个指针，当把文具夹夹在滑线电桥上时，指针紧压住电阻丝。

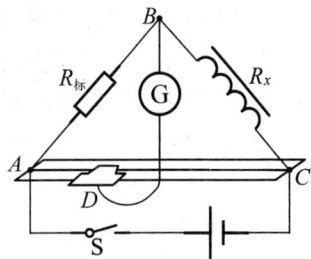

图 5-9　线路图

接好实验装置后，告诉学生要测量的是变压器原线圈的直流电阻。实验方法是接通电路后，观察检流计，通过调整标准电阻或移动滑线电桥触点，使检流计指针指向零值。这时，让学生记录下标准电阻 R 值和滑线电桥触点两边电阻丝的长度 l_1 和 l_2。

最后，让学生根据电桥原理，计算待测电阻值，根据公式

$$\frac{R_标}{R_x} = \frac{l_1}{l_2}$$

得到

$$R_x = R_标 \frac{l_2}{l_1}$$

这样的学生实验，既巩固了课堂上所学得的知识，又增强了学生的动手能力和实验设计能力。

设计型物理实验内容的选择，主要是选择符合学生实际的可行的实验选题。而任何一个物理实验都有设计的成分包含其中，选择什么实验题目、以何种方式将该实验选题呈现给学生，要考虑不同年级、不同基础的学生的训练要求，以及设计性物理实验的目的。鉴于此，中学阶段的设计型实验主要分为以下类型。

1. 传统型

这种类型的设计型实验一般来说是给定实验目的和实验仪器（或让学生从给定的实验仪器中选择出合适的），其实验方案或原理大多是确定的或唯一的。例如，实验的任务是测定当地的重力加速度，给出的仪器是单摆、刻度尺、秒表等，则其原理就是单摆的周期公式。传统的设计型实验有助于学生熟练运用所学的物理概念和规律。

2. 开放型

这一类的设计型实验比较灵活，可以让学生自由选择实验方法和仪器设备，可以设计不同的方案解决同一问题，或用同一器材解决不同的问题。例如，学生在学习了恒定电流的知识之后，可以让学生设计出各种测量电阻的方法。又如，学生在学习了密度和浮力的有关知识之后，可以让学生设计测量物体密度的各种方法。开放型的实验设计可以弥补传统型单一平淡的缺点，能够激发学生的兴趣和创造力，有助于发展学生思维的多向性和灵活性。

3. 解决实际问题型

学物理的目的是为了用物理。物理问题在日常生产生活中随处可见，容易引起学生的兴趣和疑问。因此，让学生运用所学的知识设计实验，测量生产生活中的某些物理量或解决一些实际的物理问题，激发学生的求知欲，调动学生的积极性和创造性，可以强化学生的知识和技能。例如：测量电梯启动时的加速度，设计家庭节约用电的方案等。通过设计并实施这类实验，学生体会到了物理与实际的联系，看到了所学物理知识的广泛的"用武之地"，对学生的全面发展有着良好的作用。

在具体的设计型实验教学实施过程中，要重在设计和实验过程，因此在组织和实施设计型实验中，要注意以下 5 个阶段的具体实施。

1. 实验准备阶段

本阶段要求学生为顺利实施实验并取得良好实验效果而做好前期准备工作，主要包括确立实验设计"任务"和收集查阅相关资料，整理思路。

（1）确立实验设计"任务"。选好实验主题是整个实验的关键，选题的合适与否关系到能否达到预期的实验目的，能否保证实验教学的质量。设计型实验的选题既要兼顾中学阶段物理课程内容的要求，又要考虑到学生的年龄特点和身心发展特征，让每个学生都能在最近发展区范围内得到发展。实验任务的确定既要以学生已经掌握的基本知识为基础，又要突出综合性、探索性和创造性的特点。

（2）收集查阅相关资料。学生选好实验主题后，查询文献，做一些前期调研工作。教师首先引导学生根据实验的任务和要求，列出需要解决的有关问题，明确查阅实验资料的方向。然后向学生介绍有关实验主题的文献资料、查阅方法以及查询途径，并引导学生将通过各种途径收集的相关资料进行分析整理。最后学生根据相关资料的内容写出研究思路，明确重点、难点，为设计实验方案奠定基础。

2. 实验方案设计阶段

此阶段要充分调动学生主动学习的积极性和主观能动性，在查阅资料的基础上设计实验方案。学生可以以小组为单位，进行分工合作，根据所学理论知识及查阅的文献资料，设计出包括实验原理、实验器材、实验步骤及注意事项的实验方案。要坚持以学生为主体、教师参与、节约、易操作、安全性好的原则。然后师生共同讨论，确定出最合理可行的实验方案。

3. 实验实施阶段

学生按照确定的方案进行实验时，教师要给予及时的指导和帮助，解答学生在实验中遇到的各种问题，引导他们独立思考，尽可能地将他们在实验中闪现的"智慧火花"付诸实施，不留疑问，引导学生正确地认识自我，尊重他人的意见和建议，培养科学精神与科学态度。教师还应宏观调控，把握学生实验的进度，保证按时完成。

4. 总结报告阶段

本阶段由教师组织学生小组讨论，最后由学生个人完成实验报告，在这个过程中既可以锻炼学生分析、归纳和总结问题的能力，也可提高学生的文字表达能力。这样不仅有助于加强生生之间、师生之间的交流合作，而且也促进了学生对知识的巩固提高，完成对知识的自主建构。

5. 设计评价阶段

评价是设计型物理实验的重要环节。评价的内容和方式应重视对过程的评价和在过程中的评价，鼓励学生积极参与学习，在学习过程中积极客观地进行自我评价和自我改进，学会欣赏他人以及与他人合作的精神。同时要强调评价的激励性，调动学生的主观能动性，努力营造积极进取、勇于创新的氛围。

第六章　物理概念教学

物理概念是物理学的基石，是学生形成物理观念的基础，也是物理学科核心素养的重要组成部分。如何使学生在原有认识的基础上形成正确的物理概念，是中学物理教学的核心问题之一。本章探讨物理概念教学的基本问题。主要内容包括：物理概念的特点；物理概念教学的一般过程；物理概念教学的主要策略及物理概念教学的案例分析。

第一节　物理概念的特点

概念是反映客观事物本质属性的一种抽象。物理概念不同于人们在生活经验基础上形成的日常概念，甚至有许多物理概念与日常经验完全相反，这是物理难教、难学的原因之一。因此，要进行物理概念教学，首先要认识物理概念的特点。

一、物理概念是观察、实验与科学思维的产物

物理概念是物理对象的本质属性在人的头脑中的反映，是在观察、实验的基础上，运用科学的思维方法，排除片面的、偶然的、非本质的因素，抓住一类物理现象共同的本质属性，加以抽象和概括而形成的。在物理概念的形成过程中，感觉、知觉、表象等是基础，科学思维是关键。

例如，我们观察到下列一些现象：天体在运行，车辆在前进，机器在工作，人在行走，等等。尽管这些现象的具体形象不同，但是我们可以撇开它们的具体形象，从它们的共性去考察，就会发现其共同的特征，即一个物体相对于另一个物体的位置随时间在改变。于是，我们把这个从一系列具体现象中抽出来，又反映这一系列现象本质特征的抽象，叫作机械运动，机械运动就是一个物理概念。

又如，动量的概念最初是人们在探寻守恒量的过程中建立的。惠更斯在笛卡儿研究的基础上，做了许多种碰撞实验，诸如质量相同或不相同的两个物体，速度大小相等或不相等，相向运动或一个追一个的运动等各种情况的碰撞实验，取得碰前、碰后的大量资料，通过分析、综合，发现质量与速度的乘积是一个恒定不变的量，即碰撞过程中，相互碰撞的两个物体的运动量是恒定不变的，从而初步建立了描写物体运动量的物理量——动量的概念。

再如，熵的概念的建立。众所周知，一切热力学过程，都必须满足能量守恒定律。然而，满足能量守恒定律的过程，是不是一定能实现呢？根据大量的观察可知：在热传导方面，热自发地从低温物体传向高温物体是不可能实现的；在扩散现象中，气体分子自发地从密度小的地方迁移到密度大的地方，也是不可能实现的。以上现象虽然也满足能量守恒定律，但它们是不可能实现的。大量事实表明，自然界中能量和物质传递的自发过程，是

有方向性的。于是，人们自然会想到：能不能找到一个判断自发过程的共同特征呢？问题就是这样提出来的。根据大量的观察、实验事实，人们通过分析、概括以及数学推理等科学思维，建立了熵的概念。

二、物理概念具有确定的内涵与外延

物理概念和日常用语不同，它的内涵有明确的定义，外延也有确定的范围。例如，在日常生活中，"热"是一个具有多种含义的字。人们常说"今天天气很热""摩擦可以生热""暖气向外散热"。在这 3 句话中，热的含义是不同的，在物理学中用不同的概念来描述。

第一句话里的"热"字表示冷热程度，物理学中用温度来描述。

第二句话里的"热"字表示内能，摩擦生热是机械能转化为内能的过程。

第三句话里的"热"字表示热量，是内能转移的量度。

温度、内能和热量是热学中相互联系但内涵和外延均不相同的 3 个重要概念。

物理概念的内涵就是指概念所反映的物理现象、物理过程所特有的本质属性，是该事物区别于其他事物的本质特征。在物理学中用定义来说明。例如，密度是描述物质属性的物理量，其大小虽然可以用公式 $\rho=\frac{m}{V}$ 来量度，但是它取决于物质本身的性质，而与物体的体积无关。不同的物质，其质量和体积之比是不同的，而同一种物质在同样的条件下，其质量和体积的比值却是不变的。这种不变性反映了物质的某种本质属性，叫作密度。理解了这一点，就不会把 $\rho=\frac{m}{V}$ 看成"某种物质的质量越大，密度越大；体积越大，密度越小。"

应注意的是，一般用物理量之比表达的定义式，是物理量的量度公式，不是它的决定条件式。例如，$R=\frac{U}{I}$ 是电阻的量度公式，导体电阻的大小是由 $R=\rho\frac{l}{s}$ 决定的；又如 $a=\frac{v_2-v_1}{t}$ 是加速度的量度公式，而加速度大小由 $a=\frac{F}{m}$ 决定，方向由合外力 F 的方向决定。

物理概念的外延则是指具有该本质属性的全部对象，即通常所说的适用范围。例如，重力、弹力、摩擦力以及磁场对电流的作用力，属于力这一概念的外延。

三、物理概念一般具有量的含义，可以与测量和数学联系起来

物理学是严密的定量科学，许多物理概念是定量反映客观事物本质属性的。如速度、加速度、电场强度、电流……这类物理概念称为物理量。

然而，也有许多物理概念，表面看来是定性地反映客观事物本质属性的，实际上，它们也有量的含义。例如，"机械运动"概念，它表示物体在空间的位置随时间的变动，这里就涉及位置与时间的函数关系，它具有定量的含义。物体（质点）做直线运动，建立一维坐标系，则得

$$x=f(t)$$

物体（质点）做平面运动，可建立直角坐标系，则得

$$x=f(t),\ y=g(t)$$

又如，"平衡"概念，其定量的含义是：如果研究对象是质点，则意味着质点的加速度

等于零，即 $a = 0$，从而其平衡的条件为合外力等于零，即

$$\sum \boldsymbol{F} = 0$$

如果研究对象是有固定转动轴的物体，则它表示该物体的角加速度等于零，即 $\beta = 0$，从而其合外力矩等于零，即

$$\sum \boldsymbol{M} = 0$$

再如，"熔化"概念，反映物质从固态向液态的转变过程，似乎没有定量的含义。实际上，物质在一定压强下的熔化过程，具有确定的温度(熔点)，转变前后物质的体积、能量有突变。在一定的压强下，测量其熔点、熔化热、体积的变化，可以辨认出不同的物质状态。所以，熔化这个概念，也具有定量的含义。

正是由于物理概念具有定量的特点，所以，学习物理学，就必然离不开数学和实验测量。

四、物理概念是不断发展变化的

物理概念是随着人们对自然界认识的不断深入而不断变化和发展的。例如，质量概念就经历了以下发展过程：第一，物体所含物质的多少叫作物体的质量，这种提法通俗易懂，容易为初中生所接受；第二，质量是物体惯性大小的量度，这是由牛顿第一定律提出的，反映了物体运动的一种属性——惯性质量；第三，质量是物体产生引力和受引力场作用能力大小的量度，这是由万有引力定律提出的，表明物体的这种能力大小是用引力质量表征的；第四，质量与速度有关，根据相对论，物体以速度 v 运动时的质量 m 与静止时的质量 m_0 之间有如下关系：$m = \dfrac{m_0}{\sqrt{1 - \left(\dfrac{v}{c}\right)^2}}$，$m$ 为相对论质量；第五，质量与能量有关，著名的爱因斯坦质能方程说明了这个关系：$E = mc^2$。

第二节　物理概念教学的一般过程

物理概念的教学，应当根据课程标准的要求、物理概念的特点、学生形成概念的认识过程来确定。一般需要经历以下教学过程。

一、创设情境，引导学生发现问题，激发学生学习的内在动机

学习动机是推动学生学习的心理动因，激发动机就是通过教师创设的情境，激发学生的求知欲，让学生的意向心理处于活跃状态。搞好物理概念教学，首先要解决的问题是为什么要引入某一概念。利用学生的生活经验和原有认识创设情境，往往能激发学生学习的兴趣和热情，启发学生思维，产生建立概念的需要，有利于学生对概念的意义建构。

例如，高中"动量"概念的教学。

一般的教材，首先列举一个日常生活中的实例，简单地分析得出一个结论，即考虑一个物体的运动效果，需要两个因素：质量和速度。接着给动量下一个定义，写出数学式，

说明单位，指出动量是矢量。这种"短、平、快"的战术，省略了概念的来龙去脉及形成与发展的生动过程，不仅影响了学生对概念的理解和掌握，而且不利于培养学生的学习兴趣，同时也妨碍着学生能力的培养。

"动量"概念的教学，可以从学生的生活经验入手。学生们都有这种生活经验：把一个榔头放在钉子上，一般是不能把钉子压进木头里去。可是，挥动榔头敲打钉子，就可以把钉子打进木头里去；换一把质量更大的榔头敲打钉子，或更快地挥动榔头敲打钉子，钉子就更容易被打进木头里去。这是为什么呢？学生们还有这种生活经验：站在树下，抬头看见一片树叶落下即将"砸"到头顶，一定会满不在乎，而看到远处有一石块飞来，一定会望而生畏地急忙躲开。为什么这两种现象，会使人产生满不在乎和望而生畏两种不同的心理反应呢？

教师应当引导学生思考、质疑、讨论，让学生在质疑中明白为什么要引入动量的概念。通过讨论得出初步的印象：上述现象都是与物体的运动量有关，而物体运动量的大小是与物体的质量和速度有关的，质量越大，速度越大，则物体的运动量就越大。

在学生获得了感性认识，通过实验观察对动量概念有了明晰的印象之后，可以告诉学生：早在三百年前，人们就在生活和生产实践中察觉了这些知识，并开始寻求量度运动的物理量。伽利略、笛卡儿、惠更斯等，先后在研究击打、碰撞的问题中，把质量和速度联系起来描写物体的运动量，提出了动量的概念。这时，可以概括出结论：动量是描写物体运动的量，它是一个矢量，其量值等于物体的质量跟速度的乘积，方向为速度的方向。

又如，初中"能量"概念的教学。如果只是简单地告诉学生"一个物体能够做功，这个物体就具有能"，是不符合概念教学程序的，从而也不可能给学生留下深刻的印象。

英国汤姆·邓肯在《探索物理知识》一书中，对"能量"这一重要概念，是从"人做功，需要不断地补充足够的食物"这一生活常识谈起的，提出"是不是所有做功都需要'进餐'"，"机器做功是否也需要'加餐'"等一系列有趣的问题。例如，让学生观察、思考下列问题是否需要"进餐"：

吹胀一个气球；

两手拉着一根橡皮带，将它一拉一松；

爬山；

自动手表自动上发条；

真空除尘器吸除尘土；

……

提出上述一系列的有趣问题，能使学生学会信息分类，抓住主要因素，找出现象的共性与本质，找出其内在联系。最后得出结论：食物和燃料是能量的"仓库"，正是这些能量使人或机器做功。

如果按照上述内容和形式开始初中物理"能量"课题的教学，将很容易进行这一章内容的学习，而且课堂教学气氛也将会生动、活泼。

在此基础上，再说明能量有很多种形式，而且可以相互转化。其中，来自食物和燃料中化学成分的能量，叫作化学能；当你把重物举高，你的肌体中的一部分化学能转换为物体的重力势能；释放重物后，物体运动速度变大，这时，重力势能又转变为动能，等等。

二、选择适当的实验和事例，使学生获得必要的感性认识

物理教师应当创造条件，使学生在有关物理事物、现象中"漫游"。列举大量的事实，唤起学生已有的感性知识，或进行探究性实验，或组织有关实践活动，使学生从实验观察中获得一些感性知识。其目的是使学生对待研究的事物有一个明晰的印象。在这一过程中，教师要着重引导学生观察，达到了解现象、取得资料、发掘问题和激发思考的目的。

例如，在初中"功"的概念教学中，教师可引用日常生活中常见的事例。例如，手推秋千上的小孩，移动书本，起重机吊起重物等，使学生获得有关"功"的一些感性认识，为得出"功"的定义作铺垫。

又如，在"电阻"概念的教学中，学生日常生活的感性认识比较少，因而必须从实验探究入手。取一段导体（高阻电阻丝）并联一个电压表，再串联一个电流表，接成如图 6-1 所示的电路。然后，分别用 1 个、2 个、3 个干电池作电源，让学生观察两个电表指针的指示，先后得到不同的电压 U 和电流强度 I 的数值，记录如下：

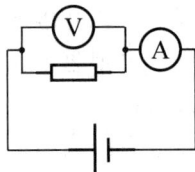

图 6-1　建构电阻概念的实验

U/V	1.5	3.0	4.5
I/A	0.1	0.2	0.3

引导学生分析这个结果，发现 $\dfrac{U}{I}=\dfrac{1.5}{0.1}=\dfrac{3.0}{0.2}=\dfrac{4.5}{0.3}=$ 常数，即加在导体两端的电压和通过导体的电流强度的比值是常数。

换另外一段导体（高阻电阻丝），重复上述实验，记录如下：

U/V	1.5	3.0	4.5
I/A	0.2	0.4	0.6

同样，加在导体两端的电压和通过该导体的电流强度的比值仍然是一个常数。这些实验事实为学生认识"电阻"概念奠定了重要的感性认识基础。

由上可知，在物理概念教学中，一定要使学生对所学习的物理问题获得生动、具体的感性认识，亲历概念的形成过程，不仅知其然，而且知其所以然，从而使学生对知识产生浓厚的兴趣和探究欲望。有的教师不了解感性认识是头脑进行思维加工的原料、建构概念的基础，在教学中习惯于"口头加粉笔"，特别是对课堂实验不重视，进而在学生尚未获得必要的感性认识的情况下，就向学生讲解有关的物理概念。在这样的教学中，概念不是以学生自己的方式加工而获得的，而是由教师"灌输"的，这不仅影响概念建立的正确性，而且会慢慢地造成学生的学习缺乏主动性、积极性和参与性。

三、引导学生经历概念建构过程，发展学生的科学思维能力

1. 建立物理概念的基本思维方法

建立物理概念是一种创造性的劳动，是人脑对物理现象和物理过程等感性材料进行整理加工的过程。不同的物理概念，它们的引入和建立的思维方法不尽相同。其中最基本的

有如下几种。

（1）抽象概括、建构模型。

通过抽象概括可以分析、概括一类事物的物理共同属性和本质特征，如力、机械运动、振动等；通过抽象概括还可以把物质、运动的某种属性凸显出来，得到表征物质或运动某种性质的物理量，如质量、密度、速度、加速度、惯性、电阻、电场强度、磁感应强度等。通过理想化的方法进行科学抽象，可以建立理想模型（如质点、理想气体、点电荷等）和理想过程（如自由落体运动、简谐振动、等温过程等）。理想化的方法忽略物理事物的次要因素，抓住影响物理事物的主要矛盾，从而揭示所研究物理事物的本质特征，是物理学的一种重要思想方法，对发展学生的科学思维有着不可替代的作用。

（2）演绎推理。

物理学中的一些概念是在演绎的基础上引入并建立的，一个物理概念往往是一些物理概念的发展，是另一些物理概念的基础，各个概念之间存在着密切的逻辑关系，组成一个有机的整体。因此，抓住新、旧概念的逻辑联系并展开，也是建立概念的方法之一。例如"动能"的概念，就是在牛顿第二定律、运动学公式和功的概念的基础上引入并建立的。另外，在许多物理规律的表达式中，常常存在比例系数，这些比例系数可分为两类：一类是普适恒量，对不同的物质是同一量值，如库仑定律中的 k，万有引力定律中的 G 等；另一类则是因物质的不同而不同，反映了物质的某种属性，如 $f=\mu N$ 中的摩擦系数 μ，电阻定律 $R=\rho \dfrac{l}{S}$ 中的电阻率 ρ 等。这类物理量是通过对物理定律表达式中的比例系数进行讨论而引入和建立的。

（3）类比推理。

类比是一种由特殊到特殊或由一般到一般的推理，是根据两个（或两类）对象在某些方面的相同或相似，而推出它们在其他方面也可能相同或相似的逻辑推理方法。借助类比来引入和建立概念的例子很多。例如，机械波、无线电波等各种波动，尽管涉及不同的领域，但是由于其间存在着相似性和可类比性，使得我们可以建立一些普适的物理概念，如波长、频率、周期、波速等。又如，重力做功与路径无关，说明重力是保守力，可以引入取决于系统相对位置的重力势能；而弹性力、静电力、分子力做功也与路径无关，它们也是保守力，故通过类比可引入相应的弹性势能、电势能、分子势能等。

（4）等效。

等效也是建立物理概念的基本思维方法之一。为了认识复杂物理事物的本质规律，往往从事物的等同效果出发，将其转化为等效的、简单的、易于研究的物理事物，这种方法称为等效方法。例如，把变速运动等效为匀速运动，引入"平均速度"的概念；把交流电等效为直流电而引入"电流的有效值""电压的有效值"的概念等。

2. 让学生参与科学思维过程，引导他们逐步建立起正确的物理概念

学生获得相关感性材料后，教师应让学生参与科学思维过程，通过比较、分析、综合、归纳，排除次要因素，抓住主要因素，找出所观察到的一系列现象的共性、本质属性，形成概念。尽量用自己的、简洁的物理语言或数学语言给出表述或定义，并指出所定义概念的适用条件和范围。学生的理解从感性到理性的过程是质变的过程，这是学生认识过程中最困难最复杂的阶段。有的教师急于求成，形成结论的过程完全由教师自己包办代替，甚至简单地"搬出"结论，要学生"记住"。这样做的结果是学生的认识往往还停留在感性阶段，或者感性的材料和理性的结论在他们的头脑中，还处于"分离"状态。

例如，初中"功"的教学，在学生已经有了一定的感性认识的基础上，进而引导学生分析并归纳它们的共性：你给秋千上的小孩一个力，使小孩移动；你推书本，书本移动；起重机给重物一个拉力，使重物升高。可见，力和沿力的方向通过的距离是做功所不可缺少的两个因素，从而总结概括出：当物体在外力的作用下，沿着力的方向移动了一段距离时，我们就说力对物体做了机械功，简称为功，并定义为"功等于作用力与物体沿力的方向通过的距离的乘积"。用数学公式表示为

$$W = Fs$$

又如，通过实验探究"电阻"的概念，在学生实验操作并获得实验数据的基础上，教师应以启发性的提问，引导学生对观察到的现象展开分析、讨论、交流，让他们试着归纳，并由他们自己得出结论，把感性认识上升为理性认识。首先分析一组数据并创设行之有效的问题情境，从对一组实验数据的研究中可以得出：对于某一导体来说，加在导体两端的电压和通过该导体的电流强度之比是一个常数。这个常数与电压、电流强度的具体数值无关，只决定于导体本身。然后再分析另一组（或几组）数据，也可以得到同样的结论。这时可以启发学生运用类比、联想：同一种物质的质量和体积之比是一个常数，它反映了物质的一种属性；U 与 I 的比值也一定表征着导体的某种特性。接着引导学生对几组数据进行比较、分析和推理，可以得到如下结论：U 与 I 之比可以反映导体阻碍电流通过的作用，导体这种阻碍电流通过的性质，我们称之为"电阻"。最后教师可以围绕结论"对于某一导体来说，并不意味着 $R \propto U$ 和 $R \propto \dfrac{1}{I}$，即不存在电阻与电压成正比，与电流强度成反比的比例关系"，提出使学生产生认知冲突的问题，并让学生进行质疑。学生根据实验现象及记录的数据，经过分析逐步地明确：虽然从数学上可以说"电阻与电压成正比，与电流强度成反比"，但在物理上，这种说法却是错误的。

四、认真选择物理问题，使学生学会运用概念

通过运用新概念解决贴近生活、贴近自然的物理问题，一方面可以暴露学生对概念理解的缺陷甚至错误，以便于进一步有针对性地加以纠正、完善和深化学生对概念的理解；另一方面有利于激发和保持学生学习和探究的兴趣，培养学生的创新精神与实践能力。运用环节一般分为两个阶段：一是初步运用阶段，主要是培养学生运用概念的方法和准确性；二是熟练运用阶段，主要是达到巩固、深化、活化概念的作用，培养学生运用概念解决问题的能力，使学生能够"学以致用"。

例如，高中生在"功"概念的熟练运用阶段，可选择这样的问题：汽缸内充有一定压强的理想气体，使该气体等压膨胀，推动活塞匀速移动，如图 6-2 所示。设压强为 p，活塞面积为 S，开始时气体的体积为 V_1，当气体膨胀到体积为 V_2 时，气体对活塞做功等于多少？

如果学生最后不能回答这个问题，则说明运用功的概念不够灵活。

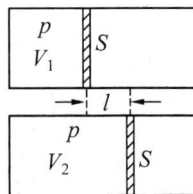

图 6-2 气体等压膨胀

为了回答这个问题，让学生首先分析气体给活塞的力 $F = p \cdot S$。活塞的位移为 l。由于力 F 和位移 l 的方向相同，即夹角为 $0°$，所以根据功的定义得气体对活塞做的功等于

$$W = F \cdot l = p \cdot S \cdot l = p(V_2 - V_1)$$

总之，在物理概念教学中，应该做到如下 4 点。

第一，教师要创设情境，激发学生学习概念的动机，明确为什么要引入概念。

第二，教师应当创造条件，增强学生的感性认识，使学生清楚地了解某一概念是从哪些物理现象中抽象、概括出来的，是怎样抽象、概括出来的。

第三，要引导学生认识事物的本质，要从各个方面启发学生积极地进行思维活动，使学生能在不断发现问题和解决问题的过程中，概括出概念的定义，理解概念的含义。

第四，注意选择贴近生活、贴近自然、贴近生产实际的物理现象与物理问题，学生通过多次反复的思考、运用，不断纠正错误的认识，深化对概念的理解。对于为数不多的、作为重点知识的基本物理概念，学生也应当更为深入地理解，更为灵活地运用。

以上的程序，虽然不是绝对的和死板的，但其中的原则是必须遵循的。至于在教学过程中采取怎样的教学模式、方法，选取哪些具体事例，则应由教师根据学生的具体情况、学校的不同条件等灵活确定。

第三节　物理概念教学的主要策略

由于客观事物的复杂性和学生认识上容易产生的主观片面性，物理概念的教学过程是一个十分复杂的认识过程。在概念的建立和巩固过程中，对于学生出现的各种思维障碍，教师需要分析清楚原因，采取针对性策略，才能收到良好的教学效果。

一、建立物理概念的主要策略

通常，学生在接受某个具体的物理概念之前，其头脑中已经形成了与此物理概念相关的认识和理解，我们将其称为前概念。学生头脑中前概念的产生是正常的，也是必然的。一般说来，他们对于看得见、摸得着、日常生活中经常接触的事物会形成较多的前概念。前概念包含正确的和错误的两种成分，对学生形成科学的物理概念影响极大。因此，在建立物理概念时，教师首先必须承认学生头脑中存在前概念，并设法了解学生头脑中具体的前概念，才能有针对性地选择教学策略，转变学生的观念。

1. 认知冲突策略

认知冲突策略指的是建立在认知冲突和解决冲突基础上的教学策略。学生的认知冲突可分为两种：一种是学生对某一物理现象的认知结构与真实的物理现象之间的矛盾与冲突；另一种是学生对同一物理事实的两种不同认知结构之间的矛盾与冲突。一般来说，解决冲突首先要揭示学生的前概念，并让学生明确自己以及别人的想法；然后尝试解释矛盾事件，引起概念冲突；最后教师鼓励和引导学生通过质疑、论证等活动进行认知调整，建立与科学概念相一致的新的概念。

在物理概念教学中，可通过测试和访谈了解学生的前概念，并根据学生暴露的问题进

行教学设计，从而在具体的教学实施过程中使学生的概念发生转变。例如，高中一年级学生是带着初中时对"功"的印象来接受同一个概念的学习的，这对于功的教学有有利的一面。但在初中、高中两个阶段，功的含义存在较大差别，学生接受新概念时，必然会受到原有认识的影响，产生认知冲突。如"位移"与"距离"之间的冲突，"恒力做功"与"变力做功"之间的冲突；"作用力与反作用力做功一定是绝对值相等的正负功"与"作用力与反作用力做功不一定是绝对值相等的正负功"之间的冲突，等等。

例如，当学生质疑："作用力对物体做正功，它的反作用力是不是做绝对值相等的负功？"时，首先，让学生发表自己的见解，教师应密切注意观察学生的分析讲解，并把学生的不同观点记录下来。比如，有的学生根据作用力与反作用力大小相等、方向相反，认为作用力与反作用力做功一定是绝对值相等的正负功，并能找出实例来支持其结论的正确性。而另一些同学会感到这一观点不一定正确，理由是他们只注意了两力的大小相等方向相反，而忽视了两个相互作用的物体间的位移关系。其次，抓住有利时机，让学生展开讨论，引起学生间的辩论，教师要适时加以指导和点拨，比如教师可以问学生："两物体相互作用时，他们的位移一定相同吗？"学生在争辩中不断寻找证据，会发现自己或别人思考问题的局限性，并通过反思使概念发生转变。最后，大家达成一致的意见，得出正确结论："作用力与反作用力做功不一定是绝对值相等的正负功。"

2. 发展学生原有认识的策略

这类教学策略建立在学生现有观念基础之上，促使学生的现有观念向科学观念发展和拓宽。例如，讲授高一物理"功"的表达式 $W = Fs\cos\theta$ 时，可按以下步骤进行。

第一步：可让学生思考、讨论下面的问题，教师进一步了解学生的观点。

(1)如图 6-3 所示，物重为 G 的物体在水平拉力 F 的作用下，沿水平方向移动的位移为 s，则重力 G 和拉力 F 做功分别为多少？

(2)如图 6-4 所示，物重为 G 的物体在与水平方向成 θ 角的拉力 F 作用下，沿水平方向移动的位移为 s，力 F 在位移方向和垂直位移方向的分力各是多大？两个分力对物体做功各是多大？力 F 对物体做的功多大？

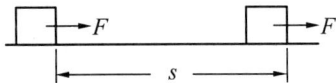

图 6-3   水平拉动物体做功   图 6-4   倾斜拉动物体做功

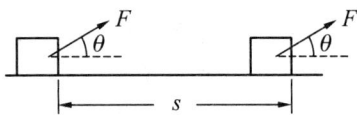

第二步：对于初中"功"的概念，少数学生可能已经遗忘，教师在巡回的过程中对学习困难的学生给予指导和帮助，为推出"功"的一般表达式做好铺垫。

第三步：让学生进行类比。

学生先回忆初中"功"的表达式 $W = Fs$ 中各个物理量的含义。

再让学生类比"功"的一般表达式 $W = Fs\cos\theta$ 中各项的含义，给学生时间，让他们自己体会理解，并能明确表述出来。在这个过程中，不仅要充分利用新、旧知识的联系，更要注意新、旧知识的不同之处，在旧知识上"生长"出新知识，使"功"的概念得到发展与拓宽。

3. 概念形成策略

值得注意的是，学生在接受有些概念之前，由于缺乏建构概念所必需的事实经验，其头脑中尚没有形成与此概念相关的认识和理解，概念的建立会很困难。概念建立的过程是由感性认识到理性认识的过程，只有充分感知了，才能深刻地理解它。

为了有利于学生形成概念，教师必须加强物理实验，并充分利用图形、图片、电视录像、多媒体课件等手段再现知识发生、发展的过程，用图文并茂的方式为学生提供丰富的感性材料，促进学生的思维活动，降低学生形成物理概念的难度。例如，万有引力概念的教学，教师可以为学生提供宇宙的视频信息，让学生了解宇宙的大致组成，了解地球在宇宙中的地位，观察太阳系的行星的运动情境，知道太阳系的行星在近似地做匀速圆周运动等。思考："任何做匀速圆周运动的物体都必须有力充当向心力，天空中是什么力量使遥远的星球不断改变运动方向呢？"以科学家第谷、开普勒、牛顿、卡文迪许为线索，介绍他们为探究行星运动和万有引力作出的贡献，进而学习万有引力的概念。

二、巩固物理概念的主要策略

自然界的客观物理事物是千变万化的，各种不同的事物之间存在着形形色色的联系，其中有的是本质的、必然的联系，有的是非本质的、偶然的联系。本质联系往往是单一的，非本质联系常常是丰富多彩的，因此本质的东西常常被纷繁复杂的非本质的东西所掩盖，这不仅给建立物理概念造成困难，也给巩固和运用物理概念造成困难。如何巩固和运用物理概念，应引起教师和学生的足够重视。巩固和运用物理概念的策略大致有以下几种。

1. 活化概念

对于概念的文字表述，教师不应要求学生机械地记忆，必须及时给他们提供运用物理概念的机会，让他们将抽象的概念"返回"到具体的物理现实中去，运用概念去分析、判断简单的物理现象和解决一些贴近生活实际的物理问题，并在具体与抽象反复结合的过程中，引导他们巩固、深化和活化概念，不断提高分析问题和解决问题的能力。

例如，学了"惯性"概念以后，让学生回答：如果锤头从木柄上脱落，用什么办法把锤头装牢？如何解释？一列火车在平直轨道上匀速行驶，坐在车厢里的人竖直向上抛出一物体，物体下落后会落回到原来的抛出地点吗？对于这些问题，很可能会引起争论，争论的过程就是抽象的概念与具体的问题结合的过程，即巩固、活化概念的过程。

2. 在不同情境中应用新概念

当学生初步形成概念后，教师必须及时给他们提供运用概念的各种情境，使他们在运用概念解决问题的过程中，看到自己在学习中的收获，提高分析和解决实际问题的能力。

例如，为了使学生更深入地理解功的概念，还必须使学生明确它的适用范围。事实上，功的计算式

$$W = Fs \cos \theta$$

只适用于恒力做功的情况。如果是恒力，可以直接使用公式；如果是变力，要根据具体情况分析处理；如果是瞬时力，不能直接使用公式求功，这种情况以后要继续学。对于这些情况，学生只有在不同情境中应用功的概念解决问题时才能理解。

例如，以一定的初速度竖直向上抛出一个小球，小球上升的最大高度为 h，空气阻力的大小恒为 F，则从抛出至落回到该出发点的全过程中，空气阻力对小球做的功为（　　）。

A. 0　　　　　　　B. $-Fh$　　　　　　　C. $-2Fh$　　　　　　　D. $-4Fh$

这是简单情况下的变力做功问题，阻力大小不变，方向改变。但是小球在上升过程中，所受阻力大小、方向均不变；下落过程中，阻力大小、方向也不变。如何计算阻力做功呢？关键是要解决"变"与"不变"的矛盾，解决的方法是要在"变"中找"不变"，在上升过程中可按恒力做功计算，下落过程也可按恒力做功计算。把上升和下落过程中阻力做的功加起来，就是所要求的阻力做的功。

小球在上升过程中，空气阻力做功为：$W_1 = -Fh$。

小球在下落过程中，空气阻力做功为：$W_2 = -Fh$。

从抛出至落回到该出发点的全过程中，空气阻力对小球做的功为：

$$W = W_1 + W_2 = -2Fh$$

故正确答案为 C。

又如，设在圆形轨道上有一个小车，今用一个大小不改变的切向力 F 推这个小车，由 A 点出发，沿半径为 R 的圆周轨道走了一圈又回到 A 点，如图 6-5 所示。这个切向力 F 对物体做功等于多少呢？

如果简单地代入功的计算式来计算，那么，由于位移 s 所表达的是初始位置到终止位置的有向线段，于是 $s=0$，从而 $W=0$，这个结果显然是错误的。它错在没有注意到功的计算式的适用条件——恒力做功。恒力是大小和方向都不变的力，而此处的 F 为切向力，虽然大小不变，但力的方向随时在改变，因而不是恒力。所以，这不是恒力做功，而属于变力做功问题，不能直接应用恒力做功的公式来计算。

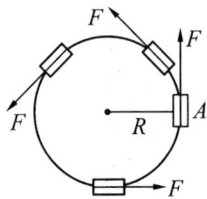

图 6-5　变力做功

如何计算变力做功呢？问题在于如何处理力的"变"与"不变"和路径的"曲"与"直"的矛盾。解决的措施是：取小段，"变"按"不变"算，"曲"按"直"算。把曲线看成由无数多个无限小的直线段所组成，即把整个路径分成许许多多小段，每小段的位移近似地看作直线运动的位移。同时，在每段小位移里可以把力近似地看作为恒定不变的。这样，每一小段里力做的功，可按恒力做功的公式来计算。把每小段里力做的功加起来，就是所要求的变力做功的数值。

如图 6-5 所示的问题中，力 F 对物体所做的功应这样计算：把整个圆周分成许许多多小段 Δl_1，Δl_2，Δl_3，… 而 $\sum \Delta l = 2\pi R$。每一小段里力 F 做的功分别为 $F\Delta l_1$，$F\Delta l_2$，$F\Delta l_3$，…于是，力 F 对物体做的功

$$W = F\Delta l_1 + F\Delta l_2 + F\Delta l_3 + \cdots = F \cdot 2\pi R$$

应当指出，对于重要的基本概念，应要求学生理解得比较确切，运用得比较灵活。

3. 对相似概念进行比较

在物理学中，对于概念的定义，特别是物理量的定义常用一些物理量相除或相乘的方法来表达，我们称它们为相似概念。例如，速度、密度、加速度、电场强度、电势等是用有关物理量相除来表达的；而功、冲量、动量、动能等是通过有关物理量的相乘来表示的。在教学中，一方面，通过比较相似概念使学生加深对概念本质的理解；另一方面，让学生清楚用两个物理量相乘或相除来表示另一个物理量的方法是物理学中的一种常用方法，从而了解和学会建构概念的某些方法。

4. 对易混淆概念要进行对比

对于容易混淆的概念，可以采用对比的方法，明确区别和联系，以促进概念的巩固。如速度与加速度、电压与电动势、功与冲量等。

以速度和加速度为例，教师首先要了解学生的观点，尽可能让学生说出自己的理解。其次通过对形象、直观事例的定量分析帮助学生进一步理解速度、速度的改变量、加速度的含义，明确速度的改变量不是加速度。最后，对 $\frac{s}{t}$ 和 $\frac{v_2-v_1}{t}$ 进行对比，让学生回忆定义式中各项的含义及比值的意义，为学生提供体会、理解、表达的机会，并强调加速度公式中的速度表示瞬时速度，而加速度的大小与比值 $\frac{v_2-v_1}{t}$ 有直接关系，与瞬时速度没有直接关系。

5. 建立概念之间的联系

联系的观点是认识事物、研究事物的一个基本观点。在物理概念教学中，揭示不同概念之间的依存关系，有助于学生进一步理解概念的物理意义。

例如，"功"的概念，对 $W=Fs\cos\theta$ 的式子进行如下的讨论。

当 $\theta=0°$ 时，即力的方向跟物体运动的方向一致时，$\cos\theta=1$，则

$$W=Fs$$

这是最简单的情况，$W>0$，说明力对物体做了正功；

当 $0°<\theta<90°$ 时，$0<\cos\theta<1$，$W>0$，同样是力对物体做了正功；

当 $\theta=90°$ 时，即力的方向跟位移方向垂直时，由于 $\cos90°=0$，所以 $W=0$，说明力对物体不做功；

当 $90°<\theta\leqslant180°$ 时，由于 $-1\leqslant\cos\theta<0$，所以 $W<0$，说明力对物体的运动起了阻碍作用，力对物体做了负功。

但正功、负功到底是什么意思？力是矢量，为什么功是标量？为什么 F 与 s 垂直就不做功呢？这里很难说清楚。学习了功能原理后，就可以从功能之间的联系进行分析、理解。

例如，静止于光滑水平面上的质量相同的两个物体，分别在恒力 F 作用下由静止开始向相反方向运动，发生一段位移 s 后，让学生分析此过程中力对物体作用的效果和力对物体做功的效果。学生通过分析会发现，力的方向不同，产生的加速度的方向不同，力的作用效果就不同；力的方向无论向右还是向左，其做功的效果是相同的，都是使物体的动能改变，动能的改变量都等于 $\frac{1}{2}mv^2$，因此力是矢量而功是标量。

又如，光滑平面上的两个物体，其中一个物体在恒力 F 作用下由静止开始做匀加速运动，发生位移 s，另一个物体在恒力 F 作用下由速度 v 开始做匀减速运动，也发生位移 s。让学生分析此过程中力对物体做正功、做负功的效果。学生通过分析可得出结论：力对物体做正功时，物体的动能增加，做功的力是动力；力对物体做负功时，物体的动能减少，做功的力是阻力。同时，也不难理解为什么要用 $W=Fs\cos\theta$ 作为功的表示式了。

第四节　物理概念教学案例与评析

下面分别给出初、高中物理概念教学的案例，供大家学习、参考。

[案例 1]　初中"运动和静止"的教学案例

【教学目标】

(1)物理观念：知道机械运动和参照物的概念，理解运动的相对性。

(2)科学思维：通过创设问题情境，让学生主动探究、讨论，经历从分析现象到形成物理概念的思维过程。

(3)科学探究：通过观察实验获取证据，检验自己原有的认识。

(4)科学态度与责任：通过"运动和静止"的教学活动，激发学生的学习兴趣，培养学生主动学习的良好习惯。

【教学过程】

一、创设情境

教师：同学们，你们是否思考过这样一个问题，教室内的日光灯、课桌是运动的还是静止的？公路上行驶的汽车、从树上下落的苹果是运动的还是静止的？

[点评]　通过对身边的现象提出问题，学生感到物理就在身边。学生展开讨论，能充分暴露学生的前概念。不少学生误认为：在地面上移动的物体一定是运动的，静止在地面上的物体一定是静止的。这样的前概念势必会影响学生对"运动和静止"的学习，教师了解学生原来的认识和看法，对于后续的教学实施非常重要。

二、探究活动

1.机械运动、参照物

教师：(播放录像)房屋、大树，刮风、河水奔流、鸟儿飞翔、动物追逐，地球的自转和公转、宇宙中行星的运动等。

教师：观看录像后，对运动、静止有什么观点？你们得到什么结论？

学生：(经过教师点拨后得出结论)一切物体都在运动，绝对不动的物体是没有的。

学生实验：将书放在课桌上，手推着书从课桌的一端运动到另一端。

教师：书在课桌上的位置有无改变？书在教室中的位置有无改变？如果书放在课桌上不动，书在课桌上的位置有无改变？书在教室中的位置有无改变？如果你将书与太阳比较，书的位置有无改变？

学生：(经过思考、讨论、质疑后回答。)

由此师生总结得出机械运动及参照物的概念。

课堂讨论：谁在运动？如何选择参照物？

学生通过对"刘东坐在列车上，树木风驰电掣般向后运动""小小竹排江中游，巍巍青山两岸走""同步卫星定点在东经 104 度的赤道上空"等现象的讨论，逐渐明白了如何描述物体的运动，即物体的运动和静止要以参照物作为标准；并且知道了怎样判断物体的运动和静止，即要判断一个物体是运动还是静止，必须选择一个参照物。如果物体相对于参照物的位置改变了，则是运动的；如果物体相对于参照物的位置不变，则是静止的。

[点评]播放录像一方面为学生提供丰富的感性材料，激发学生的学习兴趣，另一方面能引发学生的认知冲突。比如，有的学生可能提出，既然一切物体都是运动的，研究运动和静止还有什么意义？

学生刚开始接触运动和静止时，会觉得很简单，学起来就会意识到并不简单，这有利于激发学生的探究兴趣。初中生抽象思维能力还不强，他们的思维活动需要具体的、直观的感性经验作为支持。因此，学生建立机械运动和参照物的概念，需要有实验、图像等感性材料为学生提供分析问题的依据，帮助学生从感性认识上升到理性认识。结论的得出，教师不要急于求成，应先让学生用自己朴素的语言归纳。

2. 运动的相对性

教师：判断一个物体是否在运动并不是一件容易的事，对于同一个物体，如果选择的参照物不同，得到的结果会相同吗？

学生：(分析、猜测、争论。)

教师：(指导学生用实验证实或证伪)将课本放在课桌上，把钢笔卡在课本上，用手推着课本沿桌面向前移动。

学生：(分组讨论)谁是运动的？谁是静止的？

小组间交流与反思：小组选出代表发表看法，并与原来的观点对比。

学生：(易得到结论)同一物体是运动还是静止，取决于选择的参照物，选择的参照物不同，得出的结果就可能不同，运动是相对的，静止也是相对的。

学生：(思考问题)在《趣味物理学》一书中提到，第一次世界大战期间，一名法国飞行员在2 000 m高空飞行时，发现脸旁有一个小东西。令他吃惊的是，当他抓到这个小东西时发现它竟是一颗子弹。你认为这种事情有可能发生吗？理由是什么？

学生利用身边的学习用品模拟演示日出日落：

(1)作为背景的房屋、树木不动，让太阳上升或下降；

(2)太阳不动，将房屋、树木的背景向下拉动或向上拉动；

(3)作为背景的地球不动，让太阳上升或下降；

(4)太阳不动，让地球自转。

[点评]运动的相对性教学突出"以学生为主体"的观念，学生通过动手动脑、参与发现问题和解决问题的过程，自主地建构概念的意义。

3. 如何选择参照物

学生讨论：(1)为什么要选择参照物？

(2)如何选择参照物？

4. 巩固和反馈

(1)有一句歌词："月亮在白莲花般的云朵里穿行"，这种描述是以什么物体作参照物的？

(2)毛泽东有一句诗："坐地日行八万里，巡天遥看一千河"，这是以什么物体作参照物的？

(3)有没有这样的情况:对于同一个物体的运动,甲说是向北运动的,乙说是向南运动的,丙说是静止的?请举例说明。

[点评]"物体的运动和静止"是初中物理中比较重要和关键的教学内容之一,是以后几节教学内容的预备知识,也是今后学生研究运动学的基础。本节课的设计让学生在教师的指导下,围绕实际问题展开主动的探索和学习,寻求问题的解决。这将有利于培养学生的创新能力、实践能力、分析问题和解决问题的能力。

[案例2]　高中"速度改变快慢的描述——加速度"的教学案例

【教学目标】

(1)物理观念:知道加速度是表示速度变化快慢的物理量;知道加速度的定义、公式、符号和单位;知道加速度是矢量,它的方向始终跟速度改变量的方向一致;知道加速度跟速度改变量的区别;知道什么是匀变速直线运动,能从匀变速直线运动的 v-t 图像中理解加速度的意义。

(2)科学思维:在加速度概念引入过程中运用比较和类比的科学思维方法;运用比值定义物理量的方法;通过对速度、速度的变化量、速度的变化率三者的分析比较,提高学生的比较、分析问题的能力。

(3)科学态度与责任:增强学生学好加速度的自信心,培养学生善于区分事物的相同点和不同点,发展学生对物理学习的兴趣。

【教学重点】

(1)速度的变化量 Δv 与速度的变化率 $\dfrac{\Delta v}{\Delta t}$ 的含义。

(2)加速度 a 的概念及物理意义。

【教学难点】

加速度概念的物理意义;加速度的方向的理解。

【教学过程】

一、导入新课

上课开始,教师运用课件放映飞机、小汽车、卡车等运输工具做直线运动的画面,并巧设表 6-1 数值,创设教学情境。学生观察表中所给出的数据,回答教师提出的问题。

表 6-1　不同运输工具的速度　　　　　　　单位:m/s

运输工具	t				
	0 s	1 s	2 s	3 s	…
飞机	500	500	500	500	…
小汽车	0	3.0	6.0	9.0	…
卡车	11.0	9.0	7.0	5.0	…

教师:飞机、小汽车、卡车哪个运动快?它们的速度变化各自有何特点?哪个速度变化最大?哪个有加速度?

通过营造开放自由的氛围,让学生进行讨论、表述,充分表达自己的观点。

出示投影片（图 6-6）：

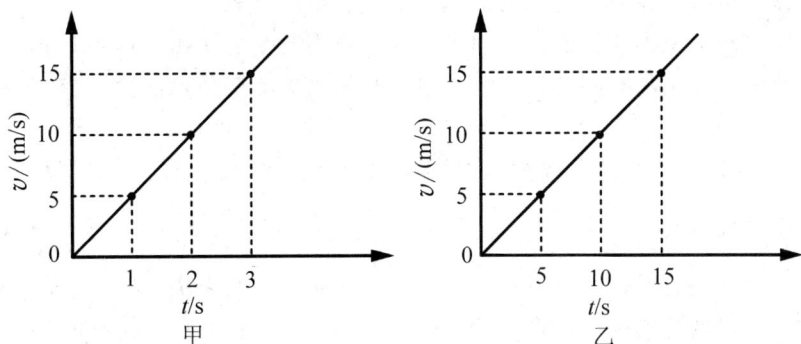

图 6-6　运动物体的 $v\text{-}t$ 图像

教师：这是两物体的 $v\text{-}t$ 图像，都是匀变速直线运动，同学们从图中找一找速度随时间的变化规律。

学生：甲物体的速度每秒变化 5 m/s；乙物体的速度每 5 s 变化5 m/s。

教师：哪个物体的速度改变要快一些呢？

学生：甲物体，因为甲、乙的速度变化都为 5 m/s 时，甲所用时间少于乙。

教师：对，今天我们就引入一个新概念——加速度，来描述速度改变的快慢。

[点评]不少学生的思维过程大多依赖于直觉经验，正因如此，他们在学习加速度概念之前，会根据日常生活中的片面经验，对加速度的概念进行非科学性的推理，认为加速度也是速度，是加出来的速度。而且会认为速度为零时，加速度也一定为零；速度增大时，加速度也一定增大。上述的加速度的前概念会导致对加速度本质特征的曲解，影响对加速度的学习。因此，教师应注意引发前概念，并在教学中不断实现概念的转变。有些教师对此缺乏认识，总认为学生是带着空白的头脑来装知识的，把教师理解的加速度概念塞进学生的头脑中。这样，表面上完成了教学任务，但学生的认知结构中并没有发生实质性的改变。

二、新课教学

1. 学生阅读课本内容，弄清其中的某些概念；教师提出问题，师生共同解决

教师：在匀变速直线运动中，速度指的是什么速度？

学生：是某时刻(或某位置)的瞬时速度。

教师：速度的改变量指的是什么？

学生：速度由 v_0 经一段时间 t 后变为 v_t，那么 $v_t - v_0$ 的差值即为速度的改变量，用 Δv 表示。

教师：$\Delta v = v_t - v_0$，Δv 越大，表示变化量越大，即速度改变得越快，对吗？为什么？

学生 1：对，因为 Δv 大，当然变化得快。

学生 2：不对。Δv 大，如果用了很长的时间，速度改变也不快。速度改变的快慢不仅和速度改变的大小有关，还和速度改变所用的时间有关。

学生 3：我同意这一看法。要比较速度改变的快慢，必须去找统一的标准比较。比如，

比较物体匀速运动速度的大小，必须用单位时间内的位移作出统一标准去衡量，要比较速度改变的快慢，也必须找单位时间内的速度的改变量去比较。

教师：这位同学说得非常好，加速度是表示速度改变的快慢，而不是指速度变化的多少，只有用速度的变化和时间的比值，即单位时间内速度变化量的数值（变化率）才能表示变化的快慢。

（板书：加速度是表示速度改变快慢的物理量，它等于速度的改变与发生这一改变所用时间的比值。表达式：$a = \dfrac{v_t - v_0}{t}$，单位：m/s²、cm/s²。）

教师：加速度是矢量，还是标量？为什么？方向由什么来决定？

学生讨论：速度是矢量，速度的变化量 $v_t - v_0 = \Delta v$ 也是矢量，单位时间内速度的改变量也是矢量，且速度的变化方向就是加速度的方向。

教师：如果比值 $\dfrac{v_t - v_0}{t}$ 是恒定的，其含义是什么？

学生：就是速度随时间均匀改变。

教师：速度随时间均匀地改变，这种运动叫匀变速直线运动，也就是加速度不变的直线运动。

［点评］上述教学过程，应该使学生充分认识到比较和类比的思维方法在加速度教学中的运用，进一步领会运用比值定义物理量的方法。

2. 重点、难点导析

请学生根据图 6-7 分组讨论回答：

(1) 图线 I、II 分别表示物体做什么运动？

(2) I 物体 3 s 内速度的改变量是多少？方向与其速度方向有何关系？

(3) II 物体 5 s 内速度的改变量是多少？方向与其速度方向有何关系？

(4) I、II 物体的运动加速度分别为多少？方向如何？

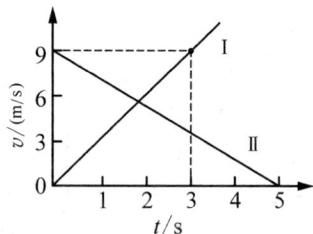

图 6-7　运动物体的 v-t 图像

师生分析 I 物体：I 做匀变速直线运动，3 s 内速度的改变量为

$$\Delta v = 9 \text{ m/s} - 0 \text{ m/s} = 9 \text{ m/s}$$

方向与速度方向相同；加速度为

$$a = \frac{\Delta v}{t} = \frac{9 \text{ m/s}}{3 \text{ s}} = 3 \text{ m/s}^2$$

方向与 Δv 方向相同，即 a 与 v 方向相同。

师生分析 II 物体：II 做匀变速直线运动，5 s 内速度的改变量为

$$\Delta v' = 0 \text{ m/s} - 9 \text{ m/s} = -9 \text{ m/s}$$

说明 Δv 与 v 方向相反；加速度为

$$a = \frac{\Delta v'}{t'} = \frac{-9 \text{ m/s}}{5 \text{ s}} = -1.80 \text{ m/s}^2$$

说明 a 方向与 Δv 方向相同，与 v 方向相反，做匀减速直线运动。

师生归纳：速度的变化量 $\Delta v = v_t - v_0$。研究物体在一直线上运动时，要先选定正方

向，然后把矢量运算转换成代数运算。速度的变化量也是矢量，在规定初速度的方向为正方向的前提下，速度的变化量为正值表示速度增加，速度的变化量为负值表示速度减小或反向。加速度的正、负号也表示其方向。

［点评］这种把复杂的问题简单化的处理方法，有利于学生学习和理解，能够调动学生学习的主动性。

3. 巩固

(1)某物体的 v-t 图像如图 6-8 所示，则物体做（　）。

A. 往复运动

B. 匀变速直线运动

C. 朝某一方向直线运动

D. 不能确定

图 6-8　运动物体的 v-t 图像

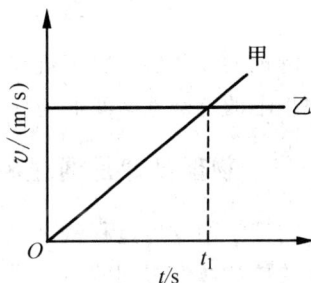

(2)甲、乙两物体沿同一直线同时运动，它们运动的 v-t 图像如图 6-9 所示。试分析：①甲、乙的运动形式；②甲、乙的加速度的大小比较；③在 t_1 时刻，甲、乙的什么物理量相同？

(3)如图 6-10 所示，图(a)表示物体运动速度方向不变，大小增加；图(b)表示物体运动速度方向不变，大小减小；图(c)表示物体运动速度矢量方向改变，大小也改变。通俗地讲就是"加速""减速"和"反向"三种情况。设两速度的大小分别为 2 m/s、4 m/s，时间间隔都是 2 s，试计算各自的加速度。

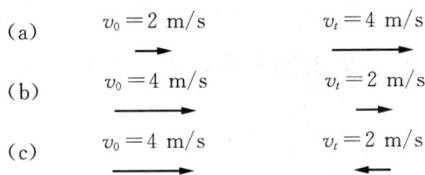

图 6-9　运动物体的 v-t 图像

(a)　　$v_0 = 2$ m/s　　　$v_t = 4$ m/s

(b)　　$v_0 = 4$ m/s　　　$v_t = 2$ m/s

(c)　　$v_0 = 4$ m/s　　　$v_t = 2$ m/s

图 6-10　运动物体的初速度和末速度

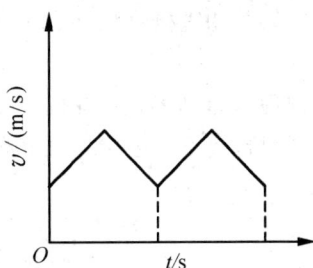

［点评］通过在不同情境中应用新概念，可以完善和深化、活化物理概念，培养学生发现问题、分析问题和解决问题的能力，培养学生的科学思维品质。

第七章　物理规律教学

物理规律反映物理运动中诸要素之间内在的必然联系，表现为某物理状态下或某物理过程中相关物理概念之间在一定条件下所遵从的关系。如物理定律、定理、原理、方程、法则等。

物理规律是客观存在的，不以人的意志为转移。物理规律的建立以观察和实验为基础，同时也离不开逻辑思维和创造性思维，通常还需要借助数学的描述与推理方法。

第一节　物理规律的特点

物理教师要搞好物理规律教学，就必须对物理规律的特点有进一步了解。考虑到中学物理教学的特殊性，我们应注意物理规律的以下几个特点。

一、物理规律是通过科学探究过程而得出的

物理学的发展过程就是探究自然界存在的普遍规律的过程，力图揭示物理运动中客观存在的事物属性之间的内在联系。物理学史表明，这种探究过程是曲折而复杂的，不是简单地通过分析、观察与实验的结果就可以得出规律，而是包含了人类的创造性思维、逻辑思维和多种科学的研究方法。

一般来说，我们可以把得出物理规律的过程大致分为两类：实验探索法和理论探索法。

1. 实验探索法

实验探索法是从一定的科学信念或假设出发，通过对事物、现象多次观察、实验，对所取得的大量资料进行分析、综合、归纳，发现在一定条件下有关物理量之间的必然联系，从而得出规律的方法。

通常人们把采用这种方法发现的规律命名为定律，如牛顿运动定律、动量守恒定律、机械能守恒定律、万有引力定律、热力学第一定律、库仑定律、欧姆定律、楞次定律、法拉第电磁感应定律，以及光的反射、折射定律等。

2. 理论探索法

理论探索法是从已知的规律或物理理论出发，对某特定事物或现象进行演绎、推理，或者在已有理论基础上进行构想，从而形成在一定范围内有关物理量之间的函数关系或新的论断，最后通过实践检验而建立规律的方法。

采用这种方法发现的规律，一般叫作定理或原理。定理、原理这两个术语表明，它们不再仅仅是对经验事实的概括，而是成为科学理论系统本身的出发点，如动量定理、动能定理、角动量定理、功的原理、波的叠加原理、光路可逆原理等。

另外，有些物理规律，从它形成的历史来看，是由实验探索法得出的，称之为定律是恰当的。但随着人们的认识逐渐深入，按物理现象内在联系来划分，把它作为某些基本规律的推论则更为合适，从而也可以把它叫作定理、原理。例如：阿基米德定律和帕斯卡定律的内容，实际上它们可作为静止液体压强分布规律的两个推论，从而通常也叫作阿基米德原理和帕斯卡原理。有些物理规律，特别是带有普遍性的，可作为其他规律基础的一些规律，并没有给予定律或定理的名称，而以方程、方程组来命名，如运动方程、状态方程、麦克斯韦方程组等。

总之，无论通过哪种途径建立的规律，都是与观察、实验、思维、数学推理等有着密不可分的联系，都必须经过大量科学实践的检验。在新的实验证据出现之后，还可能需要修正。

二、物理规律用物理概念之间的关系来表述

物理规律反映物质运动中相关要素之间的必然联系，通常用物理概念之间的某种关系来表述。任何一个物理规律，都是由一些概念所组成的，都可以用一些数字和测量联系起来，且用语言逻辑或数学逻辑来表达概念之间的一定关系。

例如，牛顿第二定律反映物体运动与物体自身性质和外部作用之间的内在联系，它借助质点（表征研究对象）、力（表征外部作用）、质量（表征对象自身的相关性质）、加速度（表征对象运动）等概念进行表达，表现为加速度、质量、力 3 个可测的物理量之间的关系。

三、物理规律具有适用条件和范围

前文指出，物理规律力图揭示物理运动中客观存在的事物属性之间的内在联系。事实上，真实的物理运动中事物属性之间的关系其实是极其复杂的。科学家在探索物理规律时，不会一次性地穷尽所有实际存在的相关属性而建立它们之间的关系，而是在特定的情境下忽略某些因素，将实际的客体对象、实际的物理状态或物理过程进行简化甚至理想化，建立能够近似反映真实关系的模型。因此，我们不难想到，一方面物理规律是对客观存在的真实要素关系的近似描述，另一方面物理规律通常应该在满足关系模型构建所需要的理想化条件时才能成立。

比如，部分电路欧姆定律。欧姆定律是在研究不含源的部分电路中流过导体的电流受哪些因素的影响以及如何影响时建立的。在实际电路中，流过导体的电流的热效应是影响电阻的，但在一定范围内，电流的热效应对电阻影响不大，可以忽略，从而建立起 $I = U/R$ 关系模型。既然如此，欧姆定律的运用就需要满足一系列条件，如"不含源电路中的导体""电流的热效应对电阻的影响可以忽略"等。

事实上，物理规律总是在一定范围内发现的，或是在一定条件下推理得出的，并在有限领域内检验成立的，所以物理规律总有它的适用范围和适用条件。如牛顿第二定律的成立，不仅要求研究对象在宏观低速的范围内，且可视为质点，还要求所选择的参考系必须是惯性参考系。

有些物理规律可能会超越原来的适用范围而成立，但这必须经过足够的检验才可以确定。比如，大量研究表明，经典力学中的动量守恒定律无论对宏观物体还是对微观粒子，

无论是高速运动还是低速运动，它都适用。即便如此，动量守恒也是有条件的，这个条件就是研究对象（系统）所受的合外力必须等于零。当然，在运用中，当合外力远小于内力时，可以近似处理，把合外力忽略不计，实际上相当于合外力等于零。可见，动量守恒定律也是有条件的。

总之，任何物理规律都有其适用范围和适用条件，超越这个范围，物理规律就可能不再成立。

第二节　物理规律教学

物理规律教学不仅要使学生掌握物理规律，而且要使学生掌握科学的研究方法，提高观察与实验能力、思维能力以及运用规律分析和解决问题的能力，还要激发学生进行科学探究的积极情感。

因此，物理规律教学要充分考虑学生科学认知、能力发展和情感形成的特点和规律，考虑物理规律的特点，让学生在教师和同伴的支持下，依据自己的已有认识来探究物质世界，获得物理学科核心素养的全面发展。具体地说，包括以下环节。

一、创设情境，形成问题

科学探究始于问题。物理规律教学过程要引导学生经历科学探究过程，认识物理规律的内涵，首先必须搞清该物理规律与哪些学生所学的知识以及感兴趣的情境和问题相联系，进而引导学生在研究问题的过程中探索规律。

为了形成科学问题，教师需要有效地创设问题情境，即充分关联相关的物理现象，激励学生进行观察与思考，启发和引导学生大胆地提出问题，筛选问题，确定出所要认识和解决的科学问题。

例如，"焦耳定律"的教学，可以引导学生联系已习得的电流、电阻等物理概念，回忆、陈述人们使用电熨斗、电火锅、电暖器等常用电热器材时所发生的现象（可在课前布置观察任务），或者给学生演示电烙铁焊接电路等现象，利用这些学生熟悉的现象创设问题情境。为了让学生有更加真切的感受，还可以让学生自己用干电池、电阻线、导线连通电路，并触摸电阻线，感觉其温度变化，由此引发学生的兴趣和思考，逐步提出想要探究的问题。

在"创设情境，形成问题"阶段，一般应注意以下几点。

（1）要基于学生熟悉的生活、生产和社会环境来创设情境，物理情境要真实、可感，能激发学生的好奇心和求知欲。

（2）要尽力促成学生对情境的感知，如布置课前观察，安排课上演示实验和学生实验，借助多媒体设备展示难以在课堂上实际呈现的现象，给学生交流与表达的机会等，使学生实质性地感受情境，切实意识到所要探究的问题。

（3）问题的提出应采取灵活的方式，或由教师基于现象或理论提出，或由教师启发学生提出。提出的问题要聚焦于与物理规律主题一致的科学问题上。

二、实施探究，促进建构

在形成了恰当的科学问题之后，规律教学就进入对问题的探究环节。引导学生探究科学问题，目的是促进学生的自主建构，既要引导他们探求科学问题所涉及的物理量之间的关系，还要让他们在解决问题的过程中体验、感悟建立物理规律的科学方法、科学思想。

在物理规律教学中组织科学探究，首先要确定建立规律的基本方法，即"实验探索法"或"理论探索法"，并在探究过程中恰当地体现科学探究的要素。

例如，"阿基米德原理"的教学，一般采用"实验探索法"，但也经常结合使用"理论探索法"。在实验探究"阿基米德原理"时，可以适当引导学生按照科学探究的思路展开，如让学生基于自己的生活经验对"浸在液体中的物体受到液体的浮力与哪些因素有关，有怎样的关系"这一焦点问题做出预测，制订相应的检验计划以及实验方案，操作完成实验并取得数据，分析数据得出结论，对过程与结论进行反思与评价等。探究过程应该先从定性研究入手，由若干生活观察或实验现象，确定影响浮力的相关因素及其定性关系，进行充分交流；然后进一步选择典型实验，深入探究其定量关系。只有让学生亲自经历再现生活经验、识别相关要素、动手操作实验、测量相关变量、处理数据并建构关系等过程，才能使学生真正形成对物理规律的认识。

在探究过程中，要注意把握以下几点。

(1)对科学问题的研究要重视基于生活经验和定性实验的探讨，这对学生深刻理解规律的物理意义是十分重要的。因此，对问题的研究应先考虑从定性的方面入手，通过对相关现象的定性分析，体会问题所涉及的变量以及变量之间的因果联系，不要急于进入定量研究环节。

(2)要为学生探究规律创设更典型的物理情境，灵活设计和安排学生的猜想、计划、操作、推证、评价、交流等活动，有效地促进学生的"探究—建构"过程。这时要注意，科学探究各项要素的体现，应依据所探究的具体问题的需要、学生的基础水平以及所具备的条件等，有所侧重和取舍，不宜一味地强求探究模式的完整。

(3)规律教学中的科学探究要取得明确的科学认识成果。教师可采用启发式，重视师生之间、生生之间的交流与合作。可以让学生用自己的语言总结和表述物理规律，必要时还要引导学生反思和讨论规律的物理意义、成立条件、适用范围等。

(4)为了加强物理科学方法、科学本质的教育，规律教学要尽可能结合物理学史作一些拓展，并在评价环节反思探究过程中的科学方法、科学思想。

三、运用规律，解决问题

教师在引导学生通过探究得出物理规律之后，要及时将规律教学导入巩固、深化、活化的阶段，指导学生运用规律，解决问题。

例如，在建立了"动量定理"之后，应基于学生熟悉的情境，先选择一些定性的问题，如车座为什么要垫垫子、接篮球为什么要先伸手后缩回、水泥场地为什么更容易损伤关节等，让学生运用"动量定理"加以解释，然后选择一些简单的定量问题，让学生来解决。在随后的教学中，可以逐步进行一些综合性练习。

这一阶段需要注意以下几点。

(1)教师需要选用一些难度适当、与实际相联系的问题,通过示范、师生共同讨论,引导学生主动参与到问题解决的过程中来,使学生在应用物理规律分析和解决实际问题的过程中,进一步领会物理规律的意义和功能。

(2)教师要让学生解决一些适当的新情境问题,并给予及时反馈,以促进其知识的进一步建构,同时检测其学习效果,为后续教学奠定基础。

(3)运用规律解决问题是一个长期的过程,教师要根据规律的重要程度以及问题解决的难度,与后续的问题解决教学、复习教学统筹规划,有序安排。

在实际教学中,物理规律教学的方式总是灵活多样的。因此,优质的物理规律教学不仅需要理论的指导,还需要教师在教学实践中不断探索。

第三节 物理规律教学案例与评析

本节给出两个体现科学探究思想的物理规律教学案例,供大家参考。

[案例1] 初中"欧姆定律"探究教学

【教学目标】

(1)物理观念:建立部分电路中电流、电压、电阻三者之间的关系模型,能理解欧姆定律的物理意义,并能用之解决简单的电路问题,解释相关现象。

(2)科学思维:体验基于观察与实验探索物理规律的科学方法,理解物理规律是在观察与实验所获证据基础上,经过反复的"假设-检验"过程而建立的关系模型。

(3)科学探究:①能够基于日常观察与定性实验,辨别影响流过导体的电流的因素,并构想因素之间可能存在的关系;②能够运用控制变量法探究电流、电压及电阻之间的定量关系。

(4)科学态度与责任:通过实验探究及交流讨论,结合欧姆当年建立欧姆定律的简史,领会人类探索真理过程中的科学态度和科学精神。

【教学重点】

(1)实验探究电流、电压、电阻之间的关系;

(2)欧姆定律的物理意义和数学表达式。

【教学难点】

组织、引导学生实验探究得出欧姆定律。

【教具准备】

电流表、电压表、滑动变阻器;25 W、100 W 照明灯各一只;额定电压为 2.5 V、6.3 V 的小灯泡各一只(二者功率接近);电池盒(含 4 节干电池)。

【学生组织及学生实验器材准备】

学生 2~3 人一组;电源(电池组或学生电源);5 Ω、10 Ω、15 Ω 定值电阻各一个;滑动变阻器、电流表、电压表各一只;开关一个、导线若干;可调光台灯一盏。

【课时安排】

1 课时。

【教学过程】

一、创设情境，形成问题

教师：同学们，现在每小组桌上有一调光台灯，大家接通电源，旋动台灯调节旋钮，注意观察发生的现象，根据现象思考提出想要知道的问题（并尽量说出提出该问题的理由），并把问题记录在各小组的学案上，归纳提出的问题。

学生：（小组合作、交流、讨论，提出问题。）

教师：（巡视、指导，并提示）你观察到了什么现象？从所观察到的现象，你发现了什么？想到了什么问题？

教师：同学们，现在汇报各小组想了解的问题。

学生：（踊跃汇报自己不同于其他同学的问题。）

教师：（将学生的问题分类板书在黑板上。）

教师：就这一类现象来说，我们想了解的问题很多，需要逐步解决。今天，我们要首先解决一个重要的问题，这个问题是什么呢？先请同学们运用自己已掌握的知识对刚才的现象作一些分析，看看是什么原因导致灯泡亮度变化的？

学生1：可能是由于电路中的电流发生了变化。

学生2：可能是由于电路中的电阻发生了变化。

学生3：可能是由于电路中的电压发生了变化。

学生4：（针对学生3）不对，在这里，调光台灯所接电压是一定的，只有在用电高峰期灯亮度变暗才是电压降低所致。

学生3：可能调节旋钮改变了灯泡两端的电压或电路中的电流。

……

教师：通过讨论，我们判断调光台灯的亮暗变化可能是由于电路中的电流，或电压，或电阻的变化引起的。我们要想搞清到底是什么原因引起灯亮度变化的，首先要搞清电路中电流、电压和电阻三个量之间的变化关系。这就是我们今天研究的主题。

（板书：欧姆定律）

［点评］科学探究的第一步也是非常关键的一步，就是发现问题、提出问题。根据日常生活实例——调光台灯进行情境创设，使规律学习与实际联系起来，有助于激发学生的兴趣和动机；让学生进行观察和讨论，能促使学生清楚所要解决的是什么问题；最后，明确了紧扣"欧姆定律"主题的科学问题：电路中电流、电压、电阻三者之间有怎样的关系？这一教学设计把握了"创设情境，形成问题"的关键，但要注意，问题形成不宜强求学生，要量力而行。

二、实施探究，促进建构

教师：科学家认为"没有大胆的猜测，就不会有伟大的发现"。同学们，今天我们就大胆猜想一下，电学中的这3个重要的物理量——电流、电压、电阻，它们之间可能有什么样的关系？

（教师适当提示，引导学生分组讨论。）

学生1：前面学过电压是形成电流的原因，我猜想电流的大小会与电压有关，可能电压越大，电流也越大。

学生2：前面还学过电阻对电流有阻碍作用，所以电流还可能与导体的电阻有关，可能电阻越大，电流越小。

教师：为了初步搞清它们之间的关系，下面我们再看一组演示实验。

演示1：一节干电池和2.5 V小灯泡串联发光。

演示2：两节干电池和2.5 V小灯泡串联发光。

演示3：两节干电池和6.3 V小灯泡串联发光。

教师：大家仔细观察实验，看看又有什么新的想法了？

学生1：对比观察演示实验1、2发现，同一个灯泡，电源用两节电池比一节电池时亮，说明灯（电阻）不变，电压大时，电流也大。

学生2：对比观察演示实验2、3发现，电源用同样的两节电池，2.5 V的灯比6.3 V的灯亮，说明电压不变时，电阻不同，电流也就不同。

教师：大量实验表明，电流的大小与电压、电阻有关，电压越大，电流越大，电阻越大，电流越小，这就是我们通过实验找出的这3个物理量之间的定性关系。那么，能不能继续用实验的方法探究出电流、电阻、电压之间数值上的关系呢？如果能，我们又该如何探究呢？

[点评]鼓励学生大胆猜想电流与电压、电阻的关系，能促使学生唤起已有认识，表露前概念；引导学生进一步通过演示实验进行定性分析，这是解决很多物理问题的有效路径，也能促使学生更好地理解欧姆定律的物理意义；在此基础上，过渡到定量研究。这段教学设计层次性好，但要注意两个小灯泡电阻值判定的科学性问题。

教师：（组织学生分组讨论。）

学生：（热烈讨论）回忆前面研究电阻大小影响因素的方法（必要时教师稍作启发和引导），认为：用实验来探究一个量随两个量变化的定量关系，首先要控制一个量，也就是首先让一个量固定不变，这样就把研究3个变量之间的关系问题，变成了固定其一，研究另外两者关系的问题，即应用"控制变量法"探究电流、电阻、电压三者之间的数量关系。

教师：再次强调"控制变量法"适合于多因素问题间的研究，在物理和其他问题研究中被广泛采用。

（板书：

一、实验探究："控制变量法"探究电路中电流 I 与电压 U、电阻 R 的关系

1. 保持电阻 R 不变，研究电流 I 与电压 U 的关系；

2. 保持电压 U 不变，研究电流 I 与电阻 R 的关系。）

教师：针对探究要求，请各小组同学利用桌上的实验器材，设计实验，作出电路原理图，并选择实验器材。

学生：（各小组自行讨论，设计电路，选择器材；选出1~2位小组代表，把本组的实验电路原理图画在黑板上，或实物投影展示，汇报实验方案，与其他同学进行交流、评价，对器材的作用和选择加以讨论，确定方案。）

教师引导学生明确实验原理：由所给器材可知，定值电阻的阻值是已知的（5 Ω、10 Ω、15 Ω），且不改变，干电池的电压值1.5 V也是已知的。把定值电阻连入电路，用电

流表测出电路中的电流值，用电压表测出定值电阻两端的电压，并进行多次测量就能得出电流、电压、电阻关系的一般规律。

教师引导学生确定可行的实验方案。

方案一：采用如图 7-1 所示电路图，连接电路，换用不同阻值的定值电阻及改变干电池组电池的节数，就可以改变电路中的电阻及电压，再对电阻、电压、电流进行多次测量，就可得出它们之间关系的一般规律。

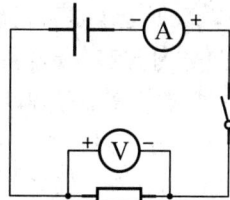

图 7-1　方案一电路图

方案二：采用如图 7-2 所示电路图，连接电路，电路中，电阻的改变方式换用不同阻值的定值电阻，电压的调节则是通过定值电阻与滑动变阻器串联，移动滑动变阻器的滑片来实现（这是与方案一的唯一不同之处）；同样，再通过对电阻、电压、电流进行多次测量，就可得出它们之间关系的一般规律。

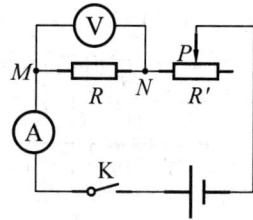

图 7-2　方案二电路图

[点评]"控制变量法"是科学研究中的一种常用方法；设计实验方案能培养学生的创造性和科学思维的严密性；讨论、交流则促进学生的表达及思维拓展；确定实验方案，为下面的实验探究指明方向，铺平道路。这段教学设计抓住了要点，但实施起来需要教师有良好的组织能力。

教师：（组织学生分组实验，指定各组选择其中一个方案进行实验。）

学生：（各小组按选定实验原理电路图，选择配置合适的实验器材，正确连接实验电路，完成以上实验，并制订表格，记录相关的测量数据。）

(1)保持定值电阻 R 不变，探究电流 I 与电压 U 的关系。

在 5 Ω、10 Ω、15 Ω 的定值电阻中任选一个，改变滑动变阻器的阻值(或电池组的电池节数)，分别读取三次电流表、电压表的数值，依次填入表 7-1。

表 7-1　实验记录表

实验次序	电阻	电压 U/V	电流 I/A
1			
2	$R=$ _____ Ω		
3			

(2)保持电压 U 一定，探究电流 I 与电阻 R 的关系。

分别将 5 Ω、10 Ω、15 Ω 的定值电阻接入电路，合上开关，调节滑动变阻器，使每一次接入电阻两端的电压为同一值，读出此时电流表的读数，并将电阻和电流表的数据依次填入表 7-2。

表 7-2　实验记录表

实验次序	电压	电阻 R/Ω	电流 I/A
1			
2	$U=$ _____ V		
3			

注：在此环节中，教师让学生相对独立地进行实验操作，采集数据；教师巡视，注意学生连接线路是否正确（如电压、电流表的连接），仪器使用是否得当（如电表量程的选择），数据记录是否正确，作个别辅导，在学生的操作技能、仪器使用上给予帮助。

[点评]这种让学生充分动口、动脑、动手的探究式教学，能使学生真实地感知相关的物理现象，体会物理规律的真实内涵，同时又能激发学生的探究兴趣，锻炼实验技能，培养"既坚持原则，又尊重他人"的合作精神。这一环节不要做过细的指导，要让学生真正经历探究的过程，而不是"照方抓药"。

教师：（引导学生分析数据，得出结论。）

下面是两组学生的实验记录表。

(1)保持定值电阻不变，探究电流与电压的关系（表 7-3）。

表 7-3　实验记录表

实验次序	电阻	电压 U/V	电流 I/A
1		1	0.1
2	$R=10\ \Omega$	2	0.2
3		3	0.3

(2)保持电压一定时，探究电流与电阻的关系（表 7-4）。

表 7-4　实验记录表

实验次序	电压	电阻 R/Ω	电流 I/A
1		5	0.6
2	$U=3$ V	10	0.3
3		15	0.2

学生 1：如表 7-3 所示，电阻的阻值不变，随着电压的改变，电压表示数成倍地增加，电流表的示数也成倍地增大，并且和电压增大的倍数相同，即有

$$\frac{U_2}{U_1}=2,\ \frac{I_2}{I_1}=2;\qquad \frac{U_3}{U_1}=3,\ \frac{I_3}{I_1}=3$$

这表明：电阻一定时，电压跟电流成正比。另外，每次电压除以电流的值都等于电阻的值。（教师作必要的补充和纠正）

学生 2：如表 7-4 所示，3 次测量中保持电压不变，电流随着接入电阻值的增大而减小，电阻增大为原来的几倍，电流就减小为原来的几分之一，即有

$$\frac{R_2}{R_1}=2,\ \frac{I_1}{I_2}=2;\qquad \frac{R_3}{R_1}=4,\ \frac{I_1}{I_3}=4$$

这表明：电压一定时，电流跟电阻成反比。另外，每次电流值和电阻值的乘积都等于电压值，甚至有时完全相同。（教师作必要的补充和纠正。）

（对于学有余力的学生，对于数据的分析，教师还可提示其利用表中的数据作出图像，利用图像分析得出电流随电压或电阻变化的关系。）

教师：综合以上分析结果，同学们得到结论：当导体电阻 R 不变时，通过导体的电流

I 与它两端的电压 U 成正比；当导体两端的电压不变时，通过它的电流与导体电阻成反比。这就是德国物理学家欧姆花费了 10 年心血，经过大量的实验研究，在 1827 年得出的重要规律。为了纪念他的伟大发现，这一规律被命名为欧姆定律。那么，哪位同学能参照前面两位同学的表述，尝试写出这一规律的表达式，并表述这个表达式的含义？

学生：（尝试写出表达式 $I=U/R$；学生代表陈述表达式的含义。）

教师：（引导学生准确表述欧姆定律及其表达式，并作简要说明。）

> **(板书：**
>
> 二、欧姆定律
>
> 文字表述：一段导体中的电流，与这段导体两端的电压成正比，与这段导体的电阻成反比。
>
> 数学表达式：
>
> $$I = \frac{U}{R}$$
>
> 式中：I 为电流（安培，A）；U 为电压（伏特，V）；R 为电阻（欧姆，Ω）。
>
> 1 安＝1 伏/1 欧。）

教师：多媒体展示"欧姆和欧姆定律的建立"（可以利用教参中参考资料的内容，自制投影片），结合历史，反思欧姆定律的探究过程。

[点评]教师引导学生进行数据分析，并让学生尝试总结规律内容与表达式，关注了学生对知识的自主建构；明确陈述规律及其表达式，并做必要说明，便于学生强化认识结果；结合相关物理学史进行反思，可拓展学生对科学探究的认识。这段教学设计符合新课程要求。在实际教学中，教师要避免做过多的讨论、说明，要给学生自己发现疑难、反思理解的机会，在学生需要的时候再进行进一步讨论。不足之处是，没有涉及欧姆定律的适用条件与范围，这一点需在后续课程中加以讨论。

三、运用规律，解决问题

教师：现在我们回到刚上课时的问题上来——是什么原因造成了调光台灯电灯泡亮度的变化？我们现在能找到答案吗？

学生 1：调光台灯接入的电压不变，灯的亮暗变化是由于调节了灯的电阻，引起了通过灯的电流的减小或增大，使得灯亮暗变化。

学生 2：调节旋钮时，灯泡电阻实际上没变。灯的亮度变化可能是调节旋钮改变了灯泡两端的电压造成通过它的电流发生了变化。但不知道其中是怎么回事。

……

教师：实际上这是我们即将学习到的一个复杂电路。其中，灯的亮暗变化仍然可以用欧姆定律来解释，只是我们需要先搞清这种复杂电路的特点。这将是我们以后要学到的内容。

[点评]运用规律解决先前提出的实际问题，注意了规律与实际的联系，并能首尾呼应。但是，问题难度过大，未能使学生得到关于规律理解、运用结果的反馈，不利于认识

的及时强化。

本节教学设计，较好地体现了规律教学的基本环节和操作要点。

[案例2] 　高中"牛顿第三定律"探究教学

【教学目标】

(1)物理观念：形成与牛顿第三定律相关的相互作用观念，正确理解牛顿第三定律的含义。①知道一切物体间的作用都是相互的，能正确表述出作用力和反作用力的概念以及"性质相同，大小相等，方向相反，作用在同一条直线上"的特点；②能正确区分一对平衡力和"作用力与反作用力"之间的异同。

(2)科学思维：发展分析、概括和科学推理能力。①能从定性的角度对实例进行分析，概括出相互作用力的特点；②能运用牛顿第三定律进行推理，正确解释有关现象和解决实际问题。

(3)科学探究：经历关于物体间相互作用力的特点及关系的定性与定量探究过程。①能自主设计实验探究方案；②能描述和解释实验探究结果。

(4)科学态度与责任：体验和欣赏物理世界中普遍存在的对称美，发展学生对科学本质的认识。

【教学重点】

(1)实验探究作用力与反作用力的关系；

(2)牛顿第三定律。

【教学难点】

区别相互平衡的两个力与相互作用的两个力。

【教具准备】

投影仪、投影片、拉力器、弹簧测力计、气垫导轨、平板车、玩具滑板车、磁铁、光滑长木板、铁架台、毛皮、橡胶棒、锡箔纸制成的两个小空心圆柱桶、力传感器。

【课时安排】

1课时。

【教学过程】

一、创设情境，形成问题

教师：请全体同学跟我做，完成一个动作：两手相击——"拍掌"，注意体会拍掌后，手有什么感觉？

学生：疼。

教师：哪个手疼？

学生：两手都疼。

教师：这说明了什么？

学生：两只手都受到了力的作用。

教师：分析两只手所受的力分别是谁给的？

学生：左手受的力是右手施加的，右手受的力是左手施加的。说明物体间力的作用是相互的。

教师：我们再做一个游戏，请甲、乙两位会滑滑车的同学，分别站在两辆滑车上，面对面相互对推。先甲同学推乙同学，然后乙同学推甲同学，最后甲、乙两同学同时推对方……我们能看到什么现象？

学生：两位同学不论谁先推谁，均同时向后退开了。

教师：分析两同学受力情况如何？

学生：无论谁先主动或同时推对方，甲同学受的力是乙同学施加的，乙同学受的力是甲同学施加的，这说明物体间力的作用是相互的。

教师：力是物体与物体间的相互作用，力的这种相互作用是同时发生的。本节课我们一起来讨论物体间这种相互作用力之间有什么样的关系。

[点评]利用生活中的物理现象和一个游戏来创设情境，结合学生的亲身感受和实际观察，初步体会和了解物体之间力的作用的相互性，进而提出问题，导入新课。这就使学生置身于真实的、信息丰富的情境当中，一方面使学生感受到物理从生活中来，拉近了物理学与学生的距离，让学生有亲近感，易于激发学生学习的求知欲望；另一方面也使学生真切地感知了研究的问题的含义，为进一步探究奠定了基础。

二、定性探究，理解内涵

教师：现在请各位同学利用桌上所给的实验仪器，自主设计实验，探究、思考两个问题：（视频展示）（1）物体之间力的作用是否总是相互的？（2）物体间的这种作用力存在着什么样的规律？如何发现的？

学生：[2～3人一小组自主设计实验，学生间展开讨论，将自己的见解与同学交流，主动与同学沟通合作，实验探究上述两个问题。实验中要求大家要注意观察现象，发现问题，分析现象所说明的问题……小组完成实验后，派代表汇报实验设计，以及得出的结论（有不同意见的其他组同学补充），教师把得到的结论归类展示。]

（1）两手指相互挤压，两手指均同时受对方所给的力的作用。

（2）用手推桌子，桌子也推自己。

（3）拉力器受到手的拉力，同时拉力器发生形变，手也受到拉力器的拉力。

（4）手中托一本课本，人对课本有作用力的同时，也会感到书有些重，说明课本对人也有一个力的作用。

（5）两块条形磁铁放在不同位置，当磁铁的同名磁极靠近时，放手后，两磁铁都会被推开；当异名磁极接近时，两磁铁都会被吸拢，说明它们之间的力的作用是相互的，如图7-3所示。

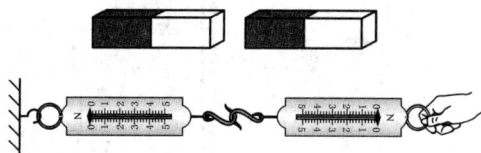

图7-3　力的作用的相互性（1）

（6）两个弹簧对拉，测力计指针同时移动，说明它们之间力的作用是相互的，如图7-3所示。

……

教师：（引导学生共同讨论）这些现象都说明了物体间力的作用是相互的，而且同时发生、成对出现。其中如实验（5），还发现没有直接接触的物体间的作用力也是相互的。

教师：在以上例子中，这些力的作用均属于物体间发生的弹力或磁铁间磁场力的相互作用，要得出普遍的结论，仅这几种现象间的相互作用是不够的，还需研究其他性质的力之间的相互作用。下面大家再仔细观察几组演示实验。

演示一：把玩具惯性小车或遥控电动玩具小车放在平板车上(图7-4)。

教师：请同学们观察，当放开玩具惯性小车或遥控电动玩具小车时，发生什么现象？说明了什么？

学生1：小车与平板车同时向相反的方向运动。

学生2：说明平板车与小车间力的作用是相互的，且方向相反，同时产生。

教师：平板车和小车间的这种相互作用力是什么性质的力？画出两车所受作用力的示图。

学生：是摩擦力，且分别作用在小车和平板车上，施力物体和受力物体刚好互换。

演示二：用毛皮摩擦硬橡胶棒后，与挂在铁架台上的小锡箔纸制成的圆柱小桶接触，两小"锡箔桶"相互排斥分开了(图7-5)。

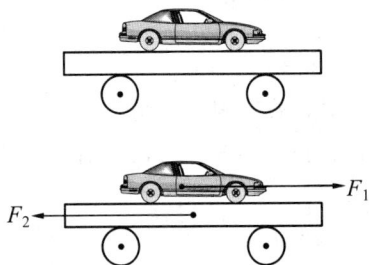

图7-4 力的作用的相互性(2)   图7-5 力的作用的相互性(3)

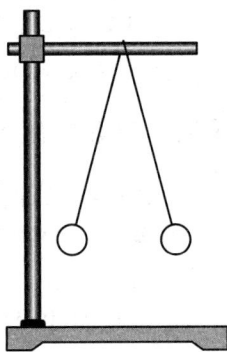

学生：说明电荷间的作用力也是相互的，且方向相反，同时产生。

演示三：在铁架台上用弹簧测力计挂住一个铁球，在圆盘测力计的托板上放一杯水(图7-6)。

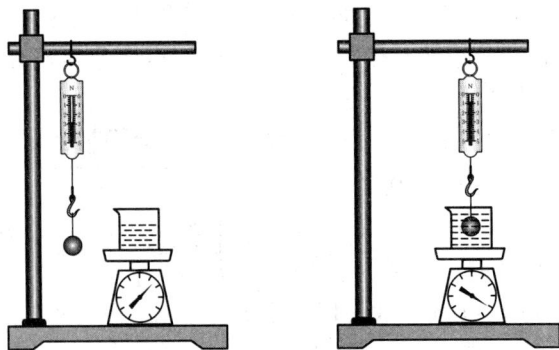

图7-6 力的作用的相互性(4)

教师：大家先分别读出两个测力计的示数，记下来，现在我们再把小球浸没在水中，大家注意观察并思考：弹簧测力计示数会怎样变化？圆盘测力计示数会怎样变化？这又说明什么？

学生：弹簧测力计示数会减小，圆盘测力计示数会变大。

教师：(引导学生讨论)说明水对小球有向上的浮力作用，同时小球对水有向下的压力，小球与水之间的压力和浮力作用也是相互的，且同时产生，同时消失，互为依存。

教师：（引导总结）由以上实验归纳得出：无论是固体、液体和气体，物体间力的作用都是相互的。当一个物体对别的物体施加力的作用时，也一定同时受到那个物体对它的力的作用，我们把这个过程中出现的两个力中的一个力称为作用力，另一个力叫作反作用力。我们注意到，作用力与反作用力的施力物体和受力物体刚好相互交换。

> （板书：一、作用力与反作用力
> 　1. 两个物体之间的力总是相互的，我们把这一对相互作用的力称为作用力与反作用力。
> 　2. 作用力与反作用力的特点：①相互性；②同时性；③同质性；④异体性。）

[点评]通过学生自己亲自动手实验，对各种性质力的作用的相互性进行了定性探究，一方面体现了实验探索得出物理规律的科学思维方法，另一方面也使学生更深刻地理解了"力的作用的相互性"这一表述的内涵。这不仅突出了物理学科的性质，也遵从了以学生为主体的教学原则。但要注意，一项知识的学习需要一个过程，不宜一次涉及太多方面，比如，关于"特点"的说明不宜太多。

三、定量探究，建立规律

教师：前面我们得出，物体之间力的作用总是相互的。那么，这一对相互作用的力——作用力与反作用力二者之间有什么关系呢？我们从刚才的实验中能不能观察到？

学生1：刚才用弹簧测力计做实验时，好像二者的示数大小一样，可能作用力与反作用力的大小是相同的。

学生2：好像作用力与反作用力的方向总是相反的。

教师：那么，是不是总这样呢？请大家通过实验来研究这些问题。在前面的实验（6）中，已有同学用两个弹簧测力计对拉来显示物体间的相互作用力，现在大家仍用这两个弹簧测力计，探究一下作用力与反作用力的大小以及方向的关系。

学生：（每2人一组，根据桌上的实验器材，两人商议设计实验。找出作用力与反作用力的大小以及方向的关系。）（经讨论，学生大多选用两弹簧测力计对拉来探究相互作用力大小与方向的关系。）

教师：（以设计出的如图7-7所示的实验装置为例，分析讨论）把B的一端固定，用手拉弹簧测力计A，如图所示，不断改变手的拉力，仔细观察两个弹簧测力计的示数变化情况。你们观察到什么结果？作用力与反作用力有什么关系呢？

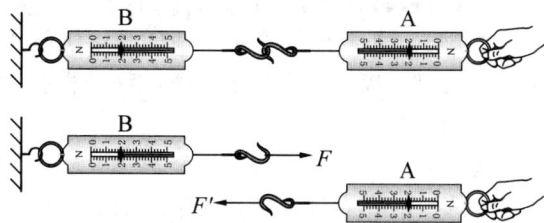

图7-7　力的作用的相互性(5)

学生：（交流、讨论，发表意见 ……）

教师：（引导小结）这个实验表明，作用力和反作用力大小相等，方向相反，作用在一条直线上。刚才，我们只研究了一种情况，要想定量地探究更多情形下作用力与反作用力的关系，需要借助其他方法。比如，随着传感器技术的发展，人们可以用力的传感器探究这方面的问题。（用DIS演示气垫导轨上两个滑块在不同运动状态下碰撞时，作用力和反作用力的情况，让学生观察、讨论。）

大量研究表明，物体之间力的作用总是相互的，作用力与反作用力大小相等，方向相反，作用在同一条直线上。这就是著名的牛顿第三定律。

(板书：二、牛顿第三定律
　　1. 文字表述：大量实验表明，两个物体之间的作用力和反作用力总是大小相等，方向相反，作用在同一条直线上。
　　2. 数学表达式：$F = -F'$。**)**

教师：牛顿第三定律揭示了物体之间相互作用的力的关系，使人们不仅可以通过牛顿第一、第二定律研究解决单个物体的运动和力之间的关系，而且可以把存在相互作用的各个物体的运动联系起来进行研究。

教师：牛顿第三定律反映的作用力和反作用力是矛盾的两个方面，它们是对立统一的关系。对立的表现是：发生相互作用的两个物体，既相互施加力，又同时受到对方所施加的作用力，两者的方向总是相反的；其统一的表现是：两力大小相等，同时存在，同时消失，互为依存。

[点评]通过学生亲自动手，定量探究相互作用力的关系，重现规律形成的过程，使学生在获取知识的同时，亲自体验到探索的乐趣，感悟规律形成的物理思维方法，进而培养学生的能力，发展学生的科学素养。另外，通过物理探究学习，学生体会实践是检验真理的根本标准的哲学思想；通过教师语言启发，学生体会辩证唯物主义思想。需要注意：应提示学生反思探究过程；渗透哲学观念要简明，避免灌输。

四、运用规律，解决问题

教师：下面，请大家思考几个问题。

(板书：三、牛顿第三定律的应用)

问题 1：鸡蛋与石头相碰时，鸡蛋破碎而石头不破碎，是不是这两个物体间的作用力和反作用力的大小不相等呢？

问题 2：在拔河比赛中，甲队胜了乙队，是不是由于甲队作用于乙队的力大于乙队作用于甲队的力？为什么？

教师：(组织学生讨论，解决上述问题。)

教师：(课堂小结)今天，我们学习了作用力与反作用力的概念，以及牛顿第三定律。这些知识都是以实验为基础，经过我们的亲自探究而形成的。这是我们学习物理、认识自然界的重要方法。

教师：(布置作业)我们曾经学过"二力平衡"的知识，知道一对平衡力也是大小相等，方向相反，作用在同一条直线上。那么，一对平衡力同作用力与反作用力有什么区别呢？请同学们课后思考这一问题。

[点评]基于实际的问题不仅能引起学生思考的兴趣，还利于学生对新知识的进一步理解，同时也能培养学生"理论联系实际、关注生活与社会"这一良好的物理学习习惯；将易混淆的知识之间的比较留给学生自己去完成，不仅能给学生充分的思考空间，还更利于学生的知识建构。

整节课的教学设计较好地体现了规律教学中的科学探究思想。

第八章 物理问题解决教学

物理问题解决能力对于学生自身的发展和在未来社会中的发展有着重要影响。一般来说，物理问题解决能力强的学生在面对新物理情境、新物理问题时，能够在自身原有知识经验的基础上运用思考、推理、合作等方式积极主动地参与问题解决的全过程，在解决问题的过程中获得解决问题需要的新知识，最终实现问题的解决。新课程标准以发展物理学科核心素养为目标统领物理教学。物理问题解决能力是物理核心素养中关键能力的重要组成，物理问题解决教学也是中学物理教学中必备的重要内容。本章将讨论在中学物理教学中，如何进行物理问题解决的教学。

第一节 物理问题解决教学概述

培养学生物理问题解决能力一直是中学物理教学的重要任务，也是长期以来物理教育研究领域的重要课题。物理问题解决是指人们在日常生活和社会实践中，按照一定的目标运用物理概念与规律，使物理问题获得解决的过程。

许多国家及地区的基础教育纲领性文件中都对培养学生物理问题解决能力提出了明确的要求。通过物理问题解决教学能有效地巩固、深化、活化物理概念和规律，对物理环境做出可观察的反应，使学生进行深度的物理学习。解决物理问题是物理学习过程中不可缺少的、重要的过程。

提高物理问题解决能力需要有两类基础：一是加深物理概念和规律的学习。对物理概念和规律的深入理解，是准确运用物理概念与规律的必要条件。二是学习和掌握解决物理问题的思想和方法，并通过一定的物理问题解决的练习来获得物理问题解决的策略与方法等。物理概念与规律、物理问题解决的策略与方法是提升物理问题解决能力的基石，也是物理问题解决教学的重要目标。

如何帮助学生提高物理问题解决能力是中学物理教师的重要任务。物理问题涉及了人们生活、生产和社会的方方面面，种类很多；但在中学物理教学中，物理问题常常是以物理习题的形式出现，相应的物理问题解决教学也常常通过物理练习教学来实现培养和提高物理问题解决能力这一目标。

物理练习，是指在理解物理教学内容的基础上，以讨论解答、书面解答或者实际操作等形式，有选择地完成一定的作业。物理练习是知识与技能运用的一种方式，它既是检验学生物理学习结果的一种手段，又是促使学生理解和巩固知识，熟练技能，实现知识与技能的迁移，提高解决实际问题能力的一种措施，同时也是培养学生物理的科学精神、实事求是的科学态度，锻炼克服困难的意志的有效途径，是培养与发展学生物理学科核心素养过程中不可缺少的一个阶段。

在物理学习过程中，进行物理练习是非常必要的。总的来讲，物理练习的主要目的是：①巩固、深化、活化物理学基础知识和实验技能；②学会解决问题的思路、方法与策略，提高运用知识分析和解决问题的能力；③激发学生对物理学的兴趣；④培养学生的科学精神、科学态度与责任。此外，练习教学可以随时反馈学生的学习情况，是教学中师生交互的有效手段，是取得良好的教学效果的有利保证。

通过物理练习发展解决物理问题的能力是目前中学物理教学的基本要求，也是日常教学中必不可少的重要内容。因此，本章的物理问题解决教学以讨论物理练习教学为主，重点讨论如何通过物理练习教学来培养解决物理问题的能力。

值得注意的是，通过物理练习来培养解决物理问题能力的教学并不是"题海战术"。在物理教学中，并不是只要多进行习题训练，就能提高学生解决问题的能力。题海战术的指导思想是行为主义，它企图通过大量的强化"刺激"，使学生达到暂时性的熟练水平，从而形成一种低级的、机械的、自动化的技能。这种做法并没有使学生的问题解决能力和物理学科核心素养在本质上获得提升，所以中学物理的习题教学应避免出现这种现象。

第二节　物理习题的形式及其作用

物理教学中的物理问题常常以物理习题的形式出现。这是因为生产、生活以及自然界中的物理问题常常涉及许多物理内容的复杂问题，初学的学生处理这些问题有困难，所以物理教师或物理教育工作者将其进行简化，引入了物理习题。相对于真实的物理问题来说，物理习题具有任务明确、类型丰富、训练解决问题能力作用强等特点。

根据课程标准的要求，学生对不同层次知识的掌握情况，以及学生的问题解决能力水平，可以选择和编制不同特点、不同层次要求的物理习题。这些习题对培养与训练物理问题解决能力是非常有帮助的，不同形式的物理习题有着不同的作用。

一、常见的物理习题形式及其作用

1. 选择题、判断题及其作用

选择题是教学中常用的一类物理问题。通常由两部分构成：第一部分先提出（或引出）一个问题或写出一个不完整的句子，称作题干；第二部分再给出这个问题的几个可能答案或者这句不完整的话的几种补充说法，称作备选项，供考生选择。备选项由正确选项和迷惑选项组成，其中符合要求的能够正确解释题干中问题的选项为正确选项，那些与正确选项相似，使学生容易产生的模棱两可的选项为迷惑项。

根据应答方式一般把选择题分为单项选择和多项选择两种。单项选择题每题的备选项一般是 4 个（或以上），作为答案只有一项是正确的，只要从备选项中选出正确选项就可得满分。多项选择是每题给出 4 个（或以上）的备选项，有多个备选项是正确的，只有将正确答案全部选出才能得满分。

选择题可以涉及各种物理问题，适合于测量从机械记忆水平到最复杂水平间各水平的教学目标，在教学中有广泛应用。

　　简单的选择题可能只需要记忆某些知识，而复杂的选择题则必须进行逻辑判断，有助于学生对知识的理解和思维的发展。

　　例如，一细束平行光经玻璃三棱镜折射后分解为互相分离的三束光，分别照射到相同的金属板 a、b、c 上（图 8-1）。已知，金属板 b 有光电子射出，则可知（　　）。

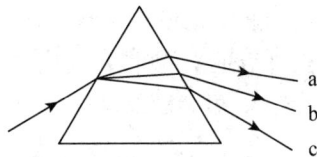

图 8-1　三束光折射图

　　A. 板 a 一定不放出光电子
　　B. 板 a 一定放出光电子
　　C. 板 c 一定不放出光电子
　　D. 板 c 一定放出光电子

　　显然，对这类选择题必须运用概念、规律进行分析、推理，才能得出结论。解决本题需要运用光的色散概念，应用隐含条件三束光的频率关系为 $\nu_a < \nu_b < \nu_c$。理解光电效应，知道 a、b、c 极限频率 ν_0 相同。

　　认知要求比较高的选择题则需要在物理概念、物理规律的基础上，进行逻辑推理及其计算，进而训练学生的复杂的科学思维。

　　例如，行驶中的汽车如果发生剧烈碰撞，车内的安全气囊会被弹出并瞬间充满气体。若碰撞后汽车的速度在很短时间内降为零，关于安全气囊在此过程中的作用，下列说法正确的是（　　）。

　　A. 增加了司机单位面积的受力大小
　　B. 减少了碰撞前后司机动量的变化量
　　C. 将司机的动能全部转换成汽车的动能
　　D. 延长了司机的受力时间并增大了司机的受力面积

　　显然，对于这类选择题除了在试题的情境中运用物理概念与规律以外，还需要进行分析、推理，特别是推理演算才能够做出正确的回答。

　　选择题同样也可以考查物理实验的内容。例如，为了检查对某项实验操作的熟悉程度，可以列出若干必要的和不必要的实验步骤让学生进行选择，并按照正确的顺序排列出来。

　　总的说来，选择题不但可以考查记忆等低层次的认知水平，更能够考查分析、运用、评价等高层次的认知水平，对物理教育的测评起着重要的作用。

　　一般来说，判断题就是对所给出的某个陈述进行辨析，做出正误判断。这类习题的特点是概念性强，往往需要进行一定的逻辑分析。它的主要作用在于澄清一些似是而非的认识，帮助学生更加准确地理解物理概念，掌握物理规律，并提高逻辑思维能力。

　　例如，判断：若研究对象具有动能，则它必然具有动量，这种说法是否正确？（　　）

　　在这个判断句中，包含有 3 个概念：研究对象、动能和动量。前半句是条件，后半句是在此前提下推得的必然结论。要回答这一问题，学生就要对不同的研究对象进行分析，用动能和动量的概念进行判断，关键在于对动能的标量性和动量的矢量性的理解。因此，正确的思考应是：若研究对象是质点，则有这个前提条件，必然得出这个结论；无这个前提条件，必然没有这个结论，即"有则必然，无则必无"。若研究对象是质点组，则质点组具有动能，则不一定具有动量；若质点组没有动能，则它必然也没有动量，即"有则未必，无则必无"。

可见，只有在理解概念的基础上，运用逻辑思维方法才能对这类判断题给出正确回答。有时，为了检查学生对学习内容的记忆，也可以运用判断题进行检测。

通常来说，判断、选择题一般应以加强概念的理解和运用为主，当然，也可以要求学生进行适当的计算。

2. 思考题及其作用

思考题能够引导学生深入思考，或发现问题，或预测结果等。通常情况下思考题是开放性试题。

例如，坐在向前飞驰的火车车厢里，你通过窗玻璃向外看，看到近处的树木、房屋都向后跑，而远处的树木却向前，好像做圆周运动似的，这是为什么？如果你设法遮住近处的物体，专门看远处的物体，即眼睛只能看见远处的物体，而看不到其他物体，那么你看到的远处的物体是向后跑，还是向前跑？

又如，一个鸡蛋从高出桌面一尺的地方自由下落，碰到桌面时，鸡蛋壳将被碰破。如果在桌面上铺一条毛巾，再使鸡蛋从刚才的地方自由落下，结果会怎样？试试看，并解释其原因。

思考题应让学生对学习中存在的典型问题进行思考。

3. 实验题及其作用

若试题考查的是物理实验知识与技能等内容，这样的试题通常称为实验题。如果试题要求考生运用已学过的基础知识，独立地进行实验方案的设计，完成给定任务的练习，这类试题被称为实验设计题。实验设计题对培养学生的观察、实验能力是极为有益的，在物理教学中应加强实验设计题的训练。

例如，请设计一个简易实验方案，估算一下：在太阳光直射地球赤道时，地球表面每平方厘米、每分钟最多能接收多少太阳能。

又如，用你能够找到的器材设计一个研究电路端电压跟外电阻关系的实验方案。

在条件具备的情况下，实验设计练习可以与实验的实施操作结合起来，使之成为学生科学探究的一个途径，以激发学生的创新意识和实践能力。

4. 计算题及其作用

以定量计算为主的解答有关物理问题的习题，叫作计算题。一般可以分为简单计算题和综合计算题。这类问题在物理教育中常用于考查学生的较高水平的物理问题解决能力。

物理计算题需要在给定问题情境中应用物理概念、定律、公式，对题目给的物理量进行数字运算，得到所需的正确答案。计算题能够考查学生的分析论证能力、语言表达能力以及应用物理知识解决问题的能力，也能够提高运用数学工具解决物理问题的能力。计算题还可以全面检查学生的学习情况，其作用是其他题型不可替代的。计算题的作用不仅表现在能够考查考生较低层次的能力要求，还能够比较好地考查较高层次的能力要求，特别能考查独立地对具体问题或实际问题进行分析、研究的能力，综合利用物理学各部分有关知识的能力，调动各种手段解决问题的能力，有利于发现优秀学生。

简单计算练习研究问题的物理模型和物理过程比较单一。而综合计算练习，研究问题所涉及的物理现象是多方面的，或所涉及的整体过程比较复杂，可能是由几个物理过程所组成的。

例如，某电梯公司广告介绍的快速电梯，能在 10 s 内将 10 个成年人匀速升高到 20

层。已知电梯的相关技术参数为：自重 200 kg，电梯输出功率 3 kW，最大载客 15 人。请你依据掌握的物理概念和定律，通过计算判断广告的说法可信吗？

要对这个问题给出正确的回答，不但需要电功、电功率的概念，还要有成年人的质量，每个楼层的高度等物理常识。将物理概念与规律应用于人们生活中常用的电梯运行情境，从中考查学生对物理概念、物理规律的掌握情况，以检测他们物理问题解决能力的发展水平。这类试题不仅能够检测学生的物理学习状况，还能帮助学生学习物理，激发学生学习物理的兴趣。

二、拓展性物理问题形式及其作用

常见的物理问题着重于知识的运用、技能的培养以及能力的发展，而拓展性物理问题则进一步体现了新课程理念，更注重培养和提升学生的物理学科核心素养。

1. 情境化问题

针对常见物理习题中脱离现实、过分模型化等倾向，新的课程标准提倡在物理教学中使用的物理问题，应具有真实的情境，且与社会、文化、相关学科建立联系，对这类物理问题的解决便成为情境化问题练习。

例如，为增强客运竞争的能力，铁路运营部门采取了提速措施，将上海（31°15′N，121°30′E）开往杭州（30°10′N，120°E）的旅游特快列车运行时间定为 100 min 左右。试判断，这类列车的时速约为多少？[①]

这一问题不仅涉及现实生活中的实际问题，而且涉及地理、几何、物理等多个学科的知识，学生可以采用多种方法，进行数学估算，有助于培养学生运用科学知识解决实际问题的意识和能力。

2. 评价性问题

常见的物理问题偏重于知识的运用，强调解题结果的准确等。为了考查学生的思维与方法，或者完成某一任务的过程，教师可以呈现关于某一问题解答的不同方法或途径，让学生对此进行评价，即为评价性问题练习。

例如，某同学在学习了动量守恒定律后，归纳出运用动量守恒定律分析、解决问题的步骤如下：

(1)确定要研究的系统，判断该系统是否符合动量守恒的条件；

(2)设定正方向；

(3)确定系统在初状态和末状态时的总动量；

(4)运用动量守恒定律列出式子求解。

请你对他的归纳结果进行评价。

3. 实践性问题

实践性问题注重学生运用科学知识与方法对现实中存在的与物理相关的问题进行自主的、合作的探究，关注学生对科学、技术、社会关系的理解。一般来说，物理教学中的实践性问题属于物理学科综合实践课程的内容，但一些小型的实践性问题也可以作为物理练习的内容。

---

① 王耀村. 高考物理新题型：情景题·实践题·探索题[M]. 上海：华东师范大学出版社，2001.

例如，试根据你家中用电器的功率估算一个月的用电量，并与实际的用电量进行比较，提出有效的节能措施并付诸实施。

事实上，用新课程理念来指导物理练习设计，可以创造出灵活多样的形式，来激发学生解决物理问题的兴趣和动机，促进学生有效地探究物理问题，发展物理学科核心素养。

第三节　物理习题教学

要培养和发展学生物理问题解决能力，物理习题教学是重要途径。物理习题教学不仅是巩固和深化所学知识的有效手段之一，更贯穿于整个物理教学过程的各个阶段。

物理习题教学应根据新课程的目标和学生学习的需要，针对学生存在的问题进行合理规划、精心设计，而不是片面地追求练习的数量。在物理练习教学过程中应避免仅凭主观经验的猜测，不从实验事实和物理概念出发，忽视物理过程的分析，忽视物理规律的适用条件；避免不善于反思总结，仅是盲目机械地做题等。

一、物理习题教学的基本要求

1. 习题教学必须统筹安排，要有计划性、目的性和连贯性

一个学期、一个学年，以致整个初中或高中阶段的教学计划不仅包括概念、规律和实验等教学，更要包括习题教学。在习题教学中，教师要心中有数，即明确通过练习教学，除了巩固知识外，还要使学生逐步掌握哪些物理方法、训练哪些物理问题解决思路、培养哪些物理问题解决能力，在发展学生能力方面达到什么水平。通过哪些题目的习题教学，能够达到上述目标，这些练习题彼此是如何联系起来的，并如何与其他教学活动相配合等。

在不同的发展时期，应提出不同的要求，使学生的物理问题解决能力发展状况一步一步、扎扎实实地不断提高，并落实到每一个学生。一般来说，教师应考虑到：

(1)新授课上的练习以及课后的作业，选择一些基本的练习题进行练习，以巩固所学知识，形成初步的技能，不宜立即加深、拓宽，更不宜"一步到位"。要注意题目与生活实际的联系，注意激发学生的志趣，树立其信心。

(2)章末练习题则可以安排一些能深化、活化所学知识的题目。在练习中，若发现学生有薄弱的地方，应该再酌情选编几个适宜的题目进行补充练习。

(3)期末练习可以安排一些难度稍大，有一定综合性的练习题。

2. 练习题必须精心选编

练习题选编的质量是决定练习教学优劣的重要因素。目前，物理练习题确实可谓"海"，怎样从题"海"中选出适宜的练习题，怎样根据教学的实际需要安排适当的练习题，确实是物理教师应该认真思考的问题。因此，教学中使用的练习题一定要精选。

首先，要考虑题目的精选，这个题目能不能实现预设的目标。比如，要促进学生理解和运用知识，就不能选择简单记忆或套公式的题目；要培养学生的实验操作技能，就不能只做一些纸面上的实验题目。其次，所选题目的物理情境要丰富多样，特别是要尽可能真

实并适度复杂，要让学生在多种情境中运用知识。再次，要适当区分练习题的类型，以利于学生进行反思总结；要适量配备各种类型的题目，防止机械的"题海战术"。最后，练习题的选择要考虑学生的情感因素，题目要切近学生生活，形式上要灵活多样等。

二、物理习题教学的策略

要组织好习题教学，首先需要明确学生完成练习的合理过程，然后针对其中的各个环节，让学生独立完成适当的操作活动。

1. 学生完成练习的基本过程

学生完成一个练习题目的过程，也就是解决一个物理问题的过程。根据问题解决的理论以及物理教学的经验，学生完成练习的基本过程应包括以下环节。

(1)读审。

读，是读题目。拿到题目后，先粗后细、先整体后局部地阅读，对整个题目的概貌做到心中有数；审，是审条件和目标。弄清题目中给出的条件是什么(包括明显条件和隐含条件)，明确题目应达到的目标是什么。读审过程必须重视物理图景分析，即分析问题中的研究对象、物理状态与过程。

(2)计划。

计划，即设计解决问题的方案，其本质是学生运用已有知识、技能，探求问题解决途径，形成解题思路的过程。这一过程需要在分析物理图景的基础上，将所研究问题的对象、物理状态与过程、条件等进行简化与纯化，建立适当的物理模型；然后选择相应的物理原理，设计出解决问题的方案。

(3)求解。

求解是展开解题思路、构思解题步骤、实施数学运算及其他操作的过程。明确物理情境、解题方案之后，还需要寻找具体的解题依据，建立解题方程，并做出简明、扼要、完整、规范的运算。

(4)验讨。

解题完成后，需要对解题过程做出检验、回顾和反思，这就是解题的最后一个环节——验讨。"验"，是检验问题的解答是否合理，亦即检查所列方程是否能表征实际的物理现象和过程，方程两边的单位是否相同，推理过程是否严密，答案的量值是否符合实际等。还要注意检查那些从数学角度看是正确的，而从物理意义上看是不符合物理规律的结论。"讨"，是解后讨论，回顾整道题，再次展现物理情境的过程，主要是回顾思维过程，总结解题的方法，思考为什么要出这一道题，有何其他解法，有何其他变化，总结经验教训等。

2. 物理练习各环节的教学策略

(1)"读审"环节的教学策略。

为帮助学生审清题意，可以采取以下的策略。

①反复读题。反复多读几遍题目，这是常用的阅读理解策略。近年来中学物理的习题增加了探究性、开放性的题型，多数题目的条件不明显，有的部分隐藏，有的全部隐藏，有的条件是多余的，从而增加了题目的难度。多读题目，仔细推敲，可以挖掘出其中的隐含条件，常言道："书读百遍，其义自现"，就是这个道理。

②作物理图景分析示意图。学生审题环节存在的最大的问题就是忽略对物理对象、状态、过程的分析，直接用符号来表征题目给出的物理量，然后由所给物理量判断、选择公式，因而常常出现不解题意、乱套公式的现象。为了避免这种现象，教学中要帮助学生学会作图分析物理图景，即要求学生用示意图表示问题的对象、状态和过程，并将题目所给的条件、相关物理量的符号等标志在示意图上面，促使他们将表示物理量的符号与具体的物理图景联系起来，从而获得对物理意义的理解。

比如，解力学题时常常需要分析研究对象的受力情况和运动情况，在审题时就可以一边读题一边画出示意图，并在图上用物理符号标出给出的条件（甚至被求量和中间变量），如表示力的 F、N、T、G，描述运动的 v_0、v_t、a、s 及其方向等。

（2）"计划"环节的教学策略。

在练习教学中，"计划"解题方案是学生感觉困难，而又容易被教师忽略的环节。有经验的教师在审题之后不会立刻让学生动手演算，而是先让学生动脑构思解题的方案。这时可采用以下策略。

①分解与联系。分解指的是将题目中的状态与过程分解开来，分别加以考查，看看每一个状态与过程的研究对象是什么，有什么特点，符合什么规律等；联系指的是将分解后的状态与过程重新联系起来，找出状态与过程的关系、过程与过程的关系。一个物理过程总是由许许多多状态构成，而我们不仅要关注其中的一般状态，更要关注初始状态、最终状态以及其中的特殊状态。在两个相邻过程之间总会有一个临界状态，这一状态是建立这两个过程之间关系的分析要点。

②分析法与综合法。确定问题解决的初步方案，教师可以给学生介绍分析法和综合法。分析法是指从题目的被求量出发，寻找能求出它的中间量，直到推至已知量。综合法与之相反，是从已知量出发，推出中间量，直至推出被求量。在问题解决过程中，这两种方式常常是结合运用的。

这一环节一定要注意培养学生先"想"后"做"的习惯，即使是反复尝试几种可能的途径和策略，也要尽可能避免盲目尝试和乱套公式的现象。

（3）"求解"环节的教学策略。

这一环节是让学生动手执行问题解决的方案，进行具体的解题操作。教学中应注意以下几点。

①建立关系式，做可解性判断。对于多状态、多过程的物理问题，常常要根据其特点及所遵循的规律列出多个方程。在此基础上，教师要引导学生由独立方程数和方程中所含未知量数来判断题目的可解性，只有独立方程数不少于所含未知量数，题目才是可解的。

②规范解题步骤。规范的解题步骤主要包括：符号所代表的物理量要明确，最好在物理图景分析的示意图上标注出来；每一个关系式的建立都要陈述理由，说明其成立的条件；先进行符号运算，后进行数字运算；代入数值时要连同单位一起代入运算；写出最后答案以及对答案的讨论。

③学习和积累特殊的问题解决方法。有许多物理问题，尽管学生知道相关的概念、规律，但如果不用一些特殊的方法，仍然很难求解。为此，教师应引导学生通过有目的的练习，学习和积累特殊的问题解决方法。这类方法很多，其中较为重要的有：（a）模型化方法——在非常规物理问题中，对真实复杂的物理情境，去除次要因素，考虑主要因素，建

立物理模型；在常规物理问题中，分析物理状态与过程，确立相应的物理模型。(b)微元方法——将某一过程分解为一系列微小的阶段，使原来变化的量转化为微小阶段中不变的量，从而使问题得到解决的方法。通常所说的"动静转化""曲直转化"等均属于此类方法。(c)研究对象选择的隔离法与整体法——根据研究问题选择适当的物体或系统作为研究对象，从而使问题得以解决或得到更简明的解决。(d)特殊的数学处理方法——运用图像法、极值法、近似处理法等解决问题。

（4）物理问题解决中"验讨"环节的教学策略。

许多学生解题时有急于得出结果和尽快体验成功感的心理倾向，缺乏对解题过程进行回顾、检验、总结的习惯。学生仅仅解答出习题的结论并不是解题的目的，还必须有检验、总结的环节。这是因为，物理问题解决包含着各种方法、策略的学习，而反思则是方法、策略学习必不可少的环节。

为了培养学生的反思习惯和能力，可采取以下策略。

①对单一问题的解决进行反思。要求学生每解决一个问题，都要针对该问题进行研讨，对所涉及的知识、方法、策略等进行反思总结。

②对一类问题的解决进行反思。要求学生在解决某一类物理问题时，对该类问题的解决方法与策略进行反思，总结该类问题解决的一般步骤和常用策略。例如，运用牛顿运动定律解决的问题类型，运用动能定理解决的问题类型，运用机械能守恒定律解决的问题类型，等等，都可以分别总结出相应的问题解决策略。

③对问题解决总体策略的反思。要求学生经常性地反思自己的问题解决总体策略，有意识地调控自己的问题解决过程，增强问题解决能力。

在物理练习教学中，除了上述教学策略之外，特别要注意的是，学生的能力培养必须立足于自己的努力，而这种努力不仅仅是模仿教师的解题方法、步骤，更重要的是学生的智力投入，是学生的自主建构。因此，教师除了必要的解题示范外，一定要注意激发学生主动思考、积极反思的意识和习惯，要给学生更大的自主学习空间。另外，在组织信息、精选物理问题方面，要在常规物理问题基础上，有目的、有计划地选择那些与学生生活、社会热点、科技发展前沿相联系的原始问题以及 STS 问题。

第四节　物理习题教学案例与评析

物理问题解决教学的内容与形式是多种多样的。自新课程改革以来，自主、合作、探究等学习方式已逐步渗透到物理问题教学当中，使物理问题解决教学出现了生动活泼的局面。日常的物理教学中用于培养物理问题解决能力的教学通常采用物理习题教学。良好的习题教学总是要从处理好每一个练习题的教学做起。这里，给出三个教学案例，以期给物理问题解决教学带来一些启发。

[案例1]　常见物理习题教学的实例——一道力学计算题的教学

题目：质量 $m=150\ \text{kg}$ 的重锤自高 $20\ \text{m}$ 处由静止落下，到达地面时的速度为 $18\ \text{m/s}$。设空气阻力为恒力，试求重锤下落过程中受到的空气阻力等于多大。

【教学过程】

教师：这是一道常见的力学计算题。我们已经学习了力学中的主要
概念和规律，那么，如何来求解这一问题呢？在我们着手解题的时候，
首先应该做什么呢？大家都已经知道，要从审题开始。好，现在请同学
们读题，并画出描述题目过程与状态的示意图。

学生：（读题，并画示意图。）

教师：我们请一位同学展示他的示意图，并描述题目的研究对象、
物理过程和状态。

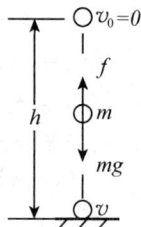

图 8-2　重锤下
落过程示意图

（引导学生分析、讨论物理图景，示意图如图 8-2 所示。）

教师：在搞清题目的物理图景之后，就要寻求解题的思路。现在，我们请同学分析一
下本题物理过程的特点，看看可以用什么方法来解决这个问题。

学生 1：这个过程中，物体受恒力作用，因此做匀变速直线运动，可以用牛顿定律和
运动学规律解决。

教师：你是如何判断的呢？能不能说得再具体一些？

学生 1：可以由 v_0、v、h 求出物体的加速度 a，再由牛顿第二定律求出合力，进而求
出空气阻力 f。

教师：大家看看是否可行？…… 好，还有没有其他方法？

学生 2：从功能关系来分析，这个过程中 mg 和 f 都是恒力，两个力做功的代数和可
以由物体动能的变化求出，而位移 h 和 mg 已知，可以求出空气阻力 f。

教师：还有谁认为这一方法可行？…… 还有别的方法吗？

学生 3：我们还可以运用动量定理来求解。具体是这样：由运动学公式可以求出下落
的时间 t；由物体质量和初、末速度可以求出动量的改变量 Δp，它等于物体受到的总冲
量；将 mg、f 和 t 和 Δp 代入动量定理公式，可以求得 f。

教师：大家看这个方法可行吗？…… 现在我们请 3 位同学分别选择以上 3 种方法中的
一种解决这一题目，并将解题过程写在黑板上。要注意解题步骤的规范。其他同学可以任
选一种方法在练习本上解出这一题目。

……

教师：（引导学生点评各学生的解题情况。）请大家比较一下这 3 种不同的方法，看看
哪种方法更简便？

学生：……

教师：我们可以看出，利用功能关系解题，往往比直接运用牛顿运动定律解题要简便
一些。另外，如果题目给出的是下落时间而不是下落高度，那么，运用动量定理解这个题
会更简便一些。下面请大家考虑，我们运用了 3 种方法来解决这个题目，那么，这 3 种方
法在解题的基本步骤上有什么共同之处呢？……

[点评]这个练习题的教学过程较好地体现了解决物理习题的一般过程，注意了物理图
景分析和图示，注意了解题计划的设计和实施，注意了解题后的反思，尤其是加强了各个
环节上学生的主动操作，既突出了教师的引导作用，也突出了学生的主体地位。

[案例2]　问题解决教学的实例——利用动能定理研究变力做功①

（教师已在课前安排学生分组探究生活中的几种变力做功的实例。）

教师：由学生疑问——如何计算推动秋千时变力做的功，导入课题——探究生活中变力的功；简述课前任务，并对学生课上的展示提出要求：要生动地展示例子并说明其变力做功过程；分别设计实验研究，并说明如何测定变力的功。

安排学生分组展示探究过程与结果。

小组1：播放跳水运动员跳水录像片段；对跳水的物理过程进行分析，确定水的阻力（变力）做功；展示实物模拟实验研究；生成习题；解决习题；谈体会。

小组2：展示实物模拟蹦极的实验，播放蹦极录像片段；分析其物理过程，确定弹性绳的力（变力）做功；展示实验研究；生成习题；解决习题；谈体会。

小组3：播放蹦床运动录像片段；分析其物理过程，确定蹦床对人的力（变力）做功；展示实验研究；生成习题；解决习题；谈体会。

教师：小结利用动能定理解决变力做功问题的方法。

小组4：播放荡秋千录像片段及其模拟动画；分析其物理过程，确定人的推力（变力）做功；展示实验研究；生成习题，并留作业。

教师：演示小球在竖直面内放置的弯曲塑料管内滑下的现象；请学生找出生活中类似的现象；播放滑雪运动录像片段；分析其物理过程，确定滑动摩擦力（变力）做功；生成问题，引导学生一起探究解决问题的方法，并将后一阶段的实验研究留给学生课下完成。

教师：回顾本节过程；小结；结束课程。

[点评]本案例主要展示一种体现新课程理念的教学组织方式。本案例的练习教学，并没有就变力做功采用"标准习题"对学生进行强化训练，而是让学生从真实情境中找出物理问题，并对之进行过程分析，展开实验研究，然后在此基础上生成习题并加以解决。尽管案例中问题的探讨略显模式化，但也突出了将物理知识用于实际的原则，不仅有利于培养学生从实际问题中建立物理模型的能力，也有利于培养学生学以致用的意识，以及关注社会、关注生活的态度。在教学形式上，让学生在课前进行合作、探究，扩大了学生学习的时间与空间范围，促进了学生的交流协作；让学生在课上汇报、讨论，突出了学生的主体性，也锻炼了学生多方面的能力。

[案例3]　真实问题解决的教学——发展物理学科核心素养

题目1：初中物理教材上有"水果电池"的内容，激发了某同学对苹果导电性能的探究。

（1）你认为苹果的导电性能可能与苹果的哪些因素有关？你的猜想是＿＿＿＿＿＿。

（2）表8-1是该同学用伏安法，在一定电压下研究苹果的形状、甜度和通过电流的关系的实验数据。

---

①　本案例选自"2005年全国第三届中学物理教学改革创新大赛"一等奖作品：北师大成都实验中学 李俭惠"利用动能定理研究变力做究"教学录像.

表 8-1 一定电压下不同形状、甜度的苹果的电流　　　　　　单位：mA

形状	甜度		
	苹果 1 一般甜	苹果 2 较甜	苹果 3 很甜
完整	100	200	300
削了皮	100	200	300
切掉了一部分	100	200	300

根据上述表格信息，把能得出的探究结论写在两条横线上。

结论一：_____

结论二：_____

[点评]此题是教材内容的延伸，联系生活实际，能激发学生的探究兴趣，扩大知识面。解决该问题，没有现成的方案，死记硬背公式显然也没用，解决的办法只有一个，那就是用科学的思维方法来指导实验探究。具体而言，就是要从实验数据中获取信息，运用控制变量的方法、对比的方法、分析与综合的思维，概括出正确的结论。①

参考答案：(1)苹果的大小、形状、酸甜程度、是否成熟、品种等(围绕苹果答出一个即可)；(2)结论：电压一定时，通过苹果的电流与苹果的甜度有关，越甜电流越大；电压一定时，通过苹果的电流与苹果的形状无关。

题目 2：小明家的白炽灯经常烧坏，仔细观察后发现，烧毁的时间多发生在深夜，且大多数在开灯的瞬间，正常发光时一般不会烧毁。小明猜想：是否是因为深夜的电压升高造成的。(1)你认为小明猜想的理由是什么？(2)请你帮他设计一个研究问题的方案。

[点评] 对这类问题，学生往往感到棘手，难于回答。究其原因，是学生习惯了解决常规性问题，对已知电路中求解电流、电压和功率等已非常熟悉，而将实际现象转化为物理模型，从而纳入认知结构来解决问题就不擅长了。解决本题，可组织学生讨论，建立起知识与现象之间的联系，明确用哪部分知识去解决问题。设计实验时要运用发散思维，设计不同的方案，用不同的方法探究出结论。

对第(1)问，学生讨论后认为：用电高峰期，电路中用电器多，总电阻小，干路中电流大，输电线分去的电压多，灯两端实际电压等于或低于额定电压。深夜电路中用电器少，总电阻大，干路中电流小，输电线分去的电压少，灯两端实际电压高于额定电压。对第(2)问，学生讨论后，设计的方案很多，其中有代表性的是：A. 用电压表在用电高峰期和深夜各测一次电压，比较两次电压，即可进行检验；B. 借助测小灯泡功率的电路图，把 10 个 2.5 V 小灯泡并联，其中的 9 个小灯泡用一个开关控制，调节滑动变阻器使每个灯达到额定电压，记录电流表和电压表的示数，固定变阻器滑片，断开控制 9 个灯的开关，记录电流表和电压表的示数，通过比较发现电流表示数减小，电压表示数增大，即可验证猜想。

第一种方法简单实用、易懂，但有一定的危险性，需要在课下与他人合作进行。第二种方法虽然复杂，但却模拟了当时的情境，具有说服力，且安全性好。总之，虽然设计的

---

① 摘自《中学物理教与学》2005 年第 3 期，有改动.

实验方案不同，验证的方法不同，但都能达到同一实验目的，起到殊途同归的作用。对于此类问题的解决，教师可组织学生对各种设计进行评估，评出"最优设计方案"，激励学生大胆开拓，培养学生的科学探究精神和创新思维能力。

　　题目3：依据查阅的资料，讨论太阳辐射对地球会产生哪些影响。

　　[点评] 这是一个开放性的，对自然现象进行讨论的问题。学生要回答这个问题，首先需要通过查阅资料获得关于太阳辐射的相关信息，然后依据自己已有的科学知识、掌握的科学方法及其科学能力与素养对该问题展开讨论。用对于太阳辐射对地球的影响论述的合理性、科学性和完整性来评定学生的物理学科核心素养。

第九章　物理复习教学

物理复习，是帮助学生巩固知识，形成科学观念，发展科学思维，培养科学探究能力，养成科学态度和责任，提升物理学科核心素养的一种重要的教学形式，是物理教学的重要组成部分。它是贯穿在整个"教与学"过程中的重构与深化物理知识的认识活动，也是提高教学质量，促进学生提升物理学科核心素养进而实现全面发展的重要途径。要取得良好的复习效果，需要明确物理复习在教学中的作用，研究并总结物理复习的方法。

第一节　物理复习的作用

物理复习的作用是多方面的，特别是新课程实施以来，强调多元化学习，尤其物理学科核心素养的提出，更使物理复习的功能有了新的发展。概括地讲，物理复习的作用有以下几个方面。

一、巩固知识，预防遗忘

一般来说，学生掌握知识和技能需要经历领会、巩固、应用这三个既相互联系，又有所区别的环节。其中，巩固知识这个环节是学习得以持续的基础和保障。所谓巩固，就是通过反复再现，学生对所学知识在头脑中进行长期保留，在运用时可以及时进行提取的过程。知识是否得到巩固，其标志在于是否能够正确地、迅速地提取和重现，进而灵活地应用于解决问题。

要巩固所掌握的知识，必须不断跟遗忘作斗争。根据心理学相关研究[①]，遗忘和保持是相互对立的两个方面。记忆的内容不能保持或者提取时有困难就是遗忘。导致遗忘产生的原因是复杂的。从教学的角度讲，预防遗忘，巩固知识的有效方法就是经常复习。

心理学研究表明[②]，在认识新知识的同时，遗忘也就开始了。在识记的最初时间遗忘得最快，后来逐渐缓慢，相当时间以后，几乎不再更多地遗忘。根据这一规律，我们在教学中不仅要加强复习，而且要及时复习。

二、温故知新，融会贯通

复习并不是简单的重复，它实际上也是一个不断建构新知识的过程，是一个温故知新的过程。复习是否能达到有效巩固，主要取决于知识内容的相互关联和重新组织，同时也要针对学生的实际，尤其是针对所存在的，带有普遍性的问题进行查缺补漏。在复习过程

---

① 彭聃玲．普通心理学：修订版[M]．北京：北京师范大学出版社，2002.
② 同上．

中，要发现知识的内在联系，把零散的、片面的知识条理化、系统化，使学生不仅对知识的理解更深刻、更全面，达到横向拓宽知识、纵向深化知识、融会贯通而形成良好的知识结构的目的，而且要注重物理观念、科学思维的培养。例如，学生初学"热量"这一概念时，容易形成的相异构想为"物体所含的热量"。如果可以通过把热量、温度改变、物态变化中吸热与放热、热和功等知识联系起来复习，就可以有效地帮助学生摒弃"含热"的错误观念，形成正确的物理观念。又如，学生分别学习了牛顿定律、动能定理与机械能守恒定律、动量定理与动量守恒定律，通过复习，学生可以明确地认识到，这三方面的规律是动力学的核心，它给我们提供了解决动力学问题的三条途径。通过分析、对比，弄清它们之间的区别与联系，这对学生掌握整个力学体系，形成科学思维，具有重要的作用。

三、综合提高，全面发展

通过概括而系统的复习，学生可以进一步体会科学探究的过程，掌握研究和处理问题的方法，有助于物理知识系统与学生已有的知识体系进行联系，形成新的认知结构，有助于知识向能力的转化。在复习过程中，教师的合理的设计和有效的实施，能发展学生分析和解决问题的综合能力。通过复习进一步揭示物理知识的内在联系，促进学生对物质世界多样性和统一性的认识等，有利于学生形成辩证唯物主义世界观，也有利于学生更加深刻地认识科学的本质，培养学生的科学态度和责任。在复习过程中，训练学生通过自主、合作、探究等学习方式，联系生活和生产实际，综合运用所学知识解决问题，全面提升学生的物理学科核心素养。

第二节　物理复习教学

由物理复习的作用可知，物理复习教学要充分考虑学生学习的过程，进行科学设计和有效实施。为此，我们需要研究物理复习的多种方式及其教学要点，还要掌握物理复习的常用方法。

一、物理复习的方式及教学要点

物理复习的方式大体上可以分为平时复习和阶段复习两种。

1. 平时复习

平时复习是在常规教学过程中贯彻始终、在多个环节都经常实施的复习方式，如在讲授新课前引入与新课相关的旧知识，讲授新课后用习题、阅读、作业等形式进行的复习。

（1）引入新课环节的复习。

新知识总是在已有知识的基础上对新的现象、问题进行探究和建构而逐步形成的。因此，新课教学开始时，经常需要引导学生复习旧知识。对新课学习所需知识的复习，可以先安排学生在课前自主进行，例如目前很多学校采用的导学案方式；复习内容应根据新课学习的需要，合理选择相关的，学生存在学习障碍、难度较大的知识或方法；课上复习时，教师应尽量避免简单陈述，而应将这些内容转换为适当的问题，设置有效的认知冲突，以引起学生的主动思考。例如学习滑轮和滑轮组新课前，可以先复习杠杆原理，进而引导学生分析得出滑轮实质为连续杠杆，最后提出新的学习任务——让学生利用杠杆原理得出定滑轮和动滑轮工作时的动力和阻力关系。

(2)讲授新课环节的复习。

讲授新课环节的复习也称为新课当堂复习，这一环节的复习符合强化记忆的及时性原则，它能有效地促进学生对新知识的理解和巩固。当堂复习通常由老师带领学生一起用简明扼要的语言或图表，对本节重点或难点知识及其形成过程进行概括总结，训练学生的科学思维。此外，还要针对重难点知识安排巩固性的习题练习或讨论，构建知识之间的合理关联。例如学习"汽化"这一部分内容后，教师可以在课堂上安排学生以小组合作学习的方式进行讨论：汽化的两种方式——蒸发和沸腾，在原理、现象、应用等方面有哪些区别和联系。

(3)巩固新课环节的复习。

巩固新课环节的复习，主要体现为课后复习，这一环节的复习是通过课后阅读、作业等形式进行。教师须指导学生在做作业之前先回顾课内的学习过程，梳理自己的新知识，体会掌握的新方法，对所学内容进行分类，提醒学生理解不清的内容要及时与同学交流或找老师解答，理解以后再做作业，不要盲目套用公式。课后作业除了习题之外，还可以根据学生的精力和兴趣，让他们做一些小实验，或联系生产、生活实际，开展实验探究活动，写小论文，搞小发明、小制作等。例如学习干电池之后让学生自制水果或土豆电池。

2. 阶段复习

阶段复习是在经过一段时间间隔的学习后所进行的比较系统的复习，包括整章复习、单元复习、期中复习、期末复习以及总复习等。其中，总复习一般指学年复习、初中课程结束前和高中课程结束前的复习，它带有对物理学科的综合性复习的性质，力图使学生对整个物理学科的知识形成一个有机的整体，并能构建知识间的联系，融会贯通。通常复习课多指阶段复习这种方式。

要组织好阶段复习这种方式的复习课，建议教师在课前做如下准备：其一，深入领会课程标准的要求，尽可能清晰地整理出教材的线索和内在联系；其二，要了解学生的学习情况，掌握学生头脑中已经存在的前概念，分析产生现有迷思概念(misconceptions)的原因，加强复习的针对性。此外，还要注意，复习课的教法与新授课的教法有所区别。

为了提高复习课效率，在复习时要处理好三个方面的问题。

(1)突出重点，提炼关键，突破教材原有的章节界限，挖掘知识的内在联系，重新科学地梳理知识内容，帮助学生构建合理、完整的知识结构。例如，高中物理必修1模块中，关于质点运动学知识，教材①分为两章，第一章依次探讨质点、参考系、时间、位移、速度、加速度等概念；第二章研究匀变速直线运动的速度与时间、位移与时间的关系，以及自由落体运动规律。当我们复习运动学这一单元知识时，就可以重新组织、安排，使学生明确运动学描述物体运动的基本方式：第一步选定描述对象——运动质点；第二步建立参考系；第三步用位移描述运动质点的位置变化，用速度描述质点运动的快慢，用加速度

---

① 人民教育出版社课程教材研究所，物理课程教材研究中心．普通高中课程标准实验教科书　物理1　必修[M]．北京：人民教育出版社，2009．

描述运动质点速度变化的快慢，从而确定质点在任意时刻的运动状态。

（2）了解学生对概念和规律理解方面混淆不清的地方，有针对性地通过引导、讨论等方式来澄清认识，弥补知识理解上的缺陷，实现知识的深层建构以及科学方法的培养和探究能力的训练。例如，加速度概念是运动学中的一个核心概念，但学生在理解加速度的物理意义方面往往存在较大的困难，虽然能表述"加速度是描述物体速度变化快慢的物理量"，但并不能顺利地判断给定运动实例中物体的加速度。为此，复习教学就要针对这一学习障碍组织材料，进行重点复习的教学设计。除了常用的辨析定义、比较相近概念等方法外，还要更多地展示多种运动情境，让学生运用加速度概念进行分析、解释、推理判断等，以真正理解加速度的物理内涵。

（3）恰当地筛选、编制练习题，帮助学生巩固知识，提升能力。复习教学常常需要借助一定数量的练习题，以便针对重难点内容进行巩固拓宽。通常来说，除了在每一节课后布置一些简单的练习题外，还要在每一章、每一单元后增加一些略有难度、带有除知识外隐含能力考核的练习题。在总复习阶段，为突出重点，还要增加一些跨章节的考核综合能力和素养的练习题。

练习题的形式可以多元化和多样化，应侧重对学生科学观念和科学思维的训练，注重科学探究能力和科学精神培养，尤其要体现对物理学科核心素养的养成。

在筛选、编制习题时，不应片面追求数量，不应搞题海战术，不提倡出偏题、怪题，更不应片面地追求高难度的繁杂计算题、综合题，应从有利于学生物理学科核心素养提升的角度筛选、编制练习题。

例题：一辆汽车在平直公路上以速度 $v=10$ m/s 匀速行驶。当发现远方有障碍物时开始刹车，以 $a=-0.2$ m/s^2 做匀减速运动，试求从刹车时开始计时，1 min 后汽车前进多远？

这道计算题，考查的是学生对于匀减速运动规律的理解，这道习题设置的目的有两个方面。

第一，加深学生对于匀减速运动临界点的理解，训练学生科学思维，避免盲目套公式。

学生可能出现的错误解题过程如下：

因为已知 $v=10$ m/s，$a=-0.2$ m/s^2，$t=1$ min$=60$ s，

所以根据 $s=v_0t+\dfrac{1}{2}at^2$ 得出

$$s=10\times60-\dfrac{1}{2}\times0.2\times3\,600=240(\text{m})$$

实际上，这个结果是错误的。造成错误的原因是学生忽略了临界点的分析。在这个题目中，经过分析，从刹车时开始计时，只用了 50 s 汽车就已经停止不动了，即 50 s 为该物体所做匀减速运动的临界点。显然，用 $t=60$ s 代入公式中，必然出现错误。

正确的解题过程应该是：

$$s=10\times50-\dfrac{1}{2}\times0.2\times2\,500=250(\text{m})$$

第二，加深学生对位移概念矢量性的理解。

对比以上两个计算过程可知，用 $t=60$ s 计算，结果得位移为 240 m；用 $t=50$ s 计

算，结果得位移是 250 m。为什么较长时间计算的位移结果数值小，而较短时间计算的结果反而大呢？通过引导学生讨论交流，加深对位移矢量性的理解。

(4)应积极探索着重体现学生主体性的多元化的复习教学方式。传统复习课主要由老师对每一章或每单元所学的知识进行总结，以提纲、表格、结构图等形式展示给学生，再结合几道习题，通过习题进行检测。这种复习方式，学生处于相对被动的地位，不能充分调动学生的主体性，不利于学生科学观念、科学思维的发展，以及科学精神的培养。因此，复习教学着重体现学生自主、合作、探究的学习方式，在教学方式上多做一些积极的探索。例如，总结知识结构的复习可以这样设计：在初始阶段，可由老师引导学生边讨论边建构基础知识框架，然后再由学生充实框架内容；可以采用小组合作学习形式，由各小组推举代表进行展示、交流；通过最终的交流讨论环节，学生在自评、互评中取长补短，再由教师引导使知识框架得到修正、完善。经过一段有目的的训练，学生逐渐对这种方式有所体会，教师就可以逐步让学生独立完成知识结构总结的整个过程。这一阶段，在组织学生进行交流汇报时，要注意提醒学生多思考、借鉴其他小组同学的知识总结，要注意学生科学态度和责任的培养。在学生交流汇报的基础上，老师也不能忽略科学思维的进一步培养，可以结合有代表性的结构图，对本部分知识的结构关系作出更科学的概述。

二、物理复习教学的基本方法

物理复习教学的方法是多元的，随着新课改的推进，还会不断推陈出新。这里介绍几种较为普遍和基本的复习方法。

1. 系统归纳复习法

系统归纳复习法是指教师引导学生对所学过的内容进行系统的归纳总结，由学生自己构建、形成基本知识结构图，再针对重点和难点进行巩固和深化的复习方法。对于大多数学生来讲，比较容易理解和制作的知识结构形式是树形结构形式。树形结构的树干是复习的纵向线索，它是各章节的主干内容，分支是联系知识点的横向线索。每章或每节知识都可以是一棵"树"，所包含的知识点是知识树上分支的点，学生可以不断添加有联系的内容。

例如在归纳光学部分知识时，老师可引导学生以光的传播为主线(树干)，以 3 种不同的传播情况(光的直线传播，光射到物体表面上的传播，光斜射到另一种介质中的传播)为分支(树枝)的思路构建知识的结构，分别由学生向树枝上填写内容，并经过小组或全班交流、补充，在教师指导下，得到较为理想的"知识树"。

除了树形结构还可用图表法。例如电场一章，概念多而且抽象，复习时可引导学生从力的性质、能的性质两方面浓缩成图 9-1。

除了以上形式外，还有框架结构、表格结构、概念图、思维导图等。这种方法的优点是使原来比较庞杂的知识变得条理化、系统化，关联性强，形象直观，易懂易记。

电场
- 力的性质
  - 电场力 $F=qE$
    - 点电荷 $F=k\dfrac{qQ}{r^2}$（真空中）
    - 匀强电场 $F=q\dfrac{U}{d}$
  - 场强 $E=\dfrac{F}{q}$（定义式）
    - 点电荷 $E=k\dfrac{Q}{r^2}$（真空中）
    - 匀强电场 $E=\dfrac{U}{d}$
- 能的性质
  - 电势能 $\Delta E=W_{AB}=qU_{AB}$（电荷与电场共有）
  - 电势差 U_{AB}
    - $U_{AB}=U_A-U_B=\dfrac{W_{AB}}{q}$
    - 匀强电场 $U_{AB}=Ed_{AB}$

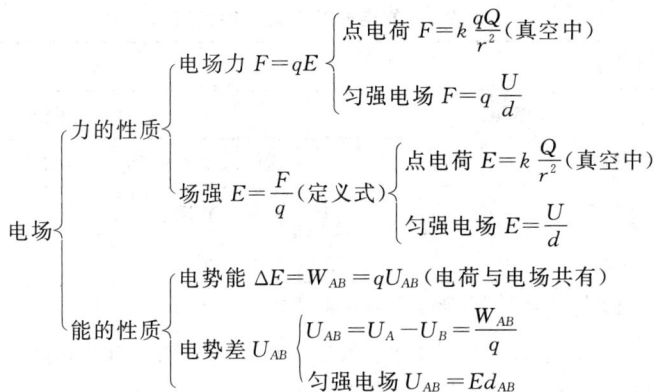

图 9-1　电场知识结构图

2. 实验复习法

物理实验能为学生的物理知识学习提供更多直接经验的支持，是帮助学生理解物理知识，培养科学探究能力的重要手段。借助实验进行复习，也是物理复习教学中经常采用的方式。实验复习通常有两种情况。

（1）针对一些抽象的概念和规律展开的复习。

有些物理概念和规律比较抽象，部分学生再次复习时还是不太理解。这种情况在复习时，如果能设计一些相关实验，并让学生亲自动手操作，将有利于学生在观察和动手的基础上，加深对知识内涵的理解。例如，复习"伏安法测电阻"时，对于电路中电流表和电压表互换位置会出现什么现象，待测电阻短路会引起什么后果等一系列问题，有的老师采用各种习题形式反复多次训练后，学生还是觉得抽象无法掌握。如果采用实验复习，针对每一类问题设计实验，边实验边观察，结合进一步分析，学生就会觉得很容易理解，并且有利于新知识的建构。

（2）针对一个主题进行实验复习。

例如，在复习"如何测导体的电阻""如何测物体的密度"等内容，或者是一些典型的疑难问题时，可以组织、指导学生亲自动手做一些实验，一方面有助于激发学生的复习兴趣，另一方面能加强实践体验，进一步突破复习难点，同时培养学生的科学探究精神，有利于学科核心素养的养成。

3. 对比联想复习法

对比联想复习法是指把表现形式虽然不同，但有某种联系的教学内容放在一起进行对比分析，引发联想，进行科学思维训练的复习方法。例如复习"电磁联系"时，可以把发电机和电动机放在一起进行对比联想复习，如表 9-1 所示。

物理学中有许多概念和规律容易混淆，因为这些概念和规律既有联系又有差异，通过对比弄清它们的区别和联系，有利于学生科学思维的训练，起到很好的复习效果。如电场和磁场，振动图像和波的图像，惯性和惯性定律，一对平衡力和一对作用力与反作用力，有用功和总功，氢原子的能级与地球卫星的能量关系，原子的能级与原子核能等物理概念与规律，都可以在教师的引导下，帮助学生进行对比联想复习。

表 9-1　发电机与电动机的比较

项目	机器	
	发电机	电动机
制作原理	电磁感应原理	通电线圈在磁场中受力而转动
基本构造	磁铁、线圈、电刷、铜环	磁铁、线圈、电刷、换向器
实际构造	转子、定子	转子、定子
有关方向	电流方向与磁场方向、线圈转动方向有关	转动方向与磁场方向、电流方向有关
工作条件或特点	线圈或者闭合回路的一部分导体在磁场中做切割磁感线的运动,产生的是大小和方向做周期性改变的交流电	利用换向器使线圈刚转过平衡位置时就迅速改变线圈中的电流方向,由于惯性,线圈就连续转动下去
能量转化	机械能转化为电能	电能转化为机械能

第三节　物理复习教学案例及评析

为了对中学物理复习教学有更具体的认识,这里给大家展示两个教学案例,并做简要评述,供学习参考。

[案例 1]　初中复习课:体育运动中的力学——"力"和"力与运动"复习及应用①

【设计思想】

从学生的体育活动切入,采用小组合作课堂竞赛方式展开知识复习,同时关注学生科学思维与科学探究能力的提高,以及培养学生善于观察、勤于思考的科学态度和责任。

【准备工作】

将四个平行班学生的体育活动进行录像,对于与物理知识密切相关的重点片断,采用慢镜头进行动作分解,或运用特写的方法进行放大、突出。最终确定如下片段:(1)百米赛跑;(2)跳远运动;(3)排球运动;(4)拔河比赛。

设计电子教案:制作一个课件,将知识点以一定的结构形式输入课件并设计隐藏按钮,只有学生发现相关知识点后,单击按钮才会显现出来。每一个知识点都配有图片说明。

用小黑板做如下得分记录表格(表 9-2),对各小组的表现情况进行记录。

表 9-2　小组课堂竞赛得分记录表

组别	课题得分	拓展分	总分
一			
二			

---

① 案例选自福建省泉州市第九中学潘巧玲老师的教学设计。

组别	课题得分	拓展分	总分
三			
四			

注：组别——每个班级分成四组；课题得分——从各项目中找出力学知识，每项10分，最后总计得分；拓展分——对学生思考总结出平时书本里未曾介绍的知识所给予的奖励得分；总分——前两项的总计得分。

【课堂实施】

教师：我们已学完了"力""力与运动"，今天我们要通过一场竞赛来复习这两章的内容。我们先放映录像片段，这些片段是我们平时体育活动的四个场景。我们的任务就是观察这些场景，从中发现它们所涉及的"力""力与运动"方面的物理知识、原理和应用。（介绍比赛规则，略。）

教师：这些体育运动中，哪些体现了我们学过的力学知识？

学生：跑步时穿的钉鞋是为了增大摩擦；拔河的绳子很粗糙是为了增大摩擦。

教师：还有没有关于摩擦力的例子呢？

学生：跑道上的塑胶颗粒是为了增大摩擦；排球表面有凹线，是为了增大摩擦。

学生：普通鞋子底部有花纹是为了增大摩擦。

教师：打开教材上"摩擦力"这一页。（引导学生回答有关摩擦力的各个知识点以及运用的方法，并配图片说明。）大家还发现有什么力学知识呢？

学生：沙坑陷下去，这是力的作用效果引起形变。

学生：排球撞网也是力的作用效果，即物体发生形变，又改变物体的运动状态。

学生：钉鞋踩下时留下痕迹，说明力的作用效果是使物体发生形变。

学生：发球、扣球，说明力的作用效果是改变物体的运动状态。

……

教师：（打开电子教案的相应页面，调出典型画面点评。）还有呢？

学生：拔河时，绳子中间的铁块是利用重力的方向竖直向下的性质来确定位置的。

学生：排球上抛后竖直下落，说明受到重力作用，力的方向是竖直向下的。

学生：跳远的人最后落下来，也是受到重力作用。

学生：拔河时，人人后仰，是利用把重心向后下方向移动来增大稳度的。

教师：让学生打开相应的页面，引导学生回答有关重力知识点和方法应用方面的问题，并提问两道思考题。

问题1：测量重力所用的方法运用了什么原理？请具体阐述。

学生：二力平衡原理，当重物挂在测力计上静止时，拉力与重力平衡，所以拉力等于重力。

教师纠正：是拉力大小与重力大小相等。

问题2：重力产生的条件是什么？

学生：在地球上。

教师：再想一想。

学生：在有引力的星球上。

教师：有进步，还不够完善。

学生：离有引力的星球在一定的距离内。

教师：好极了，还有呢？

学生：还要有质量。

教师：返回电子教案主页，继续寻找。

学生：发球时，手一直挥，大概是有点疼吧，这说明力的作用是相互的。还有，力是物体对物体的作用，力的三要素是大小、方向、作用点。

（学生举了许多例子加以说明，教师导入相应页面点评。）

教师：继续。

学生：百米赛跑时，到终点停不下来，差点撞到人，这是惯性现象。

学生：排球离开手后能向前飞去，是由于惯性。

学生：跳远时，人跳离地面后还能继续向前运动，也是惯性现象。

（教师调出相应页面点评。）

学生：拔河时相持不下，是二力平衡。

教师：是二力吗？

学生：是力的平衡。

（教师调出相应页面点评；学生又列举许多二力平衡的例子，例如：站立地面，手托排球等。）

……

作业：(1)交通规则中的力学；(2)家庭生活中的力学；(3)马路上的力学。

以上题目任选一题或自拟一题，观察生活，从各种实例中总结出力学知识、原理及其应用，并希望有建设性的创意出现。

[点评]这是一堂新颖别致的物理复习课，教师创造性的课堂设计以及丰富的课程资源较好地体现了新课程理念。这堂课突破了以往物理复习课简单归纳总结的方式，利用常见的学生体育运动的事例，将各种力、力的作用效果、力的描述、二力平衡以及物体运动状态变化的原因等力学知识有机地串在一起。教学中引入小组竞赛，既能让学生互相交流合作，又能激发学生的学习热情，使整个课堂充满活力，有利于学生对力这一科学概念的理解，通过科学探究活动设计，训练了学生的科学思维。这堂课的另一个闪光之处在于，学生充分地体会了物理就在我们身边，学习物理是有用的，这也符合"从生活走向物理，从物理走向社会"的物理教学新理念，同时体现了对培养学生科学态度的重视。当然，其中的多媒体技术不是每个学校都可实现的，但这仅仅是一种外在条件的限制。复习教学的关键是让学生充分发挥自主性，结合各类有趣现象，通过相互之间的对话，进一步理解知识，形成良好的知识体系，最终有利于学生物理学科核心素养的提升。

[案例2]　高中复习课：功率在生活中的应用①(2课时)

【设计思想】

"功率"是高中物理的一个重要概念，与生活联系紧密，且运用于生物、化学学科。所

---

① 案例选自福建省泉州市教育科学研究所周志宏老师的教学设计。

以，通过生活中的一些现象来立意设计与功率相关的问题，学生在解决实际问题的基础上，以功率为主知识点，建立涉及力、电、热、光等物理学科以及化学、生物学的整体知识结构，训练学生的科学思维，有利于功率概念的理解，体验探究的过程，注重学生物理学科核心素养的提升。

【多媒体应用】

用 Flash 或几何画板设计制作分层显示的"功率"结构图；用 PowerPoint 设计制作演示文稿，采用电子白板或用多媒体设备投影于屏幕。

【教学设计与实施】

教学过程分为知识结构、问题讨论、归纳总结三个主要环节。课上只进行知识结构和问题讨论，归纳总结以思考题的形式留给学生课后讨论完成，教师在下次课上讲评、总结。

1. 功率的知识结构图(图 9-2)

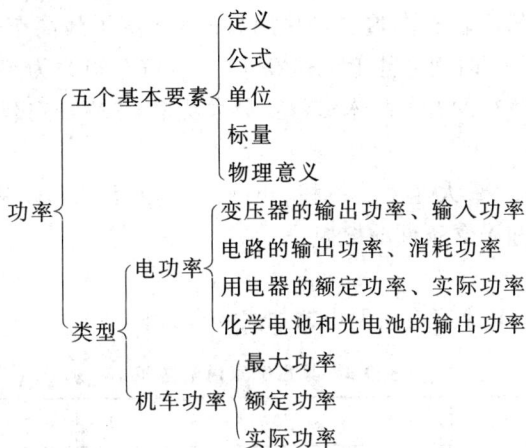

图 9-2　功率知识结构图

2. 问题讨论

问题 1：人体的功率。

题 1.1　登山：一个质量为 50 kg 的女青年用 4 h 爬上一座 1 000 m 的高山，她的登山功率是多少？若肌肉效率为 25%，她登山消耗的体能是多少？

答案：34 W；2.0×10^6 J。

(基础题：涉及力学中的功率、功、重力势能及生物肌肉效率、体能等概念。)

题 1.2　跳绳：跳绳是一种健身运动，设某同学的质量是 50 kg，他 1 min 跳 180 次。假定在每一次跳跃中，脚与地面的接触时间占每跳一次所用时间的 2/5，则该同学跳绳时克服重力做功的平均功率是多少？

答案：75 W。

(提升题：涉及功率、重力势能、位移、时间等概念和竖直上抛模型的应用，难点在于模型的建立及相关过程分析。)

问题 2：交通工具的功率。

题 2.1　自行车：设平直公路上以一般速度行驶的自行车，所受阻力是车重的 0.05 倍，则骑车人功率最接近于(　　)。

A. 10 W   B. 100 W   C. 1 000 W   D. 10 000 W

答案：B。

（基础题：涉及功率计算公式、速度、动力、阻力及其关系和生活常识即一般情况下，自行车车重与车速、人的体重等，难点在于学生容易忽视生活常识。）

题 2.2   摩托车：一个电影特技演员在盘山公路上骑一个 300 kg 的摩托车做飞跃表演，上下公路落差 5 m，水平距离 20 m，摩托车的阻力为车重的 0.2 倍，问所用摩托车的功率至少为多少，才能实现从上公路水平飞出落到下公路？（空气阻力忽略不计，g 取 10 m/s²）

答案：1.2×10^4 W。

（提升题：涉及功率、动能、初速度、位移、时间及其关系和平抛运动规律，难点在于过程分析之中将实际问题抽象为平抛运动模型。）

题 2.3   汽车：在十字路口，有一辆违章汽车以 72 km/h 的速度闯红灯后沿平直公路逃跑，路口警察 3 s 后驾一辆轿车追击，只用 5 s 就达到了最高车速，这时两车相距 840 m，问警车至少需要用多长时间才能追上违章车？（设汽车阻力为车重的 0.11 倍，人体重 70 kg，g 取 10 m/s²；轿车的有关技术参数：最大功率 55 W，空载重量 970 kg）

答案：35 s。

（提升题：涉及功率、最大速度、位移、时间及其关系和追击规律，难点在于过程分析之中真假条件的干扰和隐含条件的挖掘。）

问题 3：电器。

题 3.1   家用电器：某家庭有主要电器如表 9-3 所示。

表 9-3   某家庭家用电器表

名 称	额定功率/W	平均每天用电时间/h
电视	95	3
洗衣机	400	0.5
冰箱	200	2
抽油烟机	180	1
电饭锅	800	1
电灯（6 个）	40	5

求：(1)电器全部正常工作时，若干路电阻 2 Ω，则干路损耗功率为多少？(2)若电费 0.50 元/度，则该户每月电费多少元？（每月按 30 天计）

答案：148 W；45.98 元。

（基础题：涉及电功率、电阻、电流、功率损耗及其关系和生活中的用电单位与国际制单位的换算。）

题 3.2   电源：在实验室中，某同学用玻璃容器盛 200 g 的 KOH 水溶液，溶质的质量占 2%，A、B 为两个铂电极。开始时开关 S 断开，电压表示数为 6 V；闭合开关开始通电，电压表示数变为 4.8 V。经过 8×10^4 s 时间，断开停止通电，溶液中溶质的质量占总量的 2/55。求电源的输出功率。（阿伏伽德罗常量 $N_A = 6.0 \times 10^{23}$ mol⁻¹）

答案：57.6 W。

（跨学科综合题：涉及电功率、电源电动势、内阻、路端电压、电流、电源的输出功率、时间、电荷量及其相互关系和化学中水的电解方程和物质的量的计算，难点在于过程分析及综合应用能力。）

思考问题 1：比较人体运动功率、机械功率和电功率。

思考问题 2：以功率为主知识点的相关实际问题还有哪些？

思考问题 3：要求学生作出以功率为主知识点的知识结构框图，并相互讨论。

[点评] 本复习教学设计在系统归纳复习法基础上，配合练习题进行针对重难点的复习，既考虑了知识结构的形成，又围绕主题进行了有层次的练习。特别值得注意的是，基于生活、生产实际来设计问题，情境真实，且涉及相关学科知识，有利于培养学生综合运用科学知识来解决实际问题的兴趣、意识和能力，有助于学生科学态度和责任的培养，能有效提高学生的物理学科核心素养。本案例教学内容设计有一定特色，但未能展示教学过程，还需要实施过程中注意引导学生积极参与、主动思考、归纳，促进其知识的自主建构。

第十章　物理实践活动教学

中学物理实践活动是以物理学科知识为背景，有目的、有计划、有组织地采用多样化的项目和活动方式，让学生自主选择具有实际意义的课题，综合运用所学物理知识以及其他学科知识进行科学探究的教学活动。它有助于学生的科学观念和科学思维形成，有助于加深学生对"科学、技术、社会、环境"关系的认识，可发展学生对于科学技术的兴趣和爱好，对学生的科学精神和创新能力具有积极的促进作用，有利于学生物理学科核心素养的提升。因此，物理实践活动教学是中学物理教学的重要组成部分。

第一节　物理实践活动教学概述

物理实践活动教学，是以学生活动为主的物理教学形式，是在教师引导下由学生自主进行的实践性物理学习活动。

一、物理实践活动教学的目标及意义

1. 物理实践活动教学的核心素养教学目标

物理观念目标：通过实践活动，学生加深对相关物理概念、规律、理论等内容和含义的正确理解，深入认识物理知识与相关自然现象和生活经验之间的联系。

科学思维目标：学生提高从观察与思考生活现象中发现问题的能力，并通过实践活动形成科学解决问题的思维方式，即利用适当的工具和技术手段（包括计算机），通过多种途径获取信息；学会整理与归纳信息，学会判断和识别信息的价值，并恰当地利用信息；学会运用获得的信息描述或说明问题，并做出恰当的解释，最终解决实际问题。

科学探究目标：通过自主参与，学生亲历问题探究的实践过程，获得科学研究的初步体验，逐渐培养科学探究的能力。具体包括：发现及确定探究的题目；提出探究设想及自主开展探究活动；获得探究的结论，对问题的发展做出初步预测或提出适当的对策；展示或交流探究过程、成果、心得等。

科学态度与责任目标：通过实践活动，学生加深对于自然、社会和人生问题的思考与感悟，激发探索、创新的兴趣和欲望，并且逐步形成喜爱质疑、勤于思考、乐于在探究中获取新知的心理素质。在实践活动过程中，学生形成坚持真理、勇于创新、实事求是的科学态度和科学精神；形成可持续发展和将科学服务于人类的意识，关心科技和社会的发展与进步。

2. 物理实践活动教学的意义

中学生的独立意识和思维、创造等多种能力均处于快速发展时期，兴趣爱好日益广泛，他们往往不满足于课堂学习和局限于书本上的内容，具有强烈的探究欲望，乐于参加

各种创造性和趣味性的活动。伴随着生活空间的不断扩大和知识、阅历的不断丰富，他们的人生观、世界观也在逐步形成，对人生、社会、自我都形成了初步的认识，需要更广阔的发展空间和多样化的学习方式。物理实践活动可以为学生的发展开辟面向生活、面向自然、面向社会的广阔时空，它提倡学生自主选择感兴趣的课题和自己独特的学习方式，从而能更好地适应每个学生的学习需要。

传统中学物理教学偏重认知领域的接受性学习，制约了学生学习的主动性，难以发展学生的创新精神和实践能力。物理实践活动教学就是要给学生创设主动探究、亲自操作、自由表达的氛围，让学生在过程中体验实践和创新的魅力，培养科学探究能力。学生通过实践与创新认识外部世界，在潜移默化中实现认知、情感、态度以及观念的发展变化；学生通过与他人的合作学习，分享经验，认识生活，认识社会，发现自我，形成健全的人格和积极的人生态度。此外，由于物理实践活动是师生共同探求新知，所以这有利于在教师和学生之间构建平等、民主、和谐的新型师生关系。

因此，物理实践活动教学是学生发展科学兴趣、学习科学知识、加强科学应用、提高科学实践能力的重要途径，同时也是学生提高思想品德修养、培养审美能力、陶冶情操、丰富精神生活的重要途径。物理实践活动还可以促进学生了解社会，增强科学态度和社会责任感。物理实践活动教学体现了当前科学教育所倡导的 STSE 教育精神，反映了当今世界科学教育改革的基本理念，是新课程实践中的一个亮点，是提升学生物理学科核心素养的重要途径。

二、物理实践活动教学的特点

物理实践活动教学以学生感兴趣的问题为核心，围绕现实中与物理知识相关的主题展开实践探索。它强调基于学生的经验，密切联系学生日常生活和社会实际，体现科学知识的综合应用；注重学生对实践活动过程的亲历和体验；强调超越教材、课堂和学校的局限，在活动时空上向自然环境、生活领域和社会活动领域延伸，使学生与自然、生活、社会密切联系。

另外，物理实践活动教学也是对传统的接受式学习方式的一种变革，其目的不在于让学生获得高深的研究成果，而在于获得一种积极的学习体验，从而改变长期以来偏重知识接受的学习方式，实现学习方式的有效转变。

物理实践活动教学具有如下几方面的特点。

(1)生活性：回归学生的生活世界，从学生真实的生活世界中选取那些与物理相关的综合性、实践性、现实性的问题、事件、现象来设计课程内容，使学生能够面对生活世界的各种现实问题，综合运用所学知识，主动地去探索、发现、体验、重演、交往，亲力亲为，获得解决问题的真实经验，有利于科学观念的形成。

(2)实践性：以活动为主要展开形式，强调学生通过真实情境中的实践建构个性化的知识经验，强调学生的亲身实践。学生应积极参与到各项活动中，在"做""观察""实验""探究"等一系列的活动中发现和解决问题，体验和感受生活，发展创新精神和实践能力，培养科学探究能力。

(3)兴趣性：关注学生的兴趣，所探究的是学生真正感兴趣的问题。这样的实践活动，更容易点燃学生的思维火花，更加有利于培养学生对问题的质疑态度和批判精神，能使之获得对学习的感悟和体验，以及对自我价值的认同等，有利于学生科学思维的锻炼。

(4)开放性：尊重每一个学生发展的特殊需要，课程内容面向学生各自的生活世界，涉及学生的学校、家庭与社会生活的多个方面；不同的地区、学校、班级和学生，具体的活动内容可以各具特色；实践活动关注学生在活动过程中所产生的丰富多彩的学习体验和个性化的创造性表现，活动过程与结果也都具有开放性。在学习活动方式上，学生可以根据现有的课程资源和自身已有的经验，采取不同的方式，因此也具有开放性，更有利于物理学科核心素养的提升。

(5)协作性：提供了有利于人际沟通与合作的良好空间。学生在合作群体中既能独立思考、积极参与，又有机会与伙伴互相帮助、彼此协作；学生需要自觉遵守合作规范，正确对待个人与群体的关系，有利于科学精神和责任的培养。

(6)生成性：实施过程强调学生亲身经历及其实际的发展性体验，其目标与价值更多的是生成的，而不是预设的。学生参与活动过程，就是在过程中获得逐步的发展，更有利于学生物理学科核心素养的提升。

(7)自主性：充分尊重学生的兴趣、爱好，可以让学生自己选择学习的目标、内容、方式甚至指导教师，自己决定活动方案和活动结果呈现的形式，从而为学生自主性的充分发挥开辟广阔的空间，更有利于学生物理学科核心素养的提升。

(8)创新性：主要由学生来发现问题，设计方案，收集资料，解决问题，并且主要关注实践过程，因此为学生的创新提供了更为宽松、自由的空间，也更有利于学生物理学科核心素养的提升。

三、物理实践活动教学的类型

物理实践活动教学可以从基本的活动形式和具体实施类型两个角度进行分类。

基本活动形式：调查、参观、访问、考察、观察、实验、演示、测量、制作、资料收集、活动设计、服务、宣传、表演、总结、交流、答辩、反思等活动，它们是组成实践活动的基本活动形式。

具体实施的类型：依据学生所要研究解决的不同问题，实践活动教学的实施主要可以区分为两大类别即课题研究类和项目设计类。课题研究以解决某一个认识问题为基本目标，具体活动形式包括调查研究、实验研究、文献研究等形式。项目设计以解决一个比较复杂的操作问题为基本目标，如对某一设备或设施的制作设计，对某一项目的建设或改造的设计等。在每一项活动主题的实施过程中，通常会涉及多种具体活动形式，所以实施的过程是各种基本学习活动形式的组合。

四、物理实践活动教学的资源开发与利用

物理实践活动教学的开放性、生活性和实践性等特点，决定了它的实施必然要求拓展教学资源的开发和利用范围。

1. 要从本校实际出发，充分开发和利用各种校内资源

学校内部资源包括具有不同知识背景、特长、爱好的教师和职工，包括图书馆、实验室、计算机房、校园等设施、设备和场地，也包括反映学校文化的各种有形、无形的资源。教师要充分利用现有物质条件并努力创设新的条件，逐渐形成一种鼓励探究、创新的

校园文化氛围。

2. 要开发和利用当地的社区资源和学生家庭中的教育资源

社区教育资源包括各种公共文化设施、设备和场所，如图书馆、博物馆、纪念馆、展览馆等；高等院校、科研机构、企业事业单位、政府机关等；有不同专业背景、特长爱好、技能技艺的居民。学生家庭中也有各种可以支持实践活动展开的人力、物力、财力等资源。开发利用这些资源时，应注意学校之间的相互交流以及资源的共享：自然因素及其状况、社会因素及其历史与现实状况、工农业生产、交通、文化遗产、社区经济生活、社区文化生活等；地方或社区社会活动，如宣传、服务、文体等方面的活动等；民族文化传统、学校传统；图书馆、博物馆、革命圣地、历史遗迹、政府与社会机构；劳动与技术教育基地；全球化问题和国际背景等。

五、物理实践活动教学效果的评价

物理实践活动教学评价比较复杂，从评价对象上可分为学生评价和教师评价等；从评价主体上可分为自我评价和他人评价等；从评价内容上可分为过程评价和结果评价等。下面只围绕学生评价做简要陈述。

关于学生评价的内容应该包括：学生参与活动的态度、合作精神、创新精神和实践能力的发展情况；对学习方法和研究方法的掌握情况等。具体包括评价学生对查阅资料、实地观察记录、调查研究、整理材料、处理数据、运用工具等方面技能、方法的掌握和运用水平。学生评价的重点应在评价学生的发展层次和发展水平上，应以学生已有的发展基础为评价标准，并突出学习过程的科学观念、科学思维、科学探究能力、科学精神和责任等物理学科核心素养；应坚持发展性、客观性、激励性等原则，不过分强调实践结果的科学性和合理性。

学生评价的途径主要有考试与观测、汇报表演、成果展示、答辩会、竞赛等；学生评价的方式主要有自我评价与他人评价、个别评价与集体评价、形成性评价与总结性评价等。

第二节　物理实践活动教学的组织与实施

由于物理实践活动开放性较强，所以要想取得良好的教学效果，提高活动的有效性，教师需要进行有组织、有计划的合理设计，在实施过程中也要加强组织和及时指导。

一、物理实践活动教学的组织形式

物理实践活动教学的组织应该在保证安全、有效的前提下，选择小组合作活动或个人探究活动等不同形式。

小组合作活动：小组合作活动是物理实践活动教学的基本组织形式。小组的构成由学生自己协商后确定，尽量实现组间同质、组内异质。为使实践与探究走向深入，小组成员的组成不限于班级内，允许并鼓励不同班级之间、不同年级之间，甚至不同学校、不同地域之间学生的合作组合。

个人探究活动：个人探究活动的组织形式有利于发展学生独立思考的能力和独立解决问题的能力。中学生已经具备了较强的社会活动能力，在实践活动过程中，应鼓励学生独立进行活动，同时鼓励学生与他人进行交流与分享。

在实践活动的实施过程中，也可以根据实际需要，采取全班活动的组织形式。

二、物理实践活动教学内容设计的原则

1. 适应学生的学力水平和个性心理特征

学习者在活动能力、关注范围、兴趣爱好等方面的特点对实践活动内容的选择有着重要的影响。初中生对各种自然和社会现象具有广泛的兴趣爱好，但由于他们还没有形成稳定的学习能力，故需要有适当的引导和鼓励。教师可以根据物理知识特点和学生原有的知识储备，提出一定的选题范围或若干类型的参考题目，帮助学生开拓思路，引发注意和思考，让学生从中选择、确定研究内容。高中阶段可以扩大选题的范围，或鼓励学生自主选择课题。初中阶段在选题内容上要有一定的趣味性，高中阶段相对要加强理论深度。总之，实践活动的内容设计应符合学生的年龄、心理特点，要尊重学生的个人意愿和兴趣爱好，还要有利于学生物理学科核心素养的形成。

2. 重视学生的社会生活经验，关注学生差异

物理实践活动教学需要结合学生的生活和社会经验，引导学生发现和提出问题，在此基础上确定项目或选题。作为自然科学的基础学科之一，物理知识与生活、社会有着广泛的联系。因此，实践活动应该充分考虑学生的生活、社会经验，将学习置于真实、复杂的情境之中。

不同地区、不同学校、不同学生是有层次差异和类型区别的，因此，实践活动在目标定位上可以各有侧重，在内容选择上也可以各有特点，应为学生留有足够的余地，让学生依据兴趣爱好和个体条件自主选择研究项目，从而为学生的个性化发展提供更充分的空间。

3. 重视与现代科学发展和各学科知识的联系

初中生喜欢进行丰富、奇特的幻想，敢于提出大胆的设想，在许多方面表现出强烈的探究和创造欲望。与现代科学发展趋势相联系的学习内容，更有利于调动学生的科学精神。教师可以通过开设相关的科普讲座、推荐科技书籍、介绍科学人物等，激发学生参与实践活动的兴趣，启迪他们的思维，同时还要积极鼓励学生大胆地提出问题，并设计解决问题的方案；可以深入浅出地向学生介绍一些当代科技发展的最新成就，如航空航天、生物工程、计算机技术、环境保护、新材料新能源等，以增进学生对科学发展的了解和认识，有效地激发他们参与研究的兴趣和热情，开拓活动的领域和思路，培养科学精神和责任。

在实践活动中，教师要注意创设各种情境和条件，加强与其他学科知识内容的联系，促使中学生学会从不同角度去观察和思考问题。在同一主题下，研究视角的确定、研究目标的定位、切入点的选择、过程的设计、方法手段的运用以及结果的表达等，都可以有较大的灵活性，训练学生的科学思维。有条件的情况下，鼓励学生尝试开展跨学科综合实践活动。

4. 开发本土化教学资源，逐渐积累，实现教学资源的共享

不同地区的学校要因地制宜地开发教学资源，可以更多地与当地的农副业生产、农业科技活动、劳动技术教育等相结合，还可以根据地方的传统优势和校内外教育资源的状况，构建有地区文化特点和学校特色的实践活动内容，开发本土化的教学资源。

物理实践活动教学过程是学生、教师共同学习、合作、分享的过程，也是更多的社会教育资源参与到教育活动的过程。应该做好教学资源开发和利用的积累工作，提高社会教学资源的利用效率，使不同的学校、教师和学生在不同的时间、空间范围内共享资源。

三、物理实践活动教学的实施

物理实践活动教学的实施过程一般分为三个阶段：进入问题情境阶段、实践体验阶段和总结交流阶段。在活动进行过程中，这三个阶段既相互交叉又交互推进。在不同阶段，教师有不同的指导任务。

1. 物理实践活动的三个阶段

(1)发现问题、任务准备阶段。

在这一阶段，教师首先要采取多种途径创设问题情境，明确研究任务。根据初、高中情况的不同，可以通过讲故事、开设讲座、组织参观访问等，做好背景知识的铺垫，激活学生原有的知识储备，提供研究范围，诱发探究动机。与此同时，学生要在教师指导下，学习从多个角度去发现问题和分析思考问题，建立科学探究合作小组，可以邀请校内外指导教师提供帮助，以便更好地参与研究活动；要积极搜寻相关资料，生成实践研究的具体题目，形成最基本的目标和思路，进入探究的准备状态。

(2)实践体验、解决问题阶段。

在这一阶段，学生按照已明确的研究思路，在开放的情境中进一步收集资料，加工和处理信息，体验小组合作与各种形式的人际交往、沟通，以科学思维和科学态度解决实际问题。在此过程中，学生通常会碰到各种困难，而且中学生兴趣激发快、变化迅速的特点容易使他们的探究活动不能持久，因此，还需要教师的及时鼓励、指导和督促。

(3)成果梳理、总结交流阶段。

学生要将自己或小组经过实践、体验所取得的收获进行整理，形成书面材料和口头报告材料。成果的表达方式要多样化，除了按一定要求撰写实验报告、调查报告以外，还可以通过开辩论会、开研讨会、搞展览、出墙报、编刊物、制作网页等方式加以表达，同时还必须以口头报告的方式表述成果。学生通过交流、研讨，与同学们分享成果，这是实践活动不可缺少的一个环节。在交流、研讨中，学生逐渐学会理解和宽容，学会客观地分析和辩证地思考，也形成敢于和善于争辩的能力。

2. 教师在不同实践阶段承担的指导任务

在物理实践活动教学的不同阶段，教师的任务有所不同。

(1)发现问题、任务准备阶段。

教师应针对学生的文化程度、科学知识基础及其兴趣爱好，以及学生所处社区的特定背景和自然条件等，引导学生确定合理的活动主题；在学生初次进行实践活动时，教师应提供若干活动主题供学生选择；随着学生能力的不断发展，教师应让学生自主确定活动主题；在主题确定后，教师要引导学生进行论证，制订合理可行的活动方案；针对学生已有相关的课程资源,在活动开始阶段,还可以结合实例对学生进行适当的基础训练,帮助学生掌握使用工具书(如索引、文摘、百科全书等)、使用视听媒体、做笔记、进行访谈、对资料做整理和分类等方面的技能。

(2)实践体验、解决问题阶段。

教师要及时了解学生实践活动开展的情况,有针对性地进行指导、点拨与督促;要组织灵活多样的交流、研讨活动,促进学生提高自我学习能力,帮助他们保持和进一步提高学习积极性;对有特殊困难的小组要进行个别辅导,或创设必要支持条件,或帮助调整研究计划。教师要在实施过程中实现从知识传授者到学生学习的组织、指导、参与者的角色转换。在具体的活动过程中,要指导学生有目的地收集事实材料,指导学生运用调查、观察、访问、测量等方法;要指导学生写好研究日记,及时记载研究情况,真实记录个人体验,引导学生形成收集和处理信息等的能力。另外,教师还要开发对实施实践活动有价值的校内外教育资源,为学生开展活动提供良好的条件。

(3)成果梳理、总结交流阶段。

教师应指导学生对活动过程中的资料进行筛选、整理,形成结论,指导学生撰写活动报告,并进行不同方式的表达和交流;要引导学生着重对活动过程中的体验、认识和收获进行总结与反思。

四、物理实践活动教学中应处理好的几种关系

物理实践活动教学应该拓展中学生的生活空间和学习途径,实践活动的实施要超越书本学习的单一模式,加强学生与自然、社会的联系,充分发挥学生的主体性,同时还要加强教师的指导。实践活动的内容是开放的,但也要有计划地设计和组织实践活动的主题。实践活动的实施过程必须处理好以下几种关系。

1. 人与自然的关系

人的现实生活处于自然环境中,与人的生存环境相关的自然现象或科学问题很多。实践活动应该引导学生自主地从自然情境中提出他们感兴趣的,且与物理有关的问题。学生通过观测、考察、实验、探究等多种活动,走进自然、感受自然、探究自然,获得丰富的体验。

2. 人与社会的关系

人的社会性决定了教育必须增进学生的社会认识和社会实践能力,而物理实践活动可以使中学生通过参观、访问、考察、探究等活动,了解和探讨社会现象中与物理有关的内容,体会自己与社会、与他人的关系,养成关注社会、服务社会的意识,增强社会实践能力和社会责任感,提升科学精神和责任感。

3. 学科知识与其他相关知识的关系

物理实践活动教学毕竟不同于综合实践活动,所以教师在活动的过程中应该处理好物理学科知识与其他相关知识的关系,不能盲目地开展实践活动,忽略了学科的教育目的和任务,要体现对物理学科核心素养的提升。

4. 学生的生活经验和物理知识的关系

物理实践活动教学需要教师引导学生从学生个体的学习生活、家庭生活、社会生活中提出具有科学探究价值的活动主题,应克服单一的从书本到书本、从文字资料到文字资料

的局限性。在实践活动的实施过程中，要引导学生结合自己已有的经验开展调查、考察、参观、访问、实验、测量等丰富多样的实践活动。值得注意的是，实践活动开始源于经验，通过实践活动最后应该超越经验，获得科学知识和技能，体验学习方法。

5. 学生的自主实践与教师的有效指导的关系

物理实践活动是一类充分发挥学生主体性的课程，它要求学生积极参与、自主实践，但这并不意味着可以忽视教师的作用，相反它对教师提出了更高的要求，教师必须有针对性地进行引导、指导。处理好学生的自主实践与教师的有效指导之间的关系，是实践活动实施过程中的一个基本要求。

6. 信息技术与实践活动的关系

物理实践活动教学不仅要把信息技术作为一种手段，而且要把信息技术作为一种素养，渗透在实践活动的过程中，借以培养和提升学生收集和处理信息的能力；要积极运用网络等信息技术手段，拓展实践活动的时空范围；要引导学生主动积极地利用现代信息资源，促进学习方式的多样化。信息技术手段的设计与运用要致力于为学生创造反思性的、自主合作探究的学习情境和问题情境，要防止陷入单纯技能训练的误区。

五、物理实践活动教学的注意事项

由于物理实践活动教学可能走出校园，在开放的时空中实施，因而安全保障是不能忽视的问题。教师一定要注重对学生进行安全教育，培养学生良好的心理素质，同时提醒学生预防事故，注意自我保护。为此，教师要引导学生对校外活动进行精心规划和组织，对活动范围、条件、背景等因素做周密的设计和安排，另外还要尽可能争取社会有关部门和学生家长的支持。

第三节 物理实践活动教学形式

实践活动教学可以从课堂延伸到课外，从学校延伸到家庭、社会。因此可以采用多种形式。下面主要介绍几种常用形式：自主探究实验、设计与制作、参观与实践。

一、自主探究实验

自主探究实验是指学生主要利用课余时间，通过一些简单的器材或自制仪器独立完成的一种教学实验。这类实验大多与教学内容有密切联系，面向的是全体学生，但其内容不受课程标准的限制，对不同的学生可以提出不同的要求，以充分发挥每个学生的创造力。

实验大体可以分为两类。一类是动手的小实验，即教师结合教材内容，启发学生利用生活中方便易得的材料，做一些简单安全的实验。例如，悬挂法测物体的重心、纸盒烧开水、验证合力与分力的关系等。另一类是手脑并用的课外探究性实验，由学生或教师提出问题，主要由学生在课余时间自己设计方案、选择器材、操作实验，进而得出结论。例如，用各种方法测定大米的密度、测量某种小动物的爬行速度、比较不同材料的保温性能、研究橡皮筋伸长与拉力的关系等。

自主探究实验对学生来说是一种很好的锻炼，能促进学生的科学观念形成，有效训练科学思维，有助于科学探究能力提升。它是中学物理教学中不可缺少的组成部分。由于这种类型的实验时间在课外，地点大多是家庭中，因此其内容应简单实际，所用器材应方便易得，所涉及的知识和技能也不宜太复杂，力求以最少的投入得到最好的效果。

二、设计与制作

中学生在物理课堂内接触和使用过许多实验仪器和设备，这些仪器和设备大多是购买的成品或由教师设计制作的。让学生利用生活中常见的物品，设计、制作简易的仪器或用具，是一种有效的物理实践教学形式。例如，学习了杠杆平衡条件之后，可以让学生在课外制作一杆秤；利用电学知识设计简易欧姆表；自制游标卡尺；制作热气球、水火箭等。这些设计与制作的实践活动，不仅可以培养学生对物理和技术的学习兴趣，锻炼学生的动手能力，也有助于学生更加深刻地理解相应的物理原理或规律，还可以激发学生的创新意识，培养动手实践能力。在学生完成设计制作之后，教师可以组织学生举办展示和评比活动，会得到更好的效果。设计和制作的实践方式更有利于学生物理学科核心素养的提升。

三、参观与实践

组织教学参观与实践活动，可以让学生接触社会实际、观察自然环境，既开阔了学生的眼界，又弥补了实验室的不足。例如，可以组织学生参观科技馆、科学实验室以及工厂等。在实践活动中，学生通过眼看、口问、耳听，甚至动手试一试等体验过程，会留下深刻的感性认识，能加深对所学知识的理解，更有利于物理科学观念的形成。在参观与实践过程中发现的问题，可以作为学生自主探究的课题，教师组织学生通过查找资料、实地调研、开展实验等方式进行深入探究，培养学生发现问题和解决问题的能力，不断进行科学思维训练，为培养科学探究能力创设了条件。这种形式的实践活动不仅丰富、活化了课堂所学的知识，还可以让学生们看到理论与实际之间的联系与差距，对于学生物理学科核心素养的提升有着良好的促进作用。

第四节　物理实践活动教学案例与评析

新课程实施以来，物理实践活动教学在许多学校开展起来，教师和学生创造了很多好的教学经验。下面提供两个案例供大家学习参考。

[案例 1]　初中案例——水会增大物体间的摩擦吗？[①]
【活动目的】

根据实际问题和所学习的摩擦的有关知识开展探究活动，培养学生的观察能力、解决问题的能力等，激发学生的兴趣、打开思路，增强对科学观念的理解，培养科学思维，提升科学探究能力，其中也涉及技术方面的问题。

---

① 本案例参考郑青岳主编，浙江教育出版社出版的《科学课程 100 个教学案例》一书中案例 1 改编而成．

【问题提出】

在进行"摩擦的利弊"教学过程中，有的学生提出："地面上有水，人容易滑倒。——水减小了物体间的摩擦。"也有的学生提出："手指上蘸些水，翻书的时候会比较容易。另外，建筑工人或者农民使用铁锹时，如果感觉到有些滑，总会往手心吐一口唾液，这样就会比较容易抓紧铁锹。——水增大了物体间的摩擦。"

这就产生了认知冲突，激发了学生进一步探究的兴趣，有利于新知识的建构。以此为契机，教师设计了一节物理实践活动课，采取小组合作、实验探究的形式来研究这个问题。

【问题的关键】

初中生脑中关于摩擦的知识较少。通过上一节课的学习，他们已经知道了滑动摩擦力与正压力、接触面的粗糙程度有关，但是运用这些知识深入进行探究的时候，仍然会存在困难。学生刚开始学习用科学探究的方法研究问题，在确定主要影响因素、设计实验、应用控制变量法时，也会遇到困难。因此，教师要在这些方面加以指导。

【理论基础】

滑动摩擦力的本质是电磁相互作用，取决于相互接触的两个物体表面分子之间的相互作用力的大小。对初中生来说，由于受到学习能力和知识水平的限制，只能采用实验探究的方法确定影响摩擦力的宏观因素，即滑动摩擦力的大小与正压力、接触面的粗糙程度有关。正压力越大、接触面越粗糙，摩擦力越大。

根据初中生的认知水平，水到底是增大还是减小物体间的摩擦这一问题，可以通过水影响物体间的粗糙程度来解释。对于两个互相接触的物体，正压力一定，如果材料的吸水性较差，则容易在物体间形成水膜，减小摩擦。这与轴承的原理类似。反之，如果两种材料的吸水性都较强，物体间没有形成水膜，而且吸水后，材质有所改变，加上水的黏性作用，摩擦力增大。

【实验探究活动】

在学生提出问题的基础上，教师首先引导学生讨论是否可以通过实验探究的方法来研究这个问题。接着，让学生分组讨论，在已有知识的基础上，针对问题进行猜想，设计实验进行探究。

在这一活动中，学生的主体地位尤其突出。主要的设计、实验等环节基本由学生独立、自主完成，教师只是在必要的时候给予指导。

第一小组活动。

检验猜想：水是否增大物体间的摩擦取决于物体间的压力大小。

设计与操作：取两个木板叠放，把下面的木板固定住。分别在上面的木板上加 2 个、4 个 50 g 的砝码，用弹簧测力计匀速拉动，读出弹簧测力计的示数。

在两个木板之间加入少量的水，分别在上面的木板上加 2 个、4 个 50 g 的砝码，用弹簧测力计匀速拉动，读出弹簧测力计的示数。把测量结果填入学生自己设计的表 10-1 中。

表 10-1

实验情况		加 2 个 50 g 的砝码时，弹簧测力计示数（单位：N）	加 4 个 50 g 的砝码时，弹簧测力计示数（单位：N）
在"无水"木板间匀速滑动	第一次		
	第二次		
	第三次		
在"有水"木板间匀速滑动	第一次		
	第二次		
	第三次		

第二小组活动。

检验猜想：水是否增大物体间的摩擦取决于所加水量的多少。

设计与操作：取一块木板，放在水平桌面上，分别在上面加入 50 g、200 g、500 g 的水，用弹簧测力计拉着小物块在其上匀速滑动，读出弹簧测力计的示数。把测量结果填入学生自己设计的表 10-2 中。

表 10-2

实验情况		加 50 g 水，弹簧测力计示数（单位：N）	加 200 g 水，弹簧测力计示数（单位：N）	加 500 g 水，弹簧测力计示数（单位：N）
小物块在木板上匀速滑动	第一次			
	第二次			
	第三次			

第三小组活动。

检验猜想：水是否增大物体间的摩擦取决于物体的表面性质。

设计与操作：选择油漆过的和未油漆过的木板，并放在水平桌面上。把小物块分别放在两块木板上。用弹簧测力计拉着小物块做匀速直线运动，弹簧测力计的示数等于滑动摩擦力的大小。把测量结果填入学生自己设计的表 10-3 中。

注意：先在干燥的表面上做一次实验，再在湿的表面上做一次实验。

表 10-3

实验情况		接触面干燥，弹簧测力计示数（单位：N）	接触面有水，弹簧测力计示数（单位：N）
小物块在油漆木板上匀速滑动	第一次		
	第二次		
	第三次		
小物块在未油漆木板上匀速滑动	第一次		
	第二次		
	第三次		

【交流与讨论】

(1)如何使小物块"匀速滑动"?

解决方案:用一个小电动机来匀速拉动小物块。

(2)交流与评价各组的设计和研究结论。

第一组。

探究结论:整体而言,水会增大两木板间的摩擦力。且随着物体间压力增大,无论加水与否,摩擦力都会增大。

评价:两个木板间的相对滑动不易控制;木板最好水平放置;结论比较笼统,没有找出相应的影响因素。

第二组。

探究结论:随着水量增大,物体间的摩擦力增大。但是,当加水很多时,弹簧测力计示数变小,说明物体间摩擦力变小。

评价:实验设计较好,但是结论针对性不强。

第三组。

探究结论:材料的吸水性较差时,水可以减小物体间的摩擦。

评价:实验设计很好,直接面对问题,找到了主要因素,但是没有进行比较深入的讨论。

最后师生根据已有知识和各小组的实验结果做出解释:水会影响接触面的粗糙程度,从而影响摩擦力的大小。当材料的吸水性较差时,在物体间形成水膜(类似于轴承里面的润滑油膜),从而减小物体间摩擦。当材料的吸水性较好时,由于水的黏性作用,会增大物体间摩擦;但当加水较多时,也会形成水膜,减少摩擦。另外,不论是否有水,物体间的摩擦力大小都与正压力有关,正压力越大,滑动摩擦力越大。

[点评]这是一个较好的采用小组实验探究方式开展的实践活动案例。教师抓住了学生在摩擦力的学习过程中根据自己的生活经验发现问题这一契机,及时组织学生开展实验探究,引导学生利用所学的知识和方法,自己寻找问题的答案。通过小组分工、合作,动手、动脑开展探究活动,在获取实验数据的基础上,通过交流讨论,得到了合理的解释,深化了对滑动摩擦力的认识,加深了对研究问题的过程和方法的体验,激发了学生实验探究的兴趣和热情,增强了学习的主动性,有利于对学生科学探究能力的提升。但案例对学生实验探究的过程描述不够详细,未能充分展示学生探究活动的全貌。

[案例2] 高中案例——角膜激光矫视模拟实验[①]

【活动目的】

根据透镜的原理了解眼睛的构造;通过模拟性探究实验理解激光矫视技术的原理,学习科学探究方法,锻炼实践动手能力,深入认识物理学发展与技术进步之间的关系,认识技术的作用和局限性;通过查阅资料了解近视眼的形成原因、防护措施和治疗方法,形成保护眼睛、关注自身健康的意识和习惯;了解激光矫视技术的适用范围,认识科学技术对人类健康的作用,培养科学精神和责任。

---

① 选自香港大学教育学院,NOS/STSE优质教育项目教材,有删改.

【问题提出】

(1)眼睛的内部结构是怎样的? 有什么样的光学原理?

(2)近视眼如何矫正? 激光矫视技术的原理是什么?

(3)激光矫视手术可能会有什么样的问题,不适宜人群有哪些?

(4)近视眼是怎样形成的? 有哪些防护措施和治疗方法?

【问题的关键】

激光矫视手术是利用激光打磨角膜,调整眼球的曲率,从而调节眼睛的焦距,令眼睛焦距变大,使光线通过眼睛成像在视网膜上。

【理论基础】

(1)凸透镜成像原理。所成像与透镜焦距之间的关系。

(2)眼睛的构造如图 10-1 所示。

眼睛是提供视觉的器官。眼球前方覆盖着一片透明的角膜,能容许光线进入眼球内。光线穿过角膜后会通过称为水状液的透明液体,然后射到虹膜。虹膜中间有一个开口,称为瞳孔,负责控制进入眼球的光量。随后光线会射进清澈的晶状体,把光线聚焦到眼球后方。光线之后会通过称为玻璃体的透明液体,最后到达视网膜。光线所携带的光能会转化成神经脉冲,并沿视神经传到脑部。

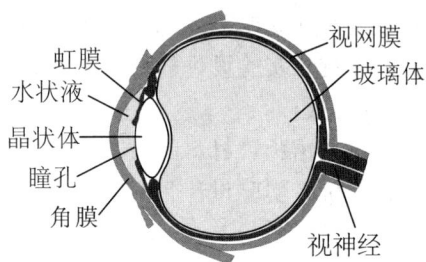

图 10-1　眼睛的构造

(3)折射误差。

我们能看见物体,是由于来自物体的光线经过折射后在视网膜上形成影像。要是影像不能清晰地在视网膜上形成,便会令我们的视野模糊,原因通常是"折射误差"。折射误差是对所有令影像无法在视网膜上清晰形成的原因的统称,最常见的包括散光、近视及远视。

(4)近视眼的矫正原理如图 10-2 所示。

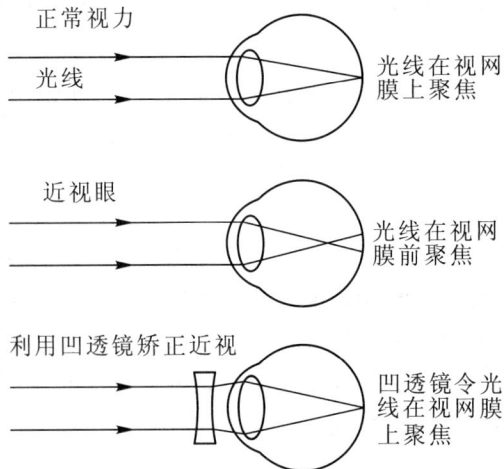

图 10-2　近视眼的矫正原理

【综合实践活动】

分小组进行，完成以下系列活动。

活动 1. 激光矫视模拟实验。

操作：用置有发光体"F"的灯箱模拟发光体，用盖上黑胶布的凸透镜模拟人眼的晶状体，黑胶布中间开有小孔，用鱼胶模拟角膜，附于凸透镜表面，用可移动的接收屏模拟视网膜。

用打火机加热鱼胶，用燃烧匙、解剖刀等工具来改变鱼胶（角膜）的厚度和形状。调整鱼胶厚度，直到"F"的像成功地成在接收屏的纸面上。

解释：当改变透镜表面鱼胶厚度时，相当于改变了透镜的曲率，从而改变凸透镜的焦距，使成像位置发生变化。

实际的激光矫视手术，也是利用激光烧薄角膜，从而增大角膜的焦距，使像再次成在视网膜上。

活动 2. 查找资料，回答如下问题。

进行过模拟实验及观看过手术片段后，你对角膜激光矫视手术应已有相当的认识，但是所有人都适合接受手术吗？手术过程有没有风险呢？试从互联网中搜寻与以下两个问题相关的文章或新闻。

(1)所有人都适宜接受角膜激光矫视手术吗？

(2)角膜激光矫视手术涉及哪些风险？

活动 3. 通过调查，回答如下问题。

(1)近视眼是怎样形成的？会对生活、工作和学习造成哪些影响？怎样保护眼睛，预防近视？

(2)除了激光矫视方法之外，治疗近视还有哪些方法，各适用于哪些人群？

活动 4. 交流与评估。

把各组的研究和调查结果写成报告，采用适当的形式在全班交流，回答其他同学的质疑和问题。教师引导同学在本次活动内容的基础上，讨论物理学和其他学科、技术进步、社会发展、人类生活之间的相互关系。最后，总结本次实践活动的收获。

[点评]这是一个比较典型的综合实践活动教学案例，较好地体现了物理知识的实际应用，体现了物理学与生物、现代技术、人类健康生活之间的联系。活动设计围绕一系列与学生生活和人类健康密切相关的问题展开，让学生通过动手实践理解激光矫视手术的原理，通过调查和查阅资料了解手术的风险和适宜人群，了解近视眼的形成原因和对生活、工作、学习等方面造成的影响，从而形成保护眼睛的意识和良好的用眼习惯。在活动过程中，应用和扩展所学的知识，发展动手能力、收集信息和处理信息的能力，以及交流合作能力。教师引导学生通过对这一技术的原理和应用的认识，进一步关注物理、技术、社会之间的相互作用，理解科学和技术的本质，扩展了学生的视野，充分挖掘了本次实践活动的教育价值，有利于学生物理学科核心素养的提升。

第十一章　物理教学评价

一般来说，教学评价是依据教学目标对教学过程及其教学结果进行价值判断并为教学决策服务的活动，是对教学活动现实或潜在价值做出判断的过程。物理教学评价，是运用各种手段和统计方法对学生物理学习的成就、教师完成教学目标的程度及其教学过程给予定性或定量地描述，并做出科学的评断。它不仅能够检查教学效果、鉴定物理教学质量，也能够服务于教师调整和改进教学工作，还能够评定学生的学习成果、控制和激发学生学习行为。总之，物理教学评价对教师与学生在教学中的价值取向具有重要的导向性。本章讨论在新课程理念下如何全方位地认识、理解和实施物理教学的评价。

第一节　新课程倡导的教学评价

现代教育理念倡导以评价促进学生的发展，不以甄别和选拔为评价的主要目的，强调多元化、发展性的评价体系；倡导教师和学生都是评价的主体；主张终结性评价、形成性评价、增值性评价三方并重；倡导从物理学科核心素养出发对学生进行全面丰富的评价；对学生学习的各个方面的现状和过程进行记录，增加对学生在活动、实验、制作、讨论等方面的表现的评价。对于教师的评价，也要重点看教师的行为是否有效地促进了学生科学素养的全面发展。

新课程倡导的评价理念具有以下主要特点。

一、发展性

所谓发展性，是指教学评价应改变传统评价过分强调甄别与选拔的倾向，充分发挥其促进学生核心素养发展的功能。教学评价不仅要关注学生的现实表现，更要重视全体学生的未来发展，重视每一位学生在本人已有水平上的发展。新课程理念下的教学评价倡导对学生学习的各个方面的现状和进步进行档案式的评价，在承认学生发展过程中存在个性差异的同时，倡导不仅注重评价学生的"过去"和"现在"，还注重从学生发展的角度进行的增值性评价。

二、过程性

新课程理念下的教学评价贯穿于教学活动的始终，教师和学生要形成过程性和动态性评价的意识和能力，在教学活动中自觉地开展评价，充分发挥评价在实现课程目标过程中的作用，既要重视阶段性的评价，又要重视学习过程中在知识与技能、过程与方法、情感态度与价值观方面的细微变化，并充分利用评价的激励功能，调动学生学习的主观能动性。

三、多元性

现代教学评价要求评价主体、评价内容、评价方式等都应是多元化的。在评价主体上，要充分调动不同的评价主体开展评价活动，同时也要尊重每位学生的不同意见，鼓励学生有创新的思想，促进创新精神的形成和发展。评价主体多元化包括教师评价、学生自评和互评、学生与教师互相评价等。在评价内容的多元化方面，既要体现共性，也要关心学生的个性；既要关心结果，也要关心过程；还要重视学生的学习态度的转变、学习过程和体验情况、方法和技能的掌握、学生之间交流与合作、动手实践与解决问题的能力等与学生发展相关的全部内容，归根结底是重视学生物理学科核心素养尤其是创新精神和实践能力的发展状况。采用多种评价方法，包括定性评价与定量评价相结合，智力因素评价与非智力因素评价相结合等。对于诸如掌握知识与技能等可以量化的部分，则应该采用描述性评价、实作评价、档案评价、课堂激励评价等多种方式，以动态的评价替代静态的一次性评价，把期末终结性的测验成绩与日常激励性的描述评语结合在一起，而不是把教学评价简单地理解为总结性的"打分"或"划分等级"。

四、全面性

现代教育评价一方面要求关注学生的全面发展，即不能仅仅关注学生的学业成绩，而应全面、全员、全程采集和利用与学生各种素质培养及各种技能发展有关的评价信息，全面地反映学生学习的动态过程；另一方面要求全方位地认识评价对学生学习过程的影响和作用，要依据评价内容及学生的个性特点，选择适当的评价方式。另外，评价不仅要由教师通过课堂内外的各种渠道采集学生素质发展的信息，以丰富多样的评价方式，如课堂观察、调查问卷、课后访谈、作业分析、建立学生成长档案等，全面反映学生的进步历程，同时要在充分认识评价功能的基础上，把教学过程与评价过程融为一体，最大限度地发挥评价对于教学活动的导向、反馈、诊断、激励等功能。

第二节　学生发展的评价

培养高质量的学生是教师和学校的永恒追求，因此学生评价必然是教育评价基本和重要的内容。对学生进行评价是中学物理教师日常工作的重要部分，更是物理教育评价的基础和重点。新课程围绕着物理核心素养让初中物理和高中物理的课程目标保持一致，为中学生在初高中两个学段的物理课程中获得连续、一致性的发展提供了保障。由于物理核心素养、教学内容具有其各自不同的特点，为获得对学生科学合理、全面多元的评价，教师需要在物理教学中对学生核心素养和内容采用不同的评价方法进行评定。常用的评定方法如下。

一、收集评价证据的方法

常用的收集评价证据的方法有观察法、调查法、测验法和成长记录袋法，如表 11-1

所示。

表 11-1 收集评价证据的方法

评定的内容	采用的主要方法
科学态度与责任	观察法、调查法
科学思维与创新	观察法、测验法、成长记录袋法
科学探究与交流	观察法、测验法
物理观念与物理知识	观察法、测验法

1. 观察法

观察法是以观察学生的某种行为表现，如实地做出记录，由此判断学生达到某种等级水平的方法。

由于人的注意力范围有限，一个人不可能同时观察到多名学生在一种活动中的所有行为表现，因此，只能逐个地对学生在一种或多种活动中的行为表现，分别如实地做好记录。

例如，用观察法评定学生个人的实验操作兴趣水平，可以设计一份"实验操作兴趣行为表现观察记录表"，如表 11-2 所示。

表 11-2 实验操作兴趣行为表现观察记录表

学校_____ 班级_____ 姓名_____ 日期_____

记录说明：

Ⅰ. 操作内容栏，填写实验操作课题的名称；

Ⅱ. 行为表现档 1～10 的数字，分别表现的行为如下：

1. 无精打采，应付操作；

2. 激动、兴奋、随意摸摸动动；

3. 看别人操作，记录结果；

4. 按规定的步骤、方法操作；

5. 遇到困难时，放弃操作；

6. 遇到困难时，求助他人；

7. 遇到困难时，自己尝试解决；

8. 自愿重做一两遍；

9. 积极思考，寻找新问题；

10. 自己想办法，提出改进操作方案。

Ⅲ. 在上述 10 种行为表现中，有哪种表现就在下表相应数字栏内画"√"。

操作内容	行为表现									
	1	2	3	4	5	6	7	8	9	10

根据一个学生在多次实验操作兴趣方面的行为表现，可以评定该学生的实验操作兴趣的等级水平，也可以间接地评定学生实事求是的科学态度与责任。

2. 调查法

调查法包括：访谈法、问卷法、调查表法等。其中，问卷法是物理教学中收集信息的常用方法。

问卷法是一种通过书面提出问题，调查所要了解的情况，从而取得资料和数据，判断某种行为的等级水平的方法。它可以同时实施于多个学生，并可以在较短的时间内获得大量的资料和数据，更适合于评定集体的某些行为的等级水平。问卷法最重要的目的在于探察内情。把问卷法与观察学生外部行为表现相结合，可以提高评定的准确性和可靠性。

例如，用问卷法评定学生实验操作兴趣水平，可以设计一份完成实验操作情况调查表，如表 11-3 所示。

表 11-3 学生完成实验操作情况调查表

学校_____ 班级_____ 姓名_____

填表说明：

Ⅰ. 难度——实验操作的困难程度，填写下列符号之一：

①很容易； ②比较容易； ③一般； ④比较难； ⑤很难。

Ⅱ. 实验类型，填写下列符号之一：

①在课内做的； ②在课外有组织地做的； ③完成作业做的； ④课外自愿做的。

Ⅲ. 完成质量，填写下列符号之一：

①没想过，也没做过； ②想了想该怎么做，没亲自动手； ③没有做完或没做成功； ④做成功了。

实验操作内容	难度	实验类型	完成质量
1. 打开地图册，沿铁路线测量北京到广州的路程			
2. 自制一个杠杆			
3. 取一个盛满水的杯子，用硬纸片把杯口盖严，手按住纸片把杯子倒过来，放开手，看看纸片是否真的不掉下来			
4. 按课本上提供的方法，研究液体内部压强与深度的关系			
5. 做一个模拟实验，或实际测一测夜晚灌水的秧田的水温及附近土地的温度，证明水的比热容比泥土的大			
6. 移动蜡烛和光屏，研究凸透镜成像的规律			
7. 用放大镜看书，并研究放大镜与书的距离变化时看到的各种现象			
8. 自己设计一个可以控制小灯泡亮度的电路，并连接它试一试			

问答：

(1)如果教师不要求，你愿意在课外做这 8 个实验吗？想做哪个？

(2)除表中列出的实验操作内容以外，你还曾做过哪些内容的实验操作？请按上述的格式填写出来。

3. 测验法

测验法是通过选择具有代表性的一组试题，对学生施测，然后根据解答结果评定分数、确定等级水平的方法。

测验是获取评价证据的最常用的一种手段，试卷是测验的工具。

测验可以根据不同的分类标准加以分类。例如，按测量的内容分类，可分为学业成就测验、智力测验、技能测验、创造力测验等；按测验的功能分类，可分为难度测验、速度测验、诊断性测验、形成性测验、终结性测验等。

这里，我们按参照标准不同，将其分为标准参照测验和常模参照测验。

(1)标准参照测验。

标准参照测验，是以课程标准中规定的教学目标作为参照物，检查学生达到教学目标的程度，即检查学生是否达标和达标的程度，因此，又称为达标测验，或资格测验。

标准参照测验的分数分布曲线，可以呈正态分布，但与最大百分比人数相对应的分数并不一定等于平均分数；也可以呈偏态分布，即多数学生的成绩都集中在分数高的一侧或分数低的一侧，如图 11-1 所示。

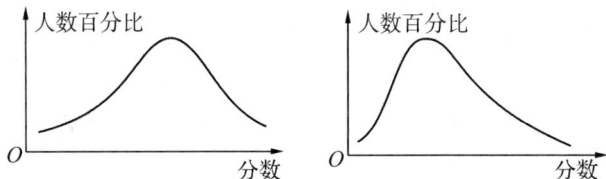

图 11-1　标准参照测验的分数分布曲线

(2)常模参照测验。

常模参照测验，是以学生团体中的平均分数作为参照物，以团体的水平来衡量学生个体水平。所谓常模，是根据标准化样本在测试上的测试结果，经过一定统计技术处理后，建立起来的具有参照点和单位的测试结果评价参照系统。常模参照测验与标准参照测验不同，标准是教学的目标与要求，是学生应该达到的程度；常模是学生们实际上达到的平均程度。

常模参照测验用于学生之间的相互比较，检查学生在团体中所处的相对位置。为了分班和分组进行的测验、物理竞赛测验、升学考试等都是常模参照测验。

常模参照测验的分数分布曲线应呈正态分布，即得分在平均分数附近的人数百分比最大，高分和低分两端的人数百分比越来越少，如图 11-2 所示。

常模参照测验的试题要求有一定的难度和区分度。难度指每个试题的难易程度，一般用全体考生在该题目上所得的平均分数与该题目的满分之比来表示。难度值越大，表示该试题越容易。区分度是指每个试题对考生的水平(或能力)的区分程度。区分度有多种计算方法，区分度的值越大，表示该试题的区分能力越强。

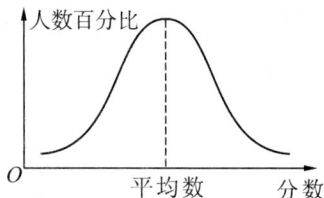

图 11-2　常模参照测验的分数分布曲线

4. 成长记录袋法

成长记录袋，也被一些学者翻译为档案袋，主要是指收集、记录学生在物理学习过程中的行为事例、典型作品、自我反思等，以此来评价学生学习和进步的状况。成长记录袋可以说是记录了学生在某一时期一系列的成长"故事"，是评价学生进步过程、努力程度、反省能力及其最终发展水平的新的方式。通常，成长记录袋评价的实施应注意以下几个方面。

(1)评价目的：重在激励学生积极的物理学习行为；

(2)评价对象及参照：关注每一位学生的成长，关注其相对于自身的发展；

(3)评价内容：侧重积极的态度与行为表现；

(4)记录内容：依据每个学生各自的特点，记录其独特的闪光点；

(5)评价实施：教师指导，学生记录，经常交流，妥善保存；

(6)评价效能：成长记录应在最终的学业成绩评价中有所反映。

成长记录袋的记录内容通常涵盖了一项任务从起始阶段到完成阶段的完整过程。成长记录袋的主要意义首先在于，学生通过自己的全程参与，学会了反思和判断自己的进步与努力。因为学生有权决定成长记录袋的内容，特别是在作品展示或过程记录中，由学生自己负责判断提交作品或资料的质量和价值，从而拥有了判断自己学习质量和进步、努力情况的机会。其次，成长记录袋最大限度地为教师提供了有关学生学习与发展的重要信息，既有助于教师形成对学生的准确预期，方便教师检查学生学习的过程和结果，又能将评价与教育、教学融合在一起，与课程和学生的发展保持一致，提高了评价的效度。

[案例]　物理日记——学生成长记录初探

我们设计的成长记录以日记的形式体现，每次都有所不同，但大致都包括以下几个栏目。(1)学习经历：反映学生对某一问题的探究过程、学习中的困惑等；(2)得意片段：反映学生学习中的得意片段、偶然产生的某些灵感和构思、课外作品的描述等；(3)学习反思：引导学生进行自我评价、学生互评以及教师和家长对学生的点拨、鼓励等。需要指出的是，物理日记并不是每天都在记，而是每学完一个相对独立的知识点之后才记。下面是其中的一个样本。

物理学习日记

班级：_____　姓名：_____　建档日期：_____

学习经历：

1. 观察你家中的电能表，它的额定电压是_____，最大电流是_____，允许家中所有的电器的总功率是_____。

2. 通过家长了解当地的电费单价是_____，家里上月电费是_____元。

3. 观察你家中的电器，把它们的额定电压和额定功率填写在表11-4中，并计算相应的电能消耗及电费。

4. 你家的电器总功率有没有超出电能表的最大功率？

5. 你家的电费与你的计算出入大不大？如果出入很大，你估计原因可能是什么？

表 11-4　家用电器用电统计表

电器名称	额定电压	额定功率	平均每天工作时间	平均每天消耗电能	一个月消耗的电能	一个月花费的电费
合计	—		—			

6. 在今天的学习中，你最得意的地方是什么？你有什么新发现？

7. 哪些地方你还觉得不太懂？还想知道些什么？

得意片段：

1. 下面两题，你可做可不做，但做得好的话，老师将把你的成果向同学们展示。

(1) 请你调查一下学校的电能的使用情况，哪些地方存在浪费现象？可以采取哪些节能措施？你可以写成书面报告向校长反映，或者由老师把你的意见向校长反映。

(2) 查字典，把下面的一段英文翻译成中文：

kW·H(kilowatt-hour)：A unit of measure of electrical power consumption used by power companies in determining how much to charge their customers for the electricity they operate ten 100-watt light bulbs for one hour.

2. 你今天有什么奇思妙想吗？把它写下来。

学习反思：

1. 请你总结一下本节课的学习（表 11-5），好吗？

表 11-5　总结表

序号	分组
1. 你对本节课感兴趣。（满分 25 分）	
2. 你今天尽力了。（满分 25 分）	
3. 你有与其他同学一起合作学习。（满分 25 分）	
4. 你今天很有收获。（满分 25 分）	
总分（满分 100 分）	(1) 给自己打的分数： (2) 扣分原因：

2. 教师寄语：

3. 找个同学，请他给你写一句话：

4. 给未来的自己写一句话：

二、新课程倡导的学生实践活动的评价

主题实践活动不同于传统的、以学习和掌握系统的物理知识为目标的教学。它以解决

真实情境中的问题为学生活动的目标，让学生在实践过程中发展物理学科核心素养。主题实践活动包括调查报告、任务学习、研究性学习、物理实验、问题答辩、小制作、小发明等。对于主题实践活动，不仅要评价实践的结果，更要评价实践的过程，基于学生在实践过程中的表现展开过程性评价。

按照主题实践活动的目的可将其分为制作、调查、研究等多种类型。对于制作类型的主题实践活动，学生开展制作水果电池、简易指南针、简易密度计、电铃等活动；对于调查类型，学生可以调查学校周围噪声污染的情况并提出防治措施，调查居民的用电情况并提出节约用电的措施，调查当地煤、油、天然气等能源消耗及对环境的影响等活动；对于研究类型，学生可进行研究自行车中的力学问题，研究游乐场中摩天轮的能量转移转化问题等活动。关于这些主题实践活动的评价能有效地考查学生的科学探究、创新精神和实践能力，以及科学态度与价值观等。

例：生产生活中的金属回收。

大多数金属都能以再生金属的形式循环利用。工业发达国家的再生金属产业规模大，再生金属循环使用比率也高。例如，生产生活中的废铜、废铝、废锌等都可以回收利用。请调查铜、铝在你们家里中的消费程度，由此引出关于废金属回收问题的讨论。对于这样的主题实践活动中学生表现的考查，可通过下面的测试问题考查。

(1)在你的家庭中消费了哪些金属？（"消费"是指一次性使用。）

(2)在你的调查中有哪些金属得到了回收？

(3)以铝的回收为例，在你的家庭中，哪些地方消费了铝？

(4)在你的调查中有多少铝得到了回收？哪些地方收集和回收铝？

(5)估算出全国每年家庭消费铝的数量？

(6)如果这些家庭消费的铝得到回收，那么在上一个问题中，估计可以节约多少费用？解释你的答案。

(7)哪些形式的铝易于回收？（注意：铝常用于制造汽车及飞机的零件、锅和其他家用物品。）

(8)在生产生活中，不同行业铝回收铝的比例差别很大，产生差异的主要原因是什么？回收更多的铝还有哪些困难？

(9)实际上人们所用的所有金子差不多都得到了回收，为什么金子的回收要比铝的回收多很多？

(10)为什么回收金属类的非再生资源很重要？

(11)列出一些其他（非金属类）的普遍可以回收的家用材料。

这是一个对学生调查实践活动展开的过程性评价。上面的一系列问题，通过学生调查实践的过程与结果的深度追问，不仅考查了学生将科学知识、技能、科学素养（能源危机意识）等因素融合在一起运用的能力，更引导了实践活动的深度展开。在这样的主题实践活动中，评价的主体是多样的，不仅有教师对学生的评价，也有学生的自评、互评。

例：学生在实践活动中表现的自评表格（表 11-6）。

表 11-6　自评表格

	评价内容	自我评价	协作者评价	教师评价	加分	教师评语
提出问题	主题可行性分析（2分），新颖加2分	2	2	2	2	
	能否提出假设及具体说明（2分）	2	2	2	—	
	找到合适的协作者（2分）	2	2	2	—	
	确定主题前与协作者充分协商（2分）	2	2	2	—	
	有初步探究计划、任务分工（2分）	2	2	2	—	
实践活动过程	收集相关资料，使用手段多样性（2分）。手段不同，评价标准不同。其中使用了网络、电视、图书等三种以上手段加2分	2	2	2	2	
	较多有效地了解相关资料（2分）	2	2	2	—	
	是否针对主题反复讨论（2分）。研讨记录完整真实加2分	2	2	2	2	
	独立查阅资料的多少和规范性（2分）。有详细记录加2分	2	2	2	2	
	获取新的知识与技能及活动中的创新精神、反思、体验、收获、体会等的说明（2分）	2	2	2	—	
	承担主要责任、责任感强、合作愉快（2分）	2	2	2	—	
成果交流	完成对主题研究成果的交流活动（2分）。形式多样，效果好加2分	2	2	2	2	
	研究成果的可信度、创新水平（2分）	2	2	2	—	
	在班、校媒体发表、展示，利用网络或校外发表（2分）	2	2	2	—	
	有继续探究的计划说明（2分）	2	2	2	—	
总评	总计100分	30	30	30	10	总分： 等级：
	各项得分					

说明：

1. 其中每栏中不符合为 0 分，部分符合为 1 分，完全符合为 2 分；

2. 85～100 分评价等级为优秀，68～84 分为良好，50～67 分为合格，50 分以下尚需努力。

第三节　物理课堂教学质量的评价

　　课堂教学质量的评价是以课堂教学为对象，主要对师生完成课堂教学目标的情况做出科学的判断，亦即对教师的教学目标、教学内容、教学方法、教学技能、教学效果等方面，以及学生学习过程与结果做出一种科学的判断。

　　课堂教学涉及诸多因素，是一个多因素交互作用的复杂过程。一般来讲，课堂教学质量的评价目标主要是以下内容。

一、教学目标

　　根据课程标准所规定的要求，考查教师所确定的教学目标是否以促进学生的发展为根本宗旨，是否全面、明确、具体，是否体现正确的教学思想，是否符合学生的实际状况。

二、教学内容

　　在保证教学内容的科学性、思想性、开放性的前提下，考查对教学内容的处理情况：重点是否突出，主次是否分明；选择的材料是否有代表性和启发性，能否实现教学目标；深度和分量是否符合多数学生可接受的程度；教师是否重视教学内容的文化内涵。

三、教学方法

　　考查教学方法的选择是否合理，是否有针对性，是否符合教学目标和内容的需要；是否能体现学生的主体性和教师的主导性，有效地促进学生的自主、合作、探究学习；是否符合物理学科的特点：突出观察与实验，突出科学探究，有助于学生实现自主知识建构；是否关注了全体学生在各自的基础上得到发展。

四、教学技能

　　考查教师能否根据学生的实际情况创设良好的学习氛围；能否运用适当的方法和措施调动学生学习的积极性，能否有效地指导学生学习；教学活动安排是否合理；能否根据本学科的特点，充分、有效地使用传统教具和现代教学媒体；是否具有较强的实验能力，演示实验操作是否规范熟练，并能组织和指导学生进行实验探究；教学语言表达是否准确、精练、简明、生动，是否具有启发性、逻辑性和感染力；板书、板画是否合理、规范。

五、教学效果

　　考查是否每个学生都取得了最大限度的学习成果，是否实现了教学的预定目标，是否有助于学生科学素养的全面发展。

　　在评价教师教学的同时，还要对学生学习的情况进行相应的评价，从而对课堂教学做出更全面的评价。

　　为了保证评价教学质量的客观性，评定的内容必须明确、具体，评定方法必须简易、可行。表 11-7 是一则体现新课程理念的课堂教学质量评价表，供学习者参考。

表 11-7　新课程课堂评价表举例

评价表：

学校＿＿＿＿　学科＿＿＿＿　班级＿＿＿＿　　＿＿＿年＿＿＿月＿＿＿日

评价项目记分标准	学生学习情况的评价					教师教学情况的评价				
	评价项目	单项评价结果				评价项目	单项评价结果			
		优	良	中	待发展		优	良	中	待发展
过程的评价	1. 突出知识为载体的智力活动情况					1. 是学生有效学习的组织者、引导者、合作者、激励者的角色				
	2. 学习动脑、动嘴、动眼、动耳、动手等活动情况					2. 尊重学生、关注学生个体的差异和学生个性的情况				
	3. 不同想法、观点的表达情况					3. 民主、平等、宽松学习氛围的创设				
	4. 群体间的交流协作情况					4. 现代教育技术、手段在教学中的有效应用				
	5. 被动接受还是主动探索，参与教学活动情况					5. 关注学生学习习惯情况				
	6. 学习中的创意或学科特色的展现					6. 学科教学创意或学科特点的展现				
水平与结果的评价	1. 知识与观念目标的达成					1. 知识教学目标把握的全面、准确及适合情况				
	2. 科学思维与科学探究目标的达成					2. 指导学生在学习中提升及展现能力的情况				
	3. 科学态度与责任目标的达成					3. 促进学生获得情感体验及人文教育的创意情况				
学生情况综合得分		评价综合意见							学生代表	
教师情况综合得分						主持评价人＿＿＿＿			教师	

第十二章　中学物理教学设计

物理教师是新课程实施的主体，是物理教育教学活动的设计者、组织者和引导者。物理教育的目的能否实现，物理教师在其中起着关键性的作用。认真备课和开展教学研究既是新课程对物理教师的要求，又是教师自身专业发展的前提。

第一节　物理教学设计模式

教师要完成教学任务，需要做大量的准备工作，也就是通常所说的课前备课。课前备课不但是每个教师必须面对的问题，还是提高教学质量的关键环节。进行课前准备的过程通常被称为教学设计。教学设计是教师教学工作的重要组成部分，是教师上课前的必要准备工作。

对于教学设计的界定，很多研究者从不同的角度给出了定义。总的来说，中学物理教学设计可概括为：根据物理课程标准的要求和学习者的特点，将教学诸要素进行分析且有序安排，确定合适的、满足教学要求的教学方案并对其方案进行缺欠分析和改进操作的过程。

通常来说，"模式"是指具有系统化、可供模仿的、稳定的操作样式，其表现为某种规范的结构或框架。教学设计的模式是经过长期教学设计实践活动所形成的系统化、稳定的操作样式，该样式用简单的方式，提炼和概括了教学设计实践活动的经验，解释和说明了教学设计的理念和有关理论。教学设计的模式既是教学设计理论的具体化，更是教学设计实践活动的升华。

教学设计的模式不但能够对教学设计的实践活动提供直接指导，而且能够为教学设计的理论研究提供资料、素材，同时还可以为教学管理决策提供指南和依据。

教学设计的模式是一系列程序化的步骤，往往表现为一个有序的过程。教学设计的模式可以从教学设计模式的要素和教学设计模式的构成环节两个方面来把握。要素是指教学设计所包括的基本内容，而环节是指教学设计所涉及的具体的操作步骤。通常认为教学设计的要素有分析（analysis）、设计（design）、开发（development）、实施（implement）和评价（evaluation）5 个。各个要素相互联系，具体如图 12-1 所示。

这一教学设计的模式称为 ADDIE 模式，是教学设计的模式基础。在长期研究中，教育研究者在 ADDIE 模式的基础上发展了多种教学设计的模式。

通常教学设计的模式要求教师首先要学习课程标准，熟悉教材，钻研教材，明确物理教学的具体要求。物理课程标准是实施新课程的纲领性文件，是在现代教育理念指导下，根据物理学科的特点、我国社会发展的需要、青少年身心发展的特点和需求制定的。物理课程标准在课程理念、课程目标与课程结构等方面都突破传统，体现了全新的科学教育理念，从课程内容和要求、实施方式和评价方式诸方面对物理教学提出了全新的要求。

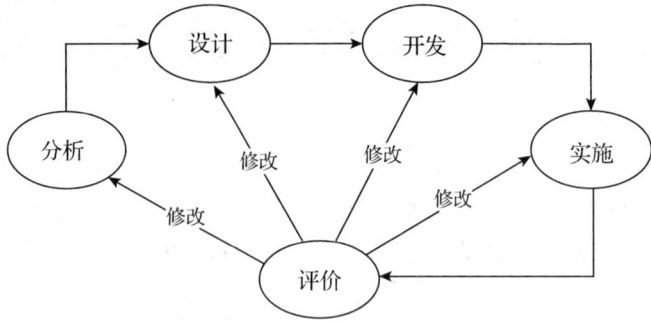

图 12-1 教学设计的 ADDIE 模式

教材是根据课程标准编写的，是教和学的主要依据。它更具体地反映了教学内容的逻辑顺序和深度、广度等。新课程实现了教材的多样化，为教师备课提供了更丰富的资源。

教师必须在熟悉课程标准的前提下，仔细研读并比较多版本教材，明确所采用教材的特点和编写意图。教师必须亲自做过教材中所安排的实验、习题，在此基础上做出教学的全面规划，即制订各个学年、各个学期、各个阶段的具体要求。

然后，教师需要对所教授的对象进行研究分析，即教师要了解学生的情况。教师可以通过课堂接触、个别谈话、召开座谈会、批改作业等途径，了解学生的学习态度、原有基础和存在的问题，以便有目的、有针对性地进行教学。对于不同的学生，即使是同一个教学内容，也可以采取完全不同的教学方法。分析学生的过程也是恰当地确定教学难点的过程。教学难点和教学重点不一定是相同的，教学重点通常取决于内容本身，而难点则由多种因素造成，可能是知识本身确实困难，但更多的可能与学生有关。例如，如果学生平时很少观察，也不善于动手，学习物理知识就缺乏感性认识的基础，学生的前概念有时也会对新知识的学习造成障碍，甚至学生的语文程度、数学程度以及原有的物理知识基础都会给接受新的物理知识带来困难。

教师了解学生各方面的情况，并分析其产生困难的原因，在教学中就可以对症下药，解决学生学习上的问题。

一般地说，在学期开始前，教师接受教学任务后，按照前文所谈到的备课要求，首先要学习课程标准，通读教材，明确全学年的教学内容和具体要求。其次，了解即将任教的班级学生的学习情况，包括在前一学期学习的成绩，各项教学任务的完成情况，以及学生的学习习惯与方式、存在的问题与困难等。在这一基础上，制订学年或学期的工作计划。最后，再仔细地钻研教材，阅读有关的理论书籍和教学参考书，结合学生的实际情况，制订各单元的教学计划。学年(或学期)的教学工作计划大体上包括以下几个方面。

一、学年或学期的教学目标

根据中学物理课程目标、本学年或本学期教学内容的特点和要求，确定这一阶段应该达到的教学目标。

二、单元教学的进度

这里所说的单元，一般指的是"章"。当然，对于内容很多的"章"，可以划分为几个单元，一个单元包括若干"节"。参照课程标准所安排的学时，结合本班学生的实际情况，确定各个单元所需要的学时。

三、需要的教具

根据上述的教学目的和要求，提出所需要的教学工具，以便及时按计划得以充分准备。

四、复习、考试的次数和时间安排

一学期应上几次阶段复习课，在哪些单元结束后上复习课，在一学期内应有几次阶段测验（其中包括期中和期末考试），何时进行，这些都应安排在学年（或学期）的教学工作计划之内，形成一个完整的教学工作进度表。

学年（或学期）的教学工作计划，虽然较为笼统，但必须认真、细致地制订，这是教学任务能否顺利完成的前提，也是检查教学工作情况的依据。

第二节　单元教学设计与案例

一、单元教学设计

我国基础教育课程深入改革，对教学设计也提出了新要求，要在单课时教学设计的基础上，注重整体性，从大概念视角展开教学设计。单元教学设计可以弥补单课时教学设计时过分强调各节课的独立教学目标、过度关注具体知识技能的弊端。单元教学设计使多节课的教学设计整合统一，更加注重设计过程中的整体化、综合化，对学生的复杂学习和创造性解决问题等高阶认知能力的发展给予更多的重视。

所谓单元教学设计就是从一个比较大的物理概念（通常以章或单元的角度为单位）出发，根据这个大概念所包含的和涉及的知识点间的关系，综合利用各种教学形式和教学策略，通过一个阶段（而不是一个课时）的学习让学生完成对这个较大的物理概念的学习。一个单元设计往往包括几节课，甚至十几节课。在单元教学前，应制订一个较为具体的教学计划，其内容大体包括：单元教学题目；单元教学分析和学情分析；单元教学的起点、终点目标以及起点与终点间的一系列教学目标；单元教学的核心问题；单元教学规划，其中包括设计课时分配，指导课时教学设计等，具体流程如图 12-2 所示。

二、单元教学案例

本教学案例为高中物理安培力与洛伦兹力教学设计[1]，本教案使用的教材是人教版《普通高中教科书　物理　选择性必修　第二册》"安培力与洛伦兹力"的内容。

1. 单元内容分析

《普通高中物理课程标准（2022 年版）》对磁场的教学要求主要包括：通过实验，认识

---

[1]　本案例选自"经开区促进学生学科核心素养和关键能力发展的教学改进合作项目"，北京经开区物理教研组提供初稿.

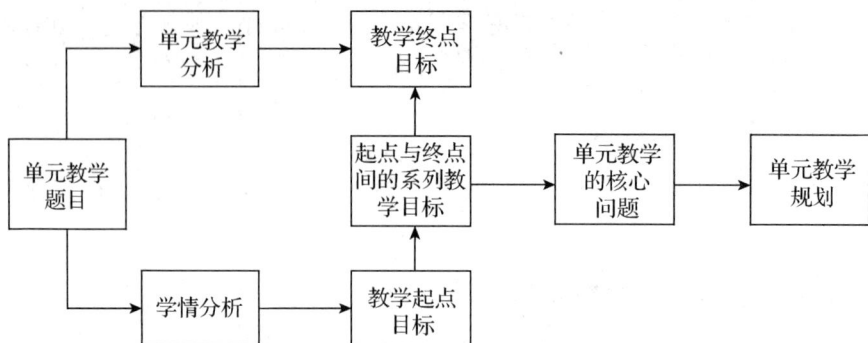

图 12-2　单元教学设计的流程

安培力。能判断安培力的方向，会计算安培力的大小。了解安培力在生产生活中的应用。通过实验，认识洛伦兹力。能判断洛伦兹力的方向，会计算洛伦兹力的大小。能用洛伦兹力分析带电粒子在匀强磁场中的圆周运动。了解带电粒子在匀强磁场中的偏转及其应用。这些关于磁场的教学要求，与生产生活、科学技术密切联系，为学生运用已有的力学知识解决电学问题提供了新的教学情境，促进了科学思维和科学探究的发展，让学生体会物理学是基于人类有意识的探究而形成的对自然现象的描述与解释，是一项建立在观察和实验基础上的创造性工作。

　　本单元在电场、电流等基础知识上，继续发扬"场"物质观，利用"场"的研究方法、运动与相互作用关系、功与能的关系研究磁场的特征。磁场大概念下，关于磁场、磁感线、磁感应强度的知识在必修第三册，安培力与洛伦兹力的部分在选择性必修第二册。所以首先回顾必修第三册的磁场部分的学习内容，第 1 节复习课，结合磁场的常见现象，描述磁场，并回顾磁感应强度的定义；第 2、第 3 节课在场的基础之上，结合实验认识洛伦兹力和安培力大小及方向，同时帮助学生理解宏观和微观间的联系；第 4、第 5 节课结合力与运动的关系、能量概念理解带电粒子在匀强磁场中做匀速圆周运动的规律，并结合质谱仪、回旋加速器等，培养学生综合运用力学知识和电学知识的能力，帮助学生发展科学思维。本单元的知识和思维结构如图 12-3 所示。

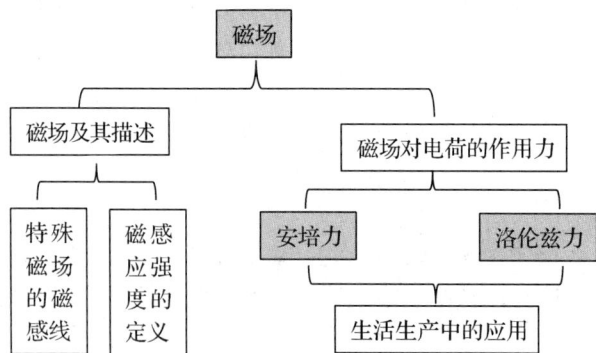

图 12-3　知识和思维结构图

　　学习用磁感线描述电流产生的磁场，以及用左手定则判断安培力和洛伦兹力方向，引导学生体会描述物理规律的形象直观性"磁感应强度"的定义。帮助学生在电场的学习基础之上，引入试探电流元探究受力特点，运用类比体会比值定义法描述物理概念的科学方法。

实验探究和理论探究分析安培力和洛伦兹力大小及方向，对提升学生归纳、演绎及模型建构等科学思维水平具有重要意义。

2. 单元学情分析

通过前面的学习，学生已经学习了电场、磁场等基础知识，知道关于场的研究方法，而且已经学习过磁场对通电导线的作用力，但具体安培力与洛伦兹力的大小和方向属于新内容，是本单元的难点。微观粒子的运动比较抽象，经过带电粒子在电场中运动的学习，学生初步建构起微观粒子运动的特征，分析带电粒子在磁场中综合问题的研究属于本单元的难点，教学中需要通过直观的实验现象帮助学生理解规律，并通过实验验证学会从宏观现象到微观本质的思考方式。

学生对运动与相互作用——力的认识已经具备较完整的框架结构，能够结合电场学习初步具备场的物质观和相互作用观，能够理解磁场的相关物质和作用关系。学生已经学习了立体几何，能够看懂三维图，但是本内容对空间想象能力要求较高，需要一定量的巩固提升。

学生具备用物理语言描述和解释实验现象、交流讨论物理问题的经验，知道物理规律的生成是建立在观察和实验基础上的工作，知道学习物理要实事求是、尊重实验事实，有与他人合作的想法。虽然学生对探究方法和环节把握不够成熟，思维处于从形象思维向抽象思维的过渡阶段，但学生对物理知识在科技发展中的应用有较大的兴趣，因此在教学中辅以有趣的演示实验、各种直观的教学工具和现代教育技术，引导学生开动脑筋深入思考，使学生逐步认识物理概念、规律并发展学生的观察和思维能力。

3. 单元教学目标

在前面的教学分析与学情分析的基础上，确定本单元的教学目标如下。

(1)通过实验，认识安培力，能结合左手定则判断安培力的方向，会计算安培力的大小，了解安培力在生产和生活中的实际意义，并关注其科技应用，体会物理知识与科学技术的关系。

(2)通过实验，认识洛伦兹力，能结合安培力和洛伦兹力的宏观和微观关系推导洛伦兹力的表达式，体会物理规律间的联系。

(3)知道带电粒子沿着与磁场垂直的方向射入匀强磁场会在磁场中做匀速圆周运动，了解带电粒子在匀强磁场中偏转的实际意义，并关注其科技应用。

4. 单元教学的核心问题

本单元以磁场现象展开，在定性和定量描述磁场后，分析磁场的作用力——安培力和洛伦兹力，最后联系生活学以致用。在前面分析的基础上，确定本单元教学的核心问题，如图12-4所示。

第一个核心问题是必修三学习过的。内容主要包括磁场如何描述、如何定义。通过磁铁间相互作用、磁铁对通电导线产生作用力、通电导线使小磁针偏转以及通电导线间存在相互作用力等实验，学生思考场的客观存在。并且用磁感线形象直观描述磁场，通过类比电场强度的定义探究定义磁场的方式，进一步体会比值定义法的科学方法。

第二个问题是磁场的力学特点。通过实验总结安培力和洛伦兹力方向的判断方式，利用演绎推理分析安培力大小的表达式和洛伦兹力的表达式，体会物理量宏观与微观的联系，培养学生逻辑分析的能力。

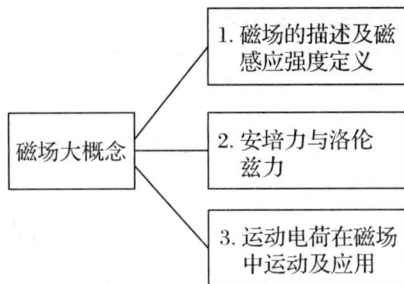

图 12-4 磁场大概念的核心问题

第三个问题是运动电荷在磁场中运动的性质及应用。引导学生运用力与运动的关系演绎推理带电粒子在匀强磁场中的运动特点，并结合做功特点分析洛伦兹力不做功，从能量的角度深入理解磁偏转的本质特征。结合质谱仪、回旋加速器等实际应用，让学生体会物理规律在实际生产生活和科技发展方面都发挥着极其重要的作用。

5. 单元教学规划

本单元教学内容分成三个主要部分。

(1)磁场、磁感线和磁感应强度。

课时建议：1课时。

教与学的策略规划。

初中阶段，学生已经对磁现象有了初步的认识，对电与磁的关系也有一定的积累。通过必修三的学习，学生已经知道了磁场如何描述、如何定义。通过磁铁间相互作用、磁铁对通电导线产生作用力、通电导线使小磁针偏转以及通电导线间存在相互作用力等实验，学生能够体会场的客观存在。所以本节课主要是复习，引导学生回顾已经学过的知识，以帮助学生深入理解电场线以及电场是客观存在的真实物质。

磁感应强度是高中电磁学中的一个重要物理量，在本单元的教学计划中占据非常重要的地位。对该部分的准确认识和推导是对后续安培力学习的基础。复习课计划使用传感器实验，通过控制变量的方法进行精确的定量探究，再对比电场强度的定义，通过比值法得到最后的结果，加深学生对磁场的理解。

(2)磁场对通电导线的作用力和磁场对运动电荷的作用力。

课时建议：2课时。

教与学的策略规划。

教学过程中教师将从实验出发，引导学生学会观察实验现象，并善于总结现象反映的规律。在探究磁场对通电导线的作用力一节中，教师组织学生进行分组实验。实验前教师需要结合初中已学知识对通电导线在磁场中的运动进行回顾，之后简要介绍实验装置，并对学生提出非常明确的实验操作要求，请学生边实验，边用橡皮泥和牙签构建出磁感应强度 B 的方向、电流 I 的方向和所受安培力 F 的方向。之后多次改变实验条件，从实验现象中总结出三者方向上的规律。其中改变实验条件的时候可以培养学生在实践操作过程中对单一变量科学方法的应用。解决了三者方向问题后，教师需要引导学生考虑当电流 I 和磁感应强度 B 的方向不垂直时应该如何处理。我们的策略是先借助力学传感器实验演示随角度变化安培力是逐渐变化的，而且两者垂直时力最大，平行时力为零。那么当角度为任意角度时情况如何呢？请学生思考速度的矢量性，并仿照电场力进行分析。

学生学习了安培力的知识后，就可以将问题深入到微观领域了。课前通过播放极光小视频，引出本节课的教学题目——磁场对运动电荷的作用力，其中结合之前所学，强调一下研究对象是运动电荷，所处环境是磁场中。通过对安培力知识的简单回顾，向学生提出问题：①通电导线在磁场中受力是由于导线呢，还是由于通电导线中有电流呢？②电流的本质是什么？③如果是少量甚至是单个的带电粒子在磁场中受到力的方向和大小将如何？学生带着问题，由教师通过"阴极射线管"实验进行探究。教师向学生介绍实验装置，着重强调电子从形状为"圆盘"的阴极射出，结合之前静电场的知识，请学生回答两极怎样连接高电压的正负极。实验开始后先不加磁场，学生看到的是一条绿色的直线。易得没有磁场作用，电子束不发生偏转，紧扣题目。紧接着将U形磁铁缓缓靠近，学生观察到电子束发生了明显的偏转，此时将投影进行冻结，向学生介绍这个现象是由洛伦兹最早发现的，所以称之为洛伦兹力。同时，要求学生用已学习的点和叉的方向表示方法将电子束的流动方向转换为熟悉的电流方向，再将磁感应强度方向和受力方向在纸面上画出来。教师改变磁感应强度方向再次请学生建立纸面模型。然后改变电流方向，四幅图画完之后，学生总结现象，会发现也可以用左手定则判断洛伦兹力的方向。教师继续引导，安培力的方向可以用左手定则判断，洛伦兹力也可以，而且安培力的本质是电流在磁场中受到了力的作用，那么洛伦兹力的大小能不能从安培力出发进行科学推导呢？

为此，我们需要建立一个模型。在一段长 L 的导线中电子的体密度为 n，横截面积为 S，电子的平均流动速率是 v，请学生回顾电流的微观表达式 $I = neSv$。将微观表达式代入安培力公式中，引导学生近似地推导单个电子在磁场中所受洛伦兹力的大小。需要学生明确如何能够在式中找到电子总个数的表达式，之后将安培力的大小除以总的电子个数就近似等于单个电子所受力的大小。问题进行到这里，本节课主要内容已经完成。但是所有的推导都是基于运动电荷的速度与磁场方向垂直的条件下得到的，那么当速度方向和磁场方向不垂直时洛伦兹力的大小又当如何求解呢？此时需要学生自己动手进行推导。

教师帮助学生进行推导总结后，对课前极光现象进行解释，以提升学生对知识的兴趣和学以致用的获得感。教师进一步向学生展示另外一个基于洛伦兹力原理的重要科学应用——同步辐射装置（或圆形粒子加速器），激发学生对知识应用的兴趣，同时也培养学生模型建构的能力。首先建立在匀强磁场中垂直于磁场射入一个电子的简单模型，并从定量的角度估算电子重力相对于洛伦兹力是完全可以忽略不计的。在忽略重力的影响下，洛伦兹力始终和速度方向是垂直的，学生结合之前圆周运动的知识，判断出电子在匀强磁场中做的是圆周运动。其次向学生发问，这个圆周运动的速度大小会发生变化吗？实际上这需要学生对力与运动的关系，以及能量的概念有较好的理解才可以作答。此时教师需要引导学生回顾一下从能量的角度考虑速度发生变化是有外力对研究对象做功。显然洛伦兹力时刻与速度方向是垂直的，所以洛伦兹力是不会做功的，也就不会引起速度大小的变化，只能改变运动的方向。教师此时要向学生用洛伦兹力演示仪进行展示，通过结合实验加深学生对洛伦兹力提供向心力作用下电子做匀速圆周运动的深刻认识。

(3)带电粒子在匀强磁场中的运动和质谱仪与回旋加速器。

课时建议：2课时。

教与学的策略规划。

在讲授洛伦兹力的时候，我们的教学设计中已经渗透了洛伦兹力作用下匀强磁场中运动电荷的受力和运动特点，本节课我们主要是通过全面而深入地分析洛伦兹力提供向心力作用下，电荷在匀强磁场中做匀速圆周运动时具体的轨道半径和运动周期，定性地认识轨道半径受"比荷""入射速度"和"磁场强度"的影响，而运动周期则只受"比荷"和"磁场强度"的影响。同时，还要通过难度逐级递增的例题讲解让学生深刻领会洛伦兹力提供向心力时得到的运动半径和运动周期。实际上这同时也培养了学生做题的规范性。进一步，通过典型例题的讲解，学生可以学会如何利用已有条件，判断圆周运动的圆心。通过两节课的讲练，培养学生利用平面几何知识解决物理问题的能力。

在具体问题情境下对知识的应用是可以极大地提高学生学习热情的有效途径，本节课的质谱仪和回旋加速器都是利用洛伦兹力特点的鲜明例子，是科学研究中重要的技术手段。本节课不仅要将基本原理向学生讲解清晰，更要结合当下的先进科技新闻对学生的科学态度进行培养，完成基本教学目标"知道质谱仪的构造，会应用带电粒子在匀强磁场中做圆周运动的规律分析相关问题；知道回旋加速器的构造和加速原理，理解粒子的回旋周期与加速电场变化周期的关系"，为学生打下坚实的基础。由于这是一节知识应用课，所以当教师讲授完设备结构和工作原理后，需要引导学生利用已学知识对相关工作过程的核心问题进行讨论式研究。

第三节　课时教学设计与案例

一、课时教学设计

在制订了学年教学工作计划和单元教学设计后，教师需要制订课时教学计划。课时教学计划是在学年(或学期)教学工作计划的宏观约束和单元教学计划的微观指导下，结合学生的实际情况来进行研究制订的。所谓宏观约束，是指课时计划的制订要服从学年(或学期)的教学目标，要与学年(或学期)的整体进度合拍，要以学年(或学期)工作计划为检查教学工作情况的依据；所谓微观指导，是指课时计划的制订要服从单元计划的教学目标，要符合单元计划的课时安排，要满足单元计划对本课时的具体要求。在确定了课时教学计划后，需要对每个课时的教学进行教学设计。具体的课时教学设计应包括以下内容。

1. 明确教学目标，确定教学重点

课时计划的教学目标，主要包括对与该课题相关的物理观念、科学思维、科学探究、科学态度与责任方面的要求。这些要求的程度可以用知道、理解、初步掌握、熟练掌握、体会、感受等容易评价的行为动词加以区别，避免抽象、模糊的提法，以便于师生及时检验教学目标的落实情况，便于教师及时调整教学计划，使教学发挥出更大的效能。

明确教学目标后，要进一步研究教学内容，确定教学重点。一般来说，重点知识不仅在物理学中占有重要地位，而且对学生科学素养的发展具有重要作用，因此是常规的教学重点。此外，在每节课所涉及的内容中，属于关键性的或者掌握后续知识所必须具备的基

础知识、对掌握重点知识起重要作用的知识、对于培养学生的能力以及情感态度与价值观有重要作用的知识，都可作为这节课的教学重点。

2. 了解学生，确定教学难点

教学难点是由教材内容的要求与学生基础这一对矛盾决定的。所谓的难点是知识要求与学生原有的知识基础和认识能力差异较大的，学生难以理解和掌握的，以及教师采用常规方法难以处理的部分内容。由于不同水平的学生有不同的难点，所以难点是相对的，教师一定要从学生的实际出发，重视对学生前概念的了解，重视对学生心理以及思维障碍的成因和表现的分析。具体来说，这样几类知识常常是教学的难点：概念抽象而学生又缺乏感性认识的知识，学生的生活经验与物理知识之间有矛盾的内容，现象复杂、文字概括性强的定律或定理，容易因思维定式带来负迁移的知识，概念相近、方法相似的知识等。

值得指出的是，教学难点有时也会由于教师本身的水平或教学要求和教学方法选择不当而人为造成。因此，教师在分析确定难点时，也不可忽视由教师本身因素引起的教学难点。

3. 处理教材，选择教法

为了实现教学目标，必须研究并构思整个教学过程。这就要考虑如何处理教材和如何选择教法的问题。

所谓处理教材就是在分析教材逻辑结构的基础上，根据学生的心理发展特点，从总体教学过程最优化角度考虑，重新组合安排知识信息，把教材的文字系统转换成符合本校实际情况，适合学生发挥主体作用、教师发挥其经验与特长的教学活动系统。

处理教材是在教师已经全面掌握教材的基础上，根据学生对本课题相关知识掌握的情况，把教材涉及的知识点重新分解组合。一般可以把有关的知识分为：已知的，即学生已经掌握了的知识，可作为复习或课堂提问的内容；未知的，即学生即将学习的知识；半知的，即学生对这些知识稍有印象，但又尚未完全掌握，一经启发即可明白的知识。重新组合这些知识，以利于组织、引导学生对未知知识进行积极主动的学习。根据需要，可以变更、增补、删减一些内容。

所谓选择教法就是在教师处理好教材的基础上，为了突出重点，突破难点，达到预定的教学目标，确定教学实施的方法。这需要仔细考虑每个环节的具体内容、手段和措施。例如，如何创设情境、引入课题，怎样启发学生思考、指导学生探究，使用什么教具，让学生观察什么现象、做哪些实验，怎样得出结论，应用新知识解决哪些问题等。总之，教法的选择，要体现教师的主导作用和学生的主体作用，突出学生在教学活动中的主动性、活动性、开放性和创造性，要与学法的指导相结合，创设多维互动(师生之间互动、学生之间互动)、多项交流(知识交流、方法交流、信息交流、探究交流、情感交流)的教学形式。

需要强调的是，由于教学重点在教学内容体系中占据着重要的地位，因此，选择教法时必须考虑如何突出教学重点。首先，应围绕着教学重点处理和组织全部教学内容。其次，在时间分配上要保证教学重点的学习时间。

如何化解教学难点，也是选择教法时必须考虑的问题。如果是由于思维方法的障碍造成的难点，教师可以教给学生研究问题的思路和方法；如果是由于学生缺乏感性知识，而知识又过于抽象造成的难点，教师可以运用各种教学手段，为学生提供直观形象的感性材料，或尽可能联系学生的生活经验，或让学生亲自动手做实验，通过自己的观察、探究，得出结论；如果是由于学生已形成不正确前概念的干扰，或由于相近、相似知识的干扰造成的难点，可以加强对物理现象、物理过程的分析，引发认识冲突，揭示现象的本质特征，或从知识结构的整体内在联系出发，利用学生已掌握的旧知识或相关知识，通过对比与鉴别，揭示各自的本质特征，从而帮助学生获得正确的认识；如果是由于学生的基础知识尚不具备，或接受能力较差造成的难点，可以运用比喻、类比和举例等方法；对于形成或推导过程较复杂的知识以及涉及面广的知识，则可分为多步，由简到繁、由定性到定量、由具体到抽象、由特殊到一般，逐步解决。

备好课的标志是能够回答并落实如下三方面问题。

(1)为什么要讲这一课题？目的何在？重点、难点、关键是什么？

(2)为达到教学目标，应采用什么手段？具体的处理方法是怎样的？

(3)得到什么结论，适用条件和适用范围是什么？运用它能说明、解释哪些现象？能够解决哪些问题？分析和解决问题的方法是怎样的？

只要能回答出上述三方面的问题，教师就做到了心中有数，讲起课来就能立足于教材整体，抓住具体的重点和关键，组织学生的学习活动。具体的教学设计的流程如图12-5所示。

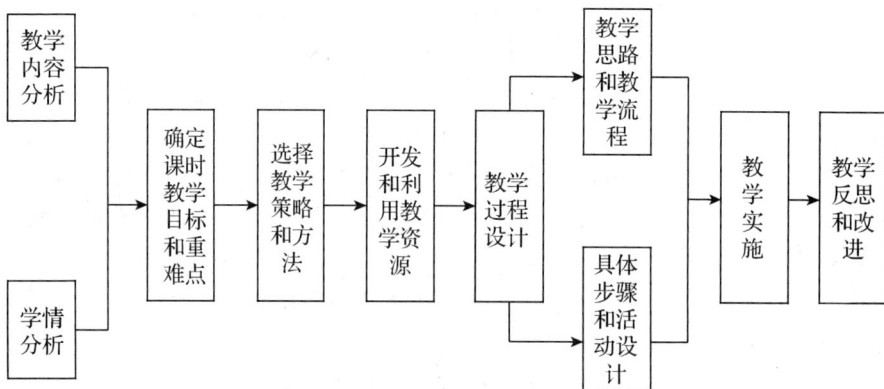

图 12-5　课时教学设计的流程

下面以"加速度"概念为例，说明课时教学设计的主要内容。

(1)在教学内容分析和学情分析的基础上，确定教学目标，确定重难点。

先阅读教材，掌握本节内容及前后有关的力学内容，以及在物理学的其他分支学科(如热学、电学)中加速度这个物理概念的应用，从而明确这节内容在教材整体中占什么地位。

从物理知识的角度看，加速度是描写运动的基本量之一，是研究变速运动的关键。加速度不仅是研究变速直线运动规律必须掌握的概念，而且是以后学习匀速圆周运动的关键。在研究动力学时，力的作用效果之一是产生加速度，从这个意义上，可以说加速度是联结运动学和动力学的桥梁。因此，它在力学中占有重要地位。

在中学阶段，对加速度这个概念，应该并可能讲到什么深度呢？作为教师的备课，一方面教师自身必须全面深刻地掌握这个概念，不拘泥于教材；另一方面应该对学生的现状有充分的考虑和清醒的认识。

加速度是描写速度改变快慢的物理量，有平均加速度和瞬时加速度之分，它具有矢量性、瞬时性和相对性。在中学阶段重点研究的匀变速直线运动、平抛运动和匀速圆周运动，都涉及运动方向问题，因此要强调加速度的方向性；同时，考虑到圆周运动实际上应用的是瞬时概念，因此加速度的瞬时性也应该让学生了解；中学阶段通常以地球为参照物，对参照物的变化不作特别要求，因此相对运动问题不是研究的重点，相对性简单介绍即可。

于是，围绕明确教学目标的问题，得出这样的结论：通过这节课教学，学生要理解为什么引入加速度概念，它是如何定义的，以及它的大小、方向和量度单位；掌握加速度的矢量性，了解它的瞬时性。总之，加速度的概念虽然在中学物理中占有重要地位，但不宜全面、深入地展开。它属于重要知识，要求学生掌握且会应用它解决实际问题。这就是本节课教学重点的确定过程。关于教学难点，显然应该放在学生过去接触不多、感受不深、难以理解的加速度的矢量性上。

（2）确定教学需要的教学方法和策略、教学资源后，进行教学过程的设计。

根据学生的认知规律，创设真实的物理情境，唤起学生的感性认识，引起学生思考，从而提出问题。可以创设火车出站和进站、汽车启动和刹车等与日常生活联系密切的情境，启发学生思考这种变速直线运动的运动过程。还可以通过以下的实验创设物理情境：取两块长度相等的木板，分别以不同的倾角置于地面上，在两块木板上放两个相同的木块，使它们同时由静止开始下滑，让学生观察现象，辨别两木块下滑时速度变化情况的不同，辨别出物体"速度变化快慢"这一性质，进一步启发学生思考，如何描述速度改变的快慢，从而引入加速度的概念。要特别强调的是，在创设情境的基础上，尽量由学生主动提出问题，并且启发学生自己得出加速度的定义。考虑到在本节内容之前刚刚讲过直线运动的速度，可以启发学生采取与引入速度概念相类似的方法，对比引入加速度概念——速度描述物体位置改变的快慢，加速度则描述速度改变的快慢。两者的物理含义虽然完全不同，但在形式上却非常相似，都是某个物理量的变化率。利用类比引入新的物理概念不仅能唤起学生的旧知识，而且能使学生学习处理问题的方法。具体说，对于速度的概念，我们把物体从 t_0 时刻到 t 时刻位置的改变表示为位移的变化量 Δx，从 t_0 到 t 时间间隔内的平均速度为

$$v = \frac{\Delta x}{\Delta t}$$

为了粗略描写速度改变的快慢，我们可以把 Δx 换成 Δv，Δv 表示物体从 t_0 到 t 时刻间隔内速度的变化量，于是得到

$$a = \frac{\Delta v}{\Delta t}$$

学生很容易认识到这就是所谓的平均加速度的概念，而且很容易接受加速度的矢量性。在采取这种类比方法，启发学生得出加速度的定义后，教师还应该针对难点进行适度的讲授，讲授的重点应该放在加速度的矢量性上。由于这是教学难点，教师应该将加速度矢量性的符号表示与矢量图分析联系起来，并尽量联系生活实际和实验现象，使抽象概念形象化。

上述措施和方法，能够有效地促进这节课教学目标的实现，既突出了重点，又帮助学生顺利地克服了难点；让学生既学习了物理知识，又学习了分析问题、解决问题的方法。

运用本节课的物理知识解决实际问题。这时，教师应该选用一些能够引起学生兴趣、与生产生活实际密切相关的例子。例如，汽车出厂时，通常必须做加速度性能试验，该试验是让汽车开足油门，研究车速从某一数值 v_0 增加到 v 所需要的时间。设试验结果是：当速度从 20 km/h 增加到 50 km/h 时，高级轿车需 7 s，4×10^3 kg 载重卡车需要 38 s，8×10^3 kg 载重卡车需要 50 s，让学生分别求出这三种车辆的平均加速度。这样，学生既练习了所学物理知识，也了解到加速度在实际中的应用。在高速公路上行驶的车辆要求启动快，为了达到这个要求，必须提高车辆的加速度性能。

在这一阶段，要让学生养成分析物理过程的习惯，不要简单地套用数学公式。为了进一步加深和活化概念，要让学生在课后应用所学知识联系实际解决问题。

二、课时教学设计案例

教学课题	抛体运动的规律
所用教材	教材名称：《普通高中教科书　物理　必修　第二册》 出版社：人民教育出版社
教材分析	抛体运动是自然界中一种普遍而重要的运动形式，平抛运动是特殊的抛体运动，是一种理想化的物理模型，生活中很多运动可以抽象成平抛运动的模型。学习平抛运动不仅可以深化和发展知识和方法，还可以提高和培养能力。 　　学习认识平抛运动的规律，既可以巩固已学的匀变速直线运动的知识、矢量合成与分解知识、牛顿定律的知识，又可以为今后学习电子在电场、磁场中的运动奠定基础。所以，学习平抛运动的规律在知识上有着承上启下的重要作用。
学情分析	在本节课之前，学生学习了匀速直线运动、牛顿力学、矢量的合成与分解等知识。 　　本节课是实验探究课，在实验的基础上得出抛体物体的运动规律，降低了学生认知上的难度；通过理论分析得出平抛物体的运动规律，体现了对理论分析和演绎思维的重视。学生在实验和理论两方面的体会，有利于提高用所学知识和方法解决实际问题的能力。
教学目标	一、物理知识与物理观念 　　知道平抛运动的特点：初速度沿水平方向，竖直方向仅受重力作用，运动轨迹是抛物线；理解平抛运动可以看作是水平方向的匀速直线运动与竖直方向的自由落体运动的合运动，并且这两个运动互不影响；理解平抛运动是匀变速曲线运动，加速度为 g；帮助学生建立物质的运动观念。 　　二、科学探究与科学思维 　　方法探究与观察：探究物体的运动规律，回忆之前学过的直线运动进而思考曲线运动的处理方法，用频闪照片的方法得到平抛运动物体的轨迹。通过观察实验，体会从现象中探究物理知识的过程。 　　规律探究与推理：首先，对频闪照片的数据进行处理，得到水平与竖直方向的规律。其次，利用"三球实验"进行验证。在此基础上，用矢量合成分解的方法对平抛运动进行理论分

续表

教学目标	析，得到规律。通过亲自分析计算、实验和理论推导，从实验和理论两个方面体会探究平抛运动的过程。 三、科学态度与责任 　(1)通过小游戏"枪击玩具"创设情境，联系生活归纳得出平抛运动的定义。游戏使学生体验物理与生活的紧密关系； 　(2)领略平抛运动的奇妙，发展对科学的好奇心与求知欲，能体验探索平抛运动的过程； 　(3)有将平抛运动知识应用于生活和生产实践的意识，勇于探究与日常生活有关的平抛运动； 　(4)利用学到的平抛运动的相关知识，解决问题，体验到成功的乐趣； 　(5)培养与他人合作的精神，养成敢于坚持真理、勇于创新和实事求是的科学态度。			
教学重点	(1)平抛的定义； (2)运动特点和规律； (3)规律探究的过程。			
教学难点	(1)研究方法的确定； (2)通过数据分析得出运动规律。			
设计特点与理念	本节课以有趣的游戏实验创设情境引入课题；在轻松愉悦的环境中进行方法探究；在得到物体运动轨迹的基础上，积极思考，联系已有的知识，对平抛物体运动的规律进行探究；利用所学到的知识解决实际中的物理问题，学以致用，从课堂走入生活。可以概括为【情境设置】【方法探究】【规律探究】【问题探讨】四个环节。 　整个教学过程考虑了学生已有的知识储备和接受能力以及思维方法，以探究规律为中心，充分体现了"建构主义"的教学理念。			
教学方法	情境激学、引导、互动探究、实验演示、启发讲授、总结归纳。			
教学器材	(1)实验器材：频闪仪、照相机、平抛运动演示仪、自制教具。 (2)多媒体：多媒体课件、图片、视频。	课时安排	1节课(45分钟)	
教学过程	教师活动	学生活动	方法手段	设计意图
	一、情境设置 小游戏：枪击模型。 　(1)沿水平方向发射子弹，让同学观察子弹的运动轨迹。 　(2)枪管的水平延长线上固定一个模型，枪对准模型，从枪口射出的子弹能否击中模型？ 　(3)如果模型由电磁铁吸附，子弹飞出的时刻，模型开始下落，从枪口射出的子弹能否击中模型？观察现象。 　(4)继而再改变模型的水平位置，继续实验。	同学观察到子弹向前飞出，在飞行的过程中下落。 　模型水平固定，子弹下落，一定不会击中，但老师要击中，产生冲突，引起好奇。子弹和模型都下落，可以击中吗？观察实验发现，无论模型与枪口水平距离远近，都能击中模型。	情境激学	引起好奇，激发兴趣

	教师活动	学生活动	方法手段	设计意图
	(改变枪口与模型的位置后模型总能打到玩具模型) （5）模型做的是什么运动？（简单回忆自由落体运动） （6）子弹总能击中模型，说明不是偶然，而是必然。既然是必然，那必然背后就隐藏了规律。 联系生活、举出生活中具有子弹运动特点的运动，从而引入平抛运动的定义。 定义：将物体以一定的初速度沿水平方向抛出，不考虑空气阻力，物体只在重力作用下所做的运动，叫作平抛运动。 现在一起来探究平抛物体运动的规律。 【板书】探究平抛运动的规律	模型自由下落，做自由落体运动。 观察到子弹每次都能击中模型，但不知道是巧合还是必然，对本节知识产生好奇。 子弹的运动特点是初速度方向水平，只受重力作用。 知道子弹的运动是平抛运动，本节课研究平抛运动的运动规律。	步步深入	由小球引入模型，发现总能打中模型，引出存在的共性特征，进而得到规律。
教学过程	二、方法探究 提问：我们采取什么方法来确定物体做平抛运动的运动规律呢？ 同学们在学习直线运动的知识时，研究了在斜面上运动的小车的运动规律，请同学们回忆一下，那时我们采取的是什么方法来确定小车的运动规律的呢？ 利用打点计时器记录了时间和对应的位置，研究位置与时间的关系就能得到物体运动的规律。 那我们是否也可以用这种方法来研究平抛物体的运动规律呢？请同学们想想如何确定做平抛运动的物体运动的时间和对应的位置呢？ 现在请同学们相互讨论，设计实验方案。 【学生汇报交流】 同学们的想法都非常好，老师也来介绍一种方法：采用频闪照相技术。 【实验方法】——频闪照片。 今天我们利用频闪照片记录物体运动的时间和对应的位置，频闪照片是延长相机的曝光时间，期间只有闪光源以相等的时间间隔闪光，相片记录的就是闪光时刻小球所处的位置。 我们从小球被水平抛出时开始计时，每隔 0.04 s 对小球拍照一次，这样我们就确定了小球运动的时间以及在不同时刻	利用打点计时器，记录位置和时间，得到直线运动的运动规律。 积极思考，经过老师的讲解，认为也可以借鉴直线运动的方法来研究。 同学释然、认为可行。 积极思考，想出获得物体运动轨迹的方法。 （预设情况：描点法——把平抛物体运动的轨迹描绘下来；照相法——用相片记录轨迹。） 仔细聆听老师的讲解，理解频闪照相的原理，知道照片记录了小球在不同时刻所处的位置，用光滑的线连接起来就得到小球的运动轨迹。	复习巩固 类比法	知识的迁移与应用

	教师活动	学生活动	方法手段	设计意图
教学过程	小球的位置，用光滑的线将这些位置点连接起来就得到小球运动的轨迹。			
	三、规律探究 　　现在我们来研究平抛物体的运动规律。 　　按照探究斜面上小车的运动规律的方法，我们先建立一个表格，在表格中应该反映小球的运动时间和对应的位置这些信息。 　　从小球被水平抛出时开始计时，每隔 0.04 s 对小球拍照一次，所以小球运动后每个位置依次对应的时间为 0.04 s、0.08 s、0.012 s… 　　提问：我们怎么来表示小球的位置呢？ 　　同学们提议建立坐标系，这是我们在数学上常用的确定位置的方法。 　　提问：那怎样选择坐标轴的方向呢？ 　　同学们提议分别以水平方向和竖直方向为坐标轴的方向，能说说你为什么这样选择吗？ 　　将 y 轴方向确定为竖直向下方向，是为了避免出现负值。 　　同学们的想法非常好。 　　我们现在就来确定小球的位置。 （通过网格，确定 x、y 值） 　　1. 数据处理 　　请同学们观察，表格中的数据有什么特点？ 　　(1)先观察水平位置坐标 x 与时间 t 之间的关系。 　　x 随 t 的增大而增大，好像是正比关系。利用 Excel 图表法得到水平位置 x 与时间 t 的图像。得到的图像是一条斜率不变的直线。 　　$$x = at$$ 　　提问：同学们能说说这条直线的物理意义吗？ （在 x 方向小球做匀速直线运动） 　　(2)再观察计算竖直位置坐标 y 与时间 t 的关系。	照片记录了小球的轨迹，根据以上的分析，考虑要研究平抛物体位置与时间的关系，需要在照片上获得位置的信息。认真读取数据，并记录数据。 　　1 s 闪光 25 次，每次闪光的时间间隔为 0.04 s，这样就得到了小球的位置和时间的信息。 水平方向和竖直方向 　　发现水平方向的位置改变倍数与时间改变的倍数对应。 　　猜测水平位置与时间可能是成正比的关系。 　　直线的斜率代表速度，速度不变，说明水平方向做匀速直线运动。 　　竖直方向坐标与时间图像没有确定的关系，但是竖直方向坐标与时间的平方的图像是一条直线。	数据推理 预测分析 图表法得规律	教师逐步引导 学生对 Excel 表格有一定的基础。

续表

	教师活动	学生活动	方法手段	设计意图
教学过程	y 随 t 的增大而增大，好像不是正比关系。作 y 与 t 的关系图，得到一条弯曲的线，曲线像一条抛物线。作 y 与 t^2 的关系图，发现这是一条斜率不变的直线。 $$y=bt^2$$ 提问：同学们能说说这条直线的物理意义吗？ 在 y 方向小球做初速度为 0 的匀变速直线运动。 提问：加速度为多大？ $$a=g$$ 实际上，小球在竖直方向上做自由落体运动。 2. 实验验证 依据数据，我们分析得到做平抛运动的物体在水平方向做匀速直线运动，在竖直方向做自由落体运动。 下面用实验来验证一下。 【介绍平抛竖落仪】 平抛竖落仪，由三部分组成，左边是两个弯曲程度相同的轨道，轨道底端沿水平方向，且上下两个轨道在竖直方向对齐，右边的线圈与左上方的轨道底端竖直方向等高。 请同学们分析一下，这几个小球做什么运动？ 下面通过实验来观察一下三个小球的运动。 （实验——三球实验，观察实验现象，发现三个球相碰）从而实验验证了平抛运动在理论上的结论。 3. 理论分析 实际上，从理论上进行分析也可以得到上面的结论。 经过时间 t，小球到达位置 M。 提问：如何确定小球在 M 点相对抛出点的位移呢？ 我们知道位移是矢量，我们可以将位移分解到水平方向和竖直方向。只要确定了小球在水平方向的位移分量 x 和在竖	直线的斜率代表加速度，加速度不变，说明竖直方向做初速度为 0 的匀变速直线运动。 加速度大小为 g，从而知道平抛运动在竖直方向做自由落体运动。 左上方的小球离开轨道后做平抛运动，左下方的小球离开轨道后做匀速直线运动，右方的小球做自由落体运动。 发现三个小球相碰，从而在实验上验证了频闪结论的正确性。 学生经过老师的讲解容易想到： 水平位移 $x=v_0t$	实验验证 理论分析	充分体会合运动与分运动之间的关系。 另辟蹊径

续表

	教师活动	学生活动	方法手段	设计意图
教学过程	直方向的位移分量 y，我们就能确定小球的位移。小球的初速度沿水平方向，而水平方向不受力，所以小球在水平方向做匀速直线运动；小球沿竖直方向的初速度为0，只受重力作用，所以小球做自由落体运动。 提问：如何确定小球在 M 点的速度呢？ 速度也是矢量，也符合平行四边形法则，速度也可以沿着竖直和水平两个方向分解。 我们看到，从理论上分析也能得到平抛运动的规律，与之前的实验过程所得结果一致，殊途同归。	竖直位移 $$y=\frac{1}{2}gt^2$$ 水平分速度 $$v_x=v_0$$ 竖直分速度 $$v_y=gt$$ 根据上节课的知识得到合速度： $$v=\sqrt{v_x^2+v_y^2}$$ $$\tan\theta=\frac{v_y}{v_x}=\frac{gt}{v_0}$$	总结规律	殊途同归
	四、问题探讨 1. 在刚上课的小游戏中，只要枪管对准模型，子弹总能打中模型，为什么？ 2. 运动轨迹是抛物线的物体都做平抛运动吗？ 3. 请同学们观察，现在将枪管斜向上，只要枪管还对着模型，子弹还能打中模型。这是为什么？ 用水平初速度抛出一个乒乓球，请同学们下课后用照相机研究并做出判断：乒乓球的运动是否满足平抛运动的规律？	子弹做平抛运动、模型做自由落体运动，两物体同时下落，在竖直方向一一对应，所以能够击中。 　　不是！它没有考虑平抛运动的初始条件和受力情况，因而不对。 极大地调动学生积极性。 课下积极实验、探究规律	思维拓展	给学有余力的学生更多的空间，提高动手能力和探究能力。
板书设计	<div align="center">探究平抛运动的规律</div>一、定义：v_0 沿水平方向，只受重力。 二、方法探究：频闪照相。 三、规律探究： 1. 数据处理　　2. 实验验证　　3. 理论分析 $$\begin{cases}x=v_0t\\y=\frac{1}{2}gt^2\end{cases}\Rightarrow\quad y=\frac{g}{2v_0^2}x^2$$ 四、问题讨论			

评价与反思	本节课由趣味实验引入课题，在学生已有的知识——直线运动确立探究平抛运动规律的方法。引导学生得到描述平抛运动规律的方法——频闪照片方法。由对频闪照片的数据进行处理、"三球实验"验证、平抛运动理论分析这三种方法殊途同归得到了平抛运动的规律。教学过程中注重教师与学生之间，以及学生之间的交流，引导学生步步深入，最终学会平抛运动的描述方法和平抛运动的规律。 　　由于时间和教学设计因素，本节课只选取频闪照片记录小球的轨迹，其他描述平抛运动轨迹的方法涉及较少，只简略提到，这些方法需要在其他教学中补充。此外，Excel 表格，作图等要求学生有一定的计算机和数学知识基础。

附录

　　频闪照片用频闪光源频率为 25 Hz 的佳能 PowerShot SX200is 数码相机拍摄。记录频闪照片数据如表 12-1 所示。

表 12-1　频闪照片数据

x/cm	x/m	y/cm	y/m	t/s
0.0	0.000	0.0	0.000	0.00
3.6	0.036	0.8	0.008	0.04
7.4	0.074	3.0	0.030	0.08
10.8	0.108	7.0	0.070	0.12
14.2	0.142	12.2	0.122	0.16
17.8	0.178	19.8	0.198	0.20

第四节　说课及其示例

一、说课

　　关于"说课"，虽然目前有很多的说法，但对其内涵还没有统一的界定。以下关于说课的讨论，是现行使用较多的说法。

　　(1)说课是一种教学研究活动，要求教师以教育理论、教学大纲、教材为依据，针对某一课题的自身特点，结合教育对象的实际情况，口头表述该课题教学的具体设想、设计及其理论依据。

　　(2)说课是教师通过对教育目标本身的分析，表述具体课题的活动设想及其理论依据。"说课"以口头表达为主，是教师对教学设计的说明、解释与论证，是一种以口头叙述为主的教案分析。通俗地讲就是要说清：教什么、怎么教、为什么这么教。

　　(3)说课是指教师在备课基础上，在授课之前面对同行或评委等主要用口头语言讲解具体课题的活动设想及其依据的一种教研活动，它是教师将教材理解、教法及学法设计转化为"具体活动"的一种课前预演，也是督促教师进行业务学习和教育教学研究，提高业务水平的重要途径，还是评估教学水平的有效手段。

（4）说课的内容既可以是针对具体课题的，也可以是针对一个观点或一个问题的。可见，说课就是教师针对某一观点、问题或具体课题，向同行阐述自己打算怎样进行教学，为什么这样展开教学。

（5）如果说课在授课后进行，教学反思就会成为说课的重点。这样的说课，也称为反思性说课，是一线教师教研活动中常用的形式。

二、说课示例

下面就"波的形成"实例给出说课示例。

高中物理"波的形成"一节的教学设计，选用的教材是人教版《普通高中教科书　物理选择性必修　第一册》第三章机械波的第一节内容。这节说课分为教材与学情分析、教学目标与教学重难点、教法与学法、教学过程和板书设计等五个方面进行，具体如下。

1. 教材与学情分析

展示多媒体课件	具体内容
	教学内容的地位与作用 　　波是自然界一种普遍而重要的运动形式，广泛地涉及物理学的各个领域，并且与生活中的水波、声音等现象有着密切联系，所以是学生学习物理的重要内容。机械波这一章内容是以前面简谐运动的知识为基础的，从机械振动在介质中传播形成机械波开始建立起振动与波动的联系。 　　"波的形成和传播"又是机械波这一章内容的基础，正确认识波的形成过程和传播规律，既可以巩固有关机械振动的知识，又对顺利学习本章其他各节知识起着承上启下的重要作用。
	学情分析 　　知识上，本节课所涉及的波的内容与实际生活联系紧密，学生已经能够在生活现象中认识波动现象，但是在理论上对波动的形成条件、传播特点还不了解。高中二年级的学生已经学过直线运动、简谐运动等有关运动学、动力学的知识，为学习波的内容提供了知识上的基础。 　　能力上，根据认知发展理论，该阶段学生通过初中、高中一年多的物理学习，已经具备了一定的观察分析能力与实验能力，但是对波传播过程这种较复杂的运动形式进行抽象和空间的想象仍有较大困难。

2. 教学目标与教学重难点

展示多媒体课件	具体内容
二、教学目标与教学重难点 ● 物理知识与物理观念 1. 知道波产生的两个条件：振源与介质 2. 认识到波传播的过程中介质中各质点不随波迁移 3. 知道波在传播运动形式的同时也传递了能量、信息 4. 能够区分横波与纵波	基于本节课的重难点及课程标准的要求，并通过与多年从教的教师讨论，我们从学生的认知基础、心理特征出发，从以下三个维度拟定了本节课的教学目标，力争做到全面、具体、可测。 　　**在物理知识与物理观念上** 　　(1)知道波产生的两个条件：振源与介质。 　　(2)认识到波传播的过程中介质中各质点不随波迁移。 　　(3)知道波在传播运动形式的同时也传递了能量与信息。 　　(4)能够区分横波与纵波。 　　**在科学思维与科学探究上**
二、教学目标与教学重难点 ● 科学思维与科学探究 1. 通过播放图片、录像让学生观察生活中的波动现象，提出所要研究的问题，培养学生的观察和思考能力 2. 通过游戏的体验、实验的观察，体会从现象中探究物理知识的过程 3. 通过观察实验与多媒体课件，比较横波与纵波的异同，学习观察辨析、归纳总结的方法	(1)通过播放图片、录像让学生观察生活中的波动现象，提出所要研究的问题，培养学生的观察和思考能力。 　　(2)通过游戏的体验、实验的观察，体会从现象中探究物理知识的过程。 　　(3)通过观察实验与多媒体课件，比较横波与纵波的异同，学习观察辨析、归纳总结的方法。 　　**在科学态度与社会责任上** 　　(1)通过"人浪的形成"游戏，学生亲身体验了物理过程，激发学习物理的兴趣，并增强相互间的协作意识。 　　(2)通过观看视频"地震波"，增强运用物理知识理解生活现象的能力。
二、教学目标与教学重难点 ● 科学态度与社会责任 1. 通过"人浪的形成"游戏，学生亲身体验物理过程，激发学习物理的兴趣，并增强相互间的协作意识 2. 通过观看视频"地震波"，增强运用物理知识理解生活现象的能力	
二、教学目标与教学重难点 1. 教学重难点　　教材与学情 机械波的形成过程和产生条件　　理解质点振动和波传播的关系	根据以上的教材与学情分析，我们确定了本节内容的教学重难点与目标。根据本节课课程标准的要求，机械波的形成过程和产生条件是本节课的教学重点。 　　又因为理解质点振动和波传播的关系，对学生的理解力和空间想象能力有较高的要求，所以这是本节课的教学难点。

3. 教法与学法

展示多媒体课件	具体内容
	为了突出重点、突破难点，更好地完成以上教学目标，本节课采用以下的教学方法。 　　首先通过创设问题情境，引发学生学习兴趣，调动学生的内在学习动力；其次通过实验与多媒体课件结合演示，让学生对波的形成过程和传播特点产生直观、细致的认识；最后通过启发式的讲授，引导学生发现问题、思考问题、解决问题。 　　教师引导学生在学习的过程中，通过观察体验、实验探究、小组讨论的学习方法来更好地完成本节课的学习。

4. 教学过程

展示多媒体课件	具体内容
	将具体教学过程分为新课引入、新课教学、应用与小结、反馈与评价四个层次。 　　首先看一下新课引入。在本节课的首张多媒体课件上，我将为学生呈现这张水波图片。这张色调柔和的图片，让学生在课程的一开始便进入一种怡然放松的情境中，并对波有了初步感受。 　　其次通过图片展示奥运会赛场上艺术体操项目的带操运动员抖动绸带，并在课堂上为大家演示一下绸带较为规则的波动状况。 　　最后通过一段北京奥运会开幕式"活字印刷"表演的视频，让学生重温奥运激情，激发学生兴趣，并在2008个活字模的表演中观察到波动现象。 　　图片与视频的展示后，我们要引导学生从刚才的现象中观察波这种自然现象，并引出这节课的授课内容。
	在通过创设情境，引入新课后，我们进入具体的新课教学阶段。 　　根据教学目标，本节课将引导学生主要学习以下知识点。 　　波的形成条件是本节课的教学重点。学生通过自己认知，理解波的形成过程，得到波产生的两个条件：波源和介质。我们分别设置了游戏与实验，让学生参与体验到探究的过程中来。 　　通过"人浪的形成"这个游戏，模拟了波动现象。在这个过程中让同学理解到最开始运动的同学的重要作用。要形成人浪的波动，就要让这名同学先运动起来，他停止运动，人浪的波动也消失。我们把最初开始不断振动的这名同学叫作刚才这个过程中的波源，进而得到了要使波产生的一个必备条件——波源。

展示多媒体课件	具体内容
• 游戏"人浪的形成" → 模拟了波动的现象 最开始运动的同学的重要作用 波形成的必备条件：波源	那么是否波的形成只需一个条件波源呢？通过这个游戏看到不是这样的，当大家把搭在别人肩上的手放下时，旁边的一名同学运动，仍然不会形成人浪，这说明要使人浪形成还需要其他条件，我们通过以下实验进一步探究。
• 实验："真空中的声波" • 介绍装置：钟罩实验仪，在密闭的装置中有一发声装置，可通过一个排气孔，对装置进行抽气与充气。 • 实验过程： （1）在未抽气之前，让同学听装置中的声音 （2）引导大家猜测在抽气后的状况 （3）抽气 （4）引导大家思考听到现象的原因，猜测停止抽气后，充气过程的现象 （5）停止抽气，充气 • 实验：绳波的传播 • 介绍装置：长约1.5 m的麻绳，绳子中的一点系上一圈红布，做出明显的标记。 • 实验过程： （1）请一名同学拿住绳子一端固定不动，教师手拿另一端水平拉直，上下抖动。 （2）请同学观察标记点的运动状况，会不会随波向波的传播方向迁移。 • 多媒体课件模拟（化抽象为具体、变瞬时为漫长） 波的形成与传播 质点由波源开始由近及远依次开始振动，介质中的各质点只在平衡位置附近做机械振动，不随波迁移，只传递振动形式、能量	实验探究：生活中我们能够听到声音是因为声波传播到了我们的耳中，那么在真空中是否也与我们平时一样能够听到声音呢？通过实验："真空中的声波"来探究一下。 通过这个实验，学生会观察到抽气前，装置中有空气能听到声音，随着抽气，空气逐渐减少，声音变小，最后没有了声音。由于声音的波源在这个过程中始终都存在，这就说明了空气在声波传递过程的重要作用。空气是一种有弹性的物质，在这个过程中可以传递来自声源的作用力，使我们听到声音。我们把像空气这种能够传递相互作用的物质叫作介质，得到了波产生的另一个条件。 波的传播特点是本节课教学重点，为了突破重点，我们通过实验演示与多媒体课件结合，让学生对波的形成过程和传播特点产生直观、细致的认识。 绳波的实验。在长约1.5 m的麻绳中的一点系上一圈红布，做出明显的标记，请一名同学拿住绳子一端固定不动，教师手拿另一端水平拉直，上下抖动，请同学观察标记点的运动状况。这时大家会看到红色标记处只在其原来位置附近上下振动，不会随波迁移。 由于绳子波动较快，运动较不规则，不便于从现象中提取物理本质，所以在实验演示的基础之上，我们通过多媒体课件模拟绳波的传播过程，方便同学进一步观察物理过程。 这时引导同学观察到在波传播的过程中，质点由波源开始由近及远依次开始振动；介质中的各质点只在平衡位置附近做机械振动，不随波迁移。所以波传递的只是波源的振动形式，由于振动会携带能量，所以波也会传递能量。

展示多媒体课件	具体内容
	波的分类 　　我们首先演示弹簧波的实验，然后找同学来演示玩具塑料弹簧的运动。这时引导学生将这两种波的现象与刚才的绳波、绸带波进行分类，学生会区分出不同。再通过多媒体课件的进一步演示，让学生进行对比观察，根据波传播的方向与振动方向的关系的不同分为横波与纵波，进而给出波峰、波谷、疏部、密部的概念。这样与学生共同学习，使学生对波的形成条件、传播的特点与分类等都有了较为深刻的认识。最后通过组织小组讨论，让学生用一句话概括机械波的概念。
	对整节课的知识点进行一下应用与小结，包括机械波的定义、特点，波的分类等。
	为了检测本节课是否完成了预期的教学目标，我们通过这样一张反馈与评价卡，让学生对这节课知识的学习情况与教师的讲述状况进行打分，以便今后的查漏补缺、共同提高。

5. 板书设计

展示多媒体课件	具体内容
	这就是本课教学过程的设计，我们来看一下板书的设计。 　　回顾波的形成这一节的整个教学的设计，注重了互动与实践，将实验和多媒体演示相结合，实验探索和理论分析相结合，知识应用和现代科技相结合，始终突出学生的主体地位，让学生成为知识的发现者，体现"从生活走向物理，从物理走向社会""教师主导，学生主体"的教学理念。

第五节　中学物理教学研究

新课程改革，不仅要求中学物理教师胜任日常的教学工作，还必须具有教学研究能力。教学反思是促进中学物理教师教研能力发展的重要武器。教学反思是指教师对教学实践的再认识、再思考，并以此来总结经验教训，进一步提高教学水平。教学反思是教师成长过程中的必修课。从某种意义上讲，教学反思是教学研究的起点和基础。在新课程的实施过程中，有许多问题是没有现成答案的，需要物理教师在现代教育理论指导下，按照科学的研究思路和方法，通过教学实践过程中的反思与研究，解决教学实践中迫切需要解决的问题，提高教学质量，同时促进教师自身的专业发展和教育改革的深化。

物理教学研究的最终目的是：努力了解学生学习物理的过程，分析学习物理困难的原因，促进和帮助学生更好地学习物理，达到促进学生物理学科核心素养发展的要求。为了实现这个目的，依据教师"教"和学生"学"的过程，物理教研的内容包括：识别学生学习具体物理内容时的概念困难与推理困难；设计并评估物理教学策略；开发基于研究和经过研究检验的物理课程；开发相应的物理课程教材等。严格意义上的物理教研过程应包括以下步骤：系统化的调查；发展一些可以应用的教学策略；评估效果（如通过前后测的方式）；记述方法与研究结果，且使其具有可重复性；最后在会议和论文中发表研究结果。这些步骤均具有实证应用科学的特征。

一、中学物理教学研究的流程

物理教学研究是运用科学研究的思路和方法，针对物理教学理论或实践中发现的问题，有目的、有计划地探索，最终给出科学合理答案的过程。由此使教师深化对物理学及其物理教学规律的认识。每个物理教师都可以在自己的教学实践过程中开展物理教学研究。

中学物理教学研究的过程通常包括：确定研究课题、选择研究方法、开展研究活动、分析研究结果、撰写研究报告或学术论文等环节。这里简要介绍确定研究课题、选择研究方法和分析研究结果。

1. 确定研究课题

确定研究课题对于研究工作来说是非常重要的，它在很大程度上决定着该研究的性质、方向和价值。选择研究课题有三层含义：一是选择研究方向，即确定选题范围；二是选取课题研究角度，即面对同一问题，从某一特定的角度或着眼点进行研究；三是拟定课题名称，用以揭示课题的主题或中心。

物理教师确定研究课题，主要是结合自己的教学工作，从实践中发现新问题并解决新问题。实践中可能会遇到很多问题，要与物理教育领域的研究现状联系起来，选择既能体现当前研究方向，又能通过自己的努力得到一定认识成果的问题。所谓新问题是指物理教学领域中需要深入认识和解决的问题，研究的成果在原有认识的基础上有所发现、有所创新，研究者可以通过研究提出与前人不同的观点，或采用不同的方法，得到不同的证据，或得出不同的结论，从而得到新的认识和解释，丰富或发展原有的理论。

2. 选择研究方法

选好课题以后，就要选择适当的研究方法开展研究活动。中学物理教学研究常用的研究方法主要有以下几种。

(1)文献法。

文献法就是从所要研究的课题出发，通过对有关文献进行查阅、分析整理和归纳总结，从中抽取出有规律性的东西，并在此基础上，进一步调查或者比较分析，展开深层次的研究。如何科学有效而又全面地查找文献是文献研究法的关键。查找文献时应注意以下几点：第一，要科学地考虑文献检索的范围。只有对文献涉及的时间、空间、载体形式和主题有周全的覆盖，才能整体把握该项研究的基本状况，否则得出的研究结果有可能挂一漏万，或者以偏概全。第二，要有意识地拓宽文献收集的渠道，比如尽可能利用资料室、图书馆、档案馆、博物馆、电化教育馆以及网络系统，收集与研究课题有关的各方面资料。第三，文献的收集要全面、客观。对于确定要收集的文献，最好是原始的第一手材料，这样才能保证它的客观真实性；对于第二手材料，要认真考虑它的出处，对收集到的资料，应去伪存真、去粗取精。第四，要注明所有文献的来源和出处，做到有据可查。

(2)调查法。

调查法是在正常的教育环境中对研究对象做详细考察和记载。调查的方式很多，如观察、访问、开座谈会、发书面问卷、考试测验以及开查询会等。

运用调查法进行研究，一般可分为四个阶段。第一，确定调查课题，制订调查计划。调查计划一般应说明以下几个问题：调查课题和目的、调查对象和范围、调查手段和方法、调查步骤和时间安排。第二，实施调查，收集资料。收集资料时应注意：调查材料应实事求是地记录下来，不能主观取舍，为支持观点而去找材料；在收集材料时，不要把事实和意见混在一起；要尽可能采用多种手段收集广泛的材料。第三，整理材料，分析研究。第四，总结、撰写调查报告。

(3)实验法。

实验法是人为控制某种因素，建立实验条件来进行研究的方法。实验法的核心问题是如何控制所要研究的因素以外的其他各种变化因素。实验设计者首先根据实验的目的和提出的问题，考虑把什么作为自变量、因变量，以及如何控制无关变量；然后从实际出发，确定实验对象的多少并进行实验编组。物理教育实验有两种基本方法：单组实验法，即对单个实验组进行实验，进行实验前后对比分析的方法；等组实验法，是选择两个条件相同或相似的组进行实验，一组为实验组，另一组为对照组，进行对比实验的方法。

3. 分析研究结果

调查和实验所取得的数据，要进行整理和分析。分析可分为定性分析和定量分析两种。数据可用图表法或数据统计进行整理。

图表法有统计表和统计图。统计表由统计指标和被说明事物两部分组成，给人一目了然、清晰简洁的印象。统计图有各种形式，它能把事物表现得更为生动，缺点是不精确且较费时。

数据统计处理，要运用数理统计方面的知识。进行数理统计之后，还要进行分析和综合、归纳和演绎、比较和类比，得出一定的结论。这样的结论不是主观武断的，而是比较客观公正的。

二、撰写研究报告或学术论文①

研究的成果要写成研究报告或论文以便交流。

1. 物理教育研究论文的结构

物理教育研究论文一般包括：标题、作者、摘要和关键词、引言、方法与过程、结果、讨论、参考文献、附录，具体如下。

(1)标题：论文的标题应简要地表明课题研究的主要问题及其主要变量。标题不能过于夸大或过于抽象，要删减那些无关紧要的文字。

(2)作者：作者是个人或集体，要注明工作单位、地址及邮政编码。有多个作者时，应按贡献大小排序。

(3)摘要和关键词：论文摘要是对物理教育研究的主要内容与结果的简单总结，通常要求 200～500 字。摘要应独立成篇，具备单独被收入有关物理教育文献或教育文献的条件。关键词常常是文章的变量或研究依据的方法和理论的名称，一般为 3～5 个词，要按统一的要求书写，以便于制作索引和输入计算机检索系统。

(4)引言：引言是论文的开头，应主要说明有关物理教育研究的理论框架以及前人在这一课题上的研究，使读者了解该研究的目的和原因，并且应表明先前研究成果对自己研究的帮助，指出将在先前研究的基础上探讨的新问题。

(5)方法与过程：文章要对教育研究的设计、实施的过程进行较详细的说明，以使读者获得足够的信息，可以重复这一研究。

(6)结果：对整个物理教育研究的数据进行统计分析后，简明地指出每一结果与研究假设的关系，充分利用图表，明确、简洁地表示有关研究结果。

(7)讨论：这部分是对物理教育研究结果的含义和意义的评价，应指出研究结果是否与假设具有一致性，还应指出研究的局限或需要进一步拓展的问题。

(8)参考文献：参考文献按照《信息与文献　参考文献著录规则》(GB/T 7714－2015)进行著录。

(9)附录：研究所用的主要问卷或测评表，以及研究所涉及的重要统计推导或公式等，应该在"附录"中列出，以便读者在重复研究时使用，也便于对有关物理教育研究的思路、方法和统计分析做深入的了解和评价。

在具体撰写物理教育论文时，不一定要严格按照以上的内容进行，上述格式只是为大家提供一个参考。另外，许多杂志、学术刊物对一些内容的要求也不一样，如对摘要、关键词、外文摘要、附录等的编排和取舍往往有不同的要求，研究者在撰写论文时，应遵照有关的要求。

2. 物理教育研究论文的撰写程序

我们知道论文是教学研究成果的最终表现形式，因此撰写论文是教学研究工作的重要组成部分。其过程大致分为拟定提纲、撰写初稿、修改定稿 3 个步骤。

---

① 乔际平．物理学科教育学[M]．北京：首都师范大学出版社，1999.

(1)拟定提纲：提纲是论文的"蓝图"。在提纲中要对全文的内容结构进行精心设计，首先可把初步酝酿成型的思路观点、想法等写下来；其次可将论文构架视觉化，写出全文的结构以及各部分内容的安排；最后还要考虑图表、照片等如何穿插，研究中存在的问题在何处说明等。有了提纲，行文就有所遵循，写起来全局在胸，目标明确，便于厘清思路。

(2)撰写初稿：提纲拟定好后，就可以撰写初稿。撰写初稿是教学研究论文撰写过程中极为关键的一道程序，它是教学实践所积累的知识与写作能力的综合体现。

(3)修改定稿：初稿完成后，要反复推敲，不断修改，最后定稿。包括：有关内容的取舍、补充和调整；有关措辞的修改和润色等。

附1：中学物理教学研究选题参考

下列研究题目仅供大家选择参考，不一定就是实际研究课题。列出这些题目，主要是让大家对选题涉及的范围有较具体的理解，起到开阔思路、抛砖引玉的作用。

基础研究方面：

(1)初高中物理教材的衔接分析。

(2)初中物理不同版本教材的比较研究。

(3)高中物理不同版本教材的比较研究。

(4)物理教学中CAI功能的研究。

(5)学生前概念的调查研究。

应用研究方面：

(1)中学物理实践活动的开发与实验研究。

(2)物理新教材内容的弹性处理。

(3)不同教学方法效果的比较研究。

(4)物理课堂教学科学评价的实践探索。

开发研究方面：

(1)生活、工程、社会领域涉及的中学物理走入课堂教学的设计与实践研究。

(2)现代农村日常生活中的物理教学资源开发与利用研究。

(3)利用家庭生活用品的物理实验教学效果研究。

(4)利用新技术的物理教学效果研究。

(5)实验演示和探究方法的创新研究。

参考文献

[1] GILBERT J K，BOULTER C J. Developing models in science education［M］. Netherlands：Kluwer Academic Publisher，2000.

[2] ABELL S K，LEDERMAN N G. Handbook of research on science education［M］. Mahwah，N J：Erlbaum，2007.

[3] 陈志伟，贾秀英. 中学科学教育［M］. 杭州：浙江大学出版社，2001.

[4] 顾江鸿. 以碰撞球例谈物理实验的演示方法［J］. 教学仪器与实验，2005，22(3)：19－20.

[5] 顾江鸿，史小梅，李春密. 预测-观察-解释——一种基于现代教育研究的演示策略［J］. 教育科学研究，2009，20(5)：54－57.

[6] 顾明远. 教育大辞典：第1卷［M］. 上海：上海教育出版社，1990.

[7] 高潇怡. 科学教育中的探究教学模式发展述评［J］. 外国教育研究，2007，34(3)：76－80.

[8] 郭玉英. 学生的科学探究能力：国外的研究及启示［J］. 课程·教材·教法，2005，25(7)：93－96.

[9] 郭玉英，姚建欣，张静. 整合与发展——科学课程中概念体系的建构及其学习进阶［J］. 课程·教材·教法，2013，33(2)：44－49.

[10] 郭玉英. 中学理科课程标准国际比较与研究：物理卷［M］. 北京：北京师范大学出版社，2014.

[11] 郭玉英，姚建欣，彭征. 美国《新一代科学教育标准》述评［J］. 课程·教材·教法，2013，33(8)：118－127.

[12] 郭玉英，姚建欣. 基于核心素养学习进阶的科学教学设计改进［J］. 课程·教材·教法，2016，36(11)：64－70.

[13] 郭玉英，姚建欣，张玉峰. 基于学生核心素养的物理学科能力研究［M］. 北京：北京师范大学出版社，2017.

[14] 林崇德. 21世纪学生发展核心素养研究［M］. 北京：北京师范大学出版社，2016.

[15] 李春密，顾江鸿. 国外实验教学效果研究及其启示［J］. 物理教学探讨，2013，31(5)：1－4＋7.

[16] 林勇，李正福，李春密. 高中生物理实验能力评价体系的建构［J］. 中国现代教育装备，2010，13(16)：66－68.

[17] 裴娣娜. 现代教学论：第一卷［M］. 北京：人民教育出版社，2005.

[18] 彭聃龄. 普通心理学：修订版［M］. 北京：北京师范大学出版社，2002.

[19] 王家源. 夯实千秋基业　聚力学有所教——新中国70年基础教育改革发展历程［J］. 中国教育报，2019(10)：4.

[20] 吴立岗. 教学的原理模式和活动［M］. 南宁：广西教育出版社，1998.

[21] 徐宁，郭玉英. 国外物理概念转变研究：借鉴与启示［J］. 课程·教材·教法，2009，

29(06)：92—96.

[22] 杨宝山，等. 高中物理教学评价[M]. 长春：东北师范大学出版社，2005.

[23] 阎金铎，田世昆. 中学物理教学概论[M]. 第二版. 北京：高等教育出版社，2003.

[24] 阎金铎. 初中物理新课程教学法[M]. 北京：开明出版社，2003.

[25] 阎金铎，郭玉英. 中学物理教学概论[M]. 第三版. 北京：高等教育出版社，2009.

[26] 姚建欣，郭玉英. 为学生认知发展建模：学习进阶十年研究回顾及展望[J]. 教育学报，2014，10(5)：35—42.

[27] 张焱，李春密. 高中物理力学实验中常见故障浅析[J]. 教学仪器与实验，2014，30(7)：43—45.

[28] 中华人民共和国教育部. 普通高中课程方案(2017年版2020年修订)[M]. 北京：人民教育出版社，2020.

[29] 中华人民共和国教育部. 普通高中物理课程标准(2017年版2020年修订)[M]. 北京：人民教育出版社，2020.

[30] 中华人民共和国教育部. 义务教育课程方案(2022年版)[M]. 北京：北京师范大学出版社，2022.

[31] 中华人民共和国教育部. 义务教育物理课程标准(2022年版)[M]. 北京：北京师范大学出版社，2022.